PORTUGUESE
VOCABULARY

FOR ENGLISH SPEAKERS

ENGLISH
PORTUGUESE

The most useful words
To expand your lexicon and sharpen
your language skills

9000 words

Brazilian Portuguese vocabulary for English speakers - 9000 words

By Andrey Taranov

T&P Books vocabularies are intended for helping you learn, memorize and review foreign words. The dictionary is divided into themes, covering all major spheres of everyday activities, business, science, culture, etc.

The process of learning words using T&P Books' theme-based dictionaries gives you the following advantages:

- Correctly grouped source information predetermines success at subsequent stages of word memorization
- Availability of words derived from the same root allowing memorization of word units (rather than separate words)
- Small units of words facilitate the process of establishing associative links needed for consolidation of vocabulary
- Level of language knowledge can be estimated by the number of learned words

Copyright © 2019 T&P Books Publishing

All rights reserved. No part of this book may be reproduced or utilized in any form or by any means, electronic or mechanical, including photocopying, recording or by information storage and retrieval system, without permission in writing from the publishers.

T&P Books Publishing
www.tpbooks.com

ISBN: 978-1-78767-448-6

This book is also available in E-book formats.
Please visit www.tpbooks.com or the major online bookstores.

BRAZILIAN PORTUGUESE VOCABULARY
for English speakers

T&P Books vocabularies are intended to help you learn, memorize, and review foreign words. The vocabulary contains over 9000 commonly used words arranged thematically.

- Vocabulary contains the most commonly used words
- Recommended as an addition to any language course
- Meets the needs of beginners and advanced learners of foreign languages
- Convenient for daily use, revision sessions, and self-testing activities
- Allows you to assess your vocabulary

Special features of the vocabulary

- Words are organized according to their meaning, not alphabetically
- Words are presented in three columns to facilitate the reviewing and self-testing processes
- Words in groups are divided into small blocks to facilitate the learning process
- The vocabulary offers a convenient and simple transcription of each foreign word

The vocabulary has 256 topics including:

Basic Concepts, Numbers, Colors, Months, Seasons, Units of Measurement, Clothing & Accessories, Food & Nutrition, Restaurant, Family Members, Relatives, Character, Feelings, Emotions, Diseases, City, Town, Sightseeing, Shopping, Money, House, Home, Office, Working in the Office, Import & Export, Marketing, Job Search, Sports, Education, Computer, Internet, Tools, Nature, Countries, Nationalities and more ...

TABLE OF CONTENTS

Pronunciation guide	12
Abbreviations	14

BASIC CONCEPTS	16
Basic concepts. Part 1	16

1.	Pronouns	16
2.	Greetings. Salutations. Farewells	16
3.	How to address	17
4.	Cardinal numbers. Part 1	17
5.	Cardinal numbers. Part 2	18
6.	Ordinal numbers	19
7.	Numbers. Fractions	19
8.	Numbers. Basic operations	19
9.	Numbers. Miscellaneous	20
10.	The most important verbs. Part 1	20
11.	The most important verbs. Part 2	21
12.	The most important verbs. Part 3	22
13.	The most important verbs. Part 4	23
14.	Colors	24
15.	Questions	25
16.	Prepositions	26
17.	Function words. Adverbs. Part 1	26
18.	Function words. Adverbs. Part 2	28

Basic concepts. Part 2	30

19.	Opposites	30
20.	Weekdays	32
21.	Hours. Day and night	32
22.	Months. Seasons	33
23.	Time. Miscellaneous	35
24.	Lines and shapes	36
25.	Units of measurement	37
26.	Containers	38
27.	Materials	39
28.	Metals	39

HUMAN BEING
Human being. The body

29. Humans. Basic concepts
30. Human anatomy
31. Head
32. Human body

Clothing & Accessories

33. Outerwear. Coats
34. Men's & women's clothing
35. Clothing. Underwear
36. Headwear
37. Footwear
38. Textile. Fabrics
39. Personal accessories
40. Clothing. Miscellaneous
41. Personal care. Cosmetics
42. Jewelry
43. Watches. Clocks

Food. Nutricion

44. Food
45. Drinks
46. Vegetables
47. Fruits. Nuts
48. Bread. Candy
49. Cooked dishes
50. Spices
51. Meals
52. Table setting
53. Restaurant

Family, relatives and friends

54. Personal information. Forms
55. Family members. Relatives
56. Friends. Coworkers
57. Man. Woman
58. Age
59. Children
60. Married couples. Family life

Character. Feelings. Emotions   66

61. Feelings. Emotions   66
62. Character. Personality   67
63. Sleep. Dreams   68
64. Humour. Laughter. Gladness   69
65. Discussion, conversation. Part 1   70
66. Discussion, conversation. Part 2   71
67. Discussion, conversation. Part 3   72
68. Agreement. Refusal   73
69. Success. Good luck. Failure   74
70. Quarrels. Negative emotions   74

Medicine   77

71. Diseases   77
72. Symptoms. Treatments. Part 1   78
73. Symptoms. Treatments. Part 2   79
74. Symptoms. Treatments. Part 3   80
75. Doctors   81
76. Medicine. Drugs. Accessories   81
77. Smoking. Tobacco products   82

HUMAN HABITAT   83
City   83

78. City. Life in the city   83
79. Urban institutions   84
80. Signs   86
81. Urban transportation   87
82. Sightseeing   88
83. Shopping   88
84. Money   89
85. Post. Postal service   90

Dwelling. House. Home   92

86. House. Dwelling   92
87. House. Entrance. Lift   93
88. House. Electricity   93
89. House. Doors. Locks   93
90. Country house   94
91. Villa. Mansion   95
92. Castle. Palace   95
93. Apartment   96
94. Apartment. Cleaning   96

95. Furniture. Interior	96
96. Bedding	97
97. Kitchen	97
98. Bathroom	99
99. Household appliances	99
100. Repairs. Renovation	100
101. Plumbing	101
102. Fire. Conflagration	101

HUMAN ACTIVITIES
Job. Business. Part 1

103
103

103. Office. Working in the office	103
104. Business processes. Part 1	104
105. Business processes. Part 2	105
106. Production. Works	106
107. Contract. Agreement	108
108. Import & Export	108
109. Finances	109
110. Marketing	110
111. Advertising	110
112. Banking	111
113. Telephone. Phone conversation	112
114. Cell phone	112
115. Stationery	113
116. Various kinds of documents	113
117. Kinds of business	115

Job. Business. Part 2

117

118. Show. Exhibition	117
119. Mass Media	118
120. Agriculture	119
121. Building. Building process	120
122. Science. Research. Scientists	121

Professions and occupations

123

123. Job search. Dismissal	123
124. Business people	123
125. Service professions	125
126. Military professions and ranks	125
127. Officials. Priests	126
128. Agricultural professions	127
129. Art professions	127
130. Various professions	128
131. Occupations. Social status	129

Sports

132. Kinds of sports. Sportspersons
133. Kinds of sports. Miscellaneous
134. Gym
135. Hockey
136. Soccer
137. Alpine skiing
138. Tennis. Golf
139. Chess
140. Boxing
141. Sports. Miscellaneous

Education

142. School
143. College. University
144. Sciences. Disciplines
145. Writing system. Orthography
146. Foreign languages
147. Fairy tale characters
148. Zodiac Signs

Arts

149. Theater
150. Cinema
151. Painting
152. Literature & Poetry
153. Circus
154. Music. Pop music

Rest. Entertainment. Travel

155. Trip. Travel
156. Hotel
157. Books. Reading
158. Hunting. Fishing
159. Games. Billiards
160. Games. Playing cards
161. Casino. Roulette
162. Rest. Games. Miscellaneous
163. Photography
164. Beach. Swimming

TECHNICAL EQUIPMENT. TRANSPORTATION
Technical equipment

165.	Computer	162
166.	Internet. E-mail	163
167.	Electricity	164
168.	Tools	165

Transportation

169.	Airplane	168
170.	Train	169
171.	Ship	170
172.	Airport	172
173.	Bicycle. Motorcycle	173

Cars

174.	Types of cars	174
175.	Cars. Bodywork	174
176.	Cars. Passenger compartment	176
177.	Cars. Engine	176
178.	Cars. Crash. Repair	177
179.	Cars. Road	178
180.	Traffic signs	179

PEOPLE. LIFE EVENTS
Life events

181.	Holidays. Event	181
182.	Funerals. Burial	182
183.	War. Soldiers	183
184.	War. Military actions. Part 1	184
185.	War. Military actions. Part 2	185
186.	Weapons	187
187.	Ancient people	188
188.	Middle Ages	189
189.	Leader. Chief. Authorities	191
190.	Road. Way. Directions	191
191.	Breaking the law. Criminals. Part 1	193
192.	Breaking the law. Criminals. Part 2	194
193.	Police. Law. Part 1	195
194.	Police. Law. Part 2	197

NATURE
The Earth. Part 1

195.	Outer space	199
196.	The Earth	200
197.	Cardinal directions	201
198.	Sea. Ocean	201
199.	Seas' and Oceans' names	202
200.	Mountains	203
201.	Mountains names	204
202.	Rivers	205
203.	Rivers' names	205
204.	Forest	206
205.	Natural resources	207

The Earth. Part 2

206.	Weather	209
207.	Severe weather. Natural disasters	210
208.	Noises. Sounds	210
209.	Winter	211

Fauna

210.	Mammals. Predators	213
211.	Wild animals	213
212.	Domestic animals	215
213.	Dogs. Dog breeds	216
214.	Sounds made by animals	216
215.	Young animals	217
216.	Birds	217
217.	Birds. Singing and sounds	218
218.	Fish. Marine animals	219
219.	Amphibians. Reptiles	220
220.	Insects	220
221.	Animals. Body parts	221
222.	Actions of animals	222
223.	Animals. Habitats	222
224.	Animal care	223
225.	Animals. Miscellaneous	223
226.	Horses	224

Flora

227.	Trees	226
228.	Shrubs	227
229.	Mushrooms	227

230.	Fruits. Berries	227
231.	Flowers. Plants	228
232.	Cereals, grains	229
233.	Vegetables. Greens	230

REGIONAL GEOGRAPHY   232
Countries. Nationalities   232

234.	Western Europe	232
235.	Central and Eastern Europe	234
236.	Former USSR countries	235
237.	Asia	236
238.	North America	238
239.	Central and South America	239
240.	Africa	240
241.	Australia. Oceania	240
242.	Cities	241
243.	Politics. Government. Part 1	242
244.	Politics. Government. Part 2	244
245.	Countries. Miscellaneous	245
246.	Major religious groups. Confessions	246
247.	Religions. Priests	247
248.	Faith. Christianity. Islam	247

MISCELLANEOUS   250

249.	Various useful words	250
250.	Modifiers. Adjectives. Part 1	251
251.	Modifiers. Adjectives. Part 2	254

MAIN 500 VERBS   257

252.	Verbs A-C	257
253.	Verbs D-G	260
254.	Verbs H-M	262
255.	Verbs N-R	264
256.	Verbs S-W	266

PRONUNCIATION GUIDE

T&P phonetic alphabet	Portuguese example	English example

Vowels

[a]	baixo ['baɪʃu]	shorter than in ask
[e]	erro ['eʀu]	elm, medal
[ɛ]	leve ['lɛvə]	man, bad
[i]	lancil [lã'sil]	shorter than in feet
[o], [ɔ]	boca, orar ['bokɐ], [ɔ'rar]	drop, baught
[u]	urgente [ur'ʒētə]	book
[ã]	toranja [tu'rãʒɐ]	nasal [a]
[ẽ]	gente ['ʒētə]	fang
[ĩ]	seringa [sə'rĩgɐ]	nasal [i]
[õ]	ponto ['põtu]	strong
[ũ]	umbigo [ũ'bigu]	nasal [u]

Consonants

[b]	banco ['bãku]	baby, book
[d]	duche ['duʃə]	day, doctor
[dʒ]	abade [a'badʒi]	joke, general
[f]	facto ['faktu]	face, food
[g]	gorila [gu'rilɐ]	game, gold
[j]	feira ['fejrɐ]	yes, New York
[k]	claro ['klaru]	clock, kiss
[l]	Londres ['lõdrəʃ]	lace, people
[ʎ]	molho ['moʎu]	daily, million
[m]	montanha [mõ'tɐɲɐ]	magic, milk
[n]	novela [nu'vɛlɐ]	name, normal
[ɲ]	senhora [sə'ɲorɐ]	canyon, new
[ŋ]	marketing ['markətiŋ]	ring
[p]	prata ['pratɐ]	pencil, private
[s]	safira [sɐ'firɐ]	city, boss
[ʃ]	texto ['tɛʃtu]	machine, shark
[t]	teto ['tɛtu]	tourist, trip
[tʃ]	doente [do'ẽtʃi]	church, French

T&P phonetic alphabet	Portuguese example	English example
[v]	**alvo** [ˈalvu]	very, river
[z]	**vizinha** [viˈziɲɐ]	zebra, please
[ʒ]	**juntos** [ˈʒũtuʃ]	forge, pleasure
[w]	**sequoia** [səˈkwɔjɐ]	vase, winter

ABBREVIATIONS
used in the vocabulary

English abbreviations

ab.	-	about
adj	-	adjective
adv	-	adverb
anim.	-	animate
as adj	-	attributive noun used as adjective
e.g.	-	for example
etc.	-	et cetera
fam.	-	familiar
fem.	-	feminine
form.	-	formal
inanim.	-	inanimate
masc.	-	masculine
math	-	mathematics
mil.	-	military
n	-	noun
pl	-	plural
pron.	-	pronoun
sb	-	somebody
sing.	-	singular
sth	-	something
v aux	-	auxiliary verb
vi	-	intransitive verb
vi, vt	-	intransitive, transitive verb
vt	-	transitive verb

Portuguese abbreviations

f	-	feminine noun
f pl	-	feminine plural
m	-	masculine noun
m pl	-	masculine plural
m, f	-	masculine, feminine
pl	-	plural
v aux	-	auxiliary verb

vi	-	intransitive verb
vi, vt	-	intransitive, transitive verb
vr	-	reflexive verb
vt	-	transitive verb

BASIC CONCEPTS

Basic concepts. Part 1

1. Pronouns

I, me	eu	['ew]
you	você	[vɔ'se]
he	ele	['ɛli]
she	ela	['ɛla]
we	nós	[nɔs]
you (to a group)	vocês	[vɔ'ses]
they (masc.)	eles	['ɛlis]
they (fem.)	elas	['ɛlas]

2. Greetings. Salutations. Farewells

Hello! (fam.)	Oi!	[ɔj]
Hello! (form.)	Olá!	[o'la]
Good morning!	Bom dia!	[bõ 'dʒia]
Good afternoon!	Boa tarde!	['boa 'tardʒi]
Good evening!	Boa noite!	['boa 'nojtʃi]
to say hello	cumprimentar (vt)	[kũprimẽ'tar]
Hi! (hello)	Oi!	[ɔj]
greeting (n)	saudação (f)	[sawda'sãw]
to greet (vt)	saudar (vt)	[saw'dar]
How are you? (form.)	Como você está?	['kɔmu vo'se is'ta]
How are you? (fam.)	Como vai?	['kɔmu 'vaj]
What's new?	E aí, novidades?	[a a'i novi'dadʒis]
Bye-Bye! Goodbye!	Tchau!	['tʃaw]
See you soon!	Até breve!	[a'tɛ 'brɛvi]
Farewell!	Adeus!	[a'dews]
to say goodbye	despedir-se (vr)	[dʒispe'dʒirsi]
So long!	Até mais!	[a'tɛ majs]
Thank you!	Obrigado! -a!	[obri'gadu, -a]
Thank you very much!	Muito obrigado! -a!	['mwĩtu obri'gadu, -a]
You're welcome	De nada	[de 'nada]
Don't mention it!	Não tem de quê	['nãw tẽj de ke]

It was nothing	Não foi nada!	['nãw foj 'nada]
Excuse me! (fam.)	Desculpa!	[dʒis'kuwpa]
Excuse me! (form.)	Desculpe!	[dʒis'kuwpe]
to excuse (forgive)	desculpar (vt)	[dʒiskuw'par]
to apologize (vi)	desculpar-se (vr)	[dʒiskuw'parsi]
My apologies	Me desculpe	[mi dʒis'kuwpe]
I'm sorry!	Desculpe!	[dʒis'kuwpe]
to forgive (vt)	perdoar (vt)	[per'dwar]
It's okay! (that's all right)	Não faz mal	['nãw fajʒ maw]
please (adv)	por favor	[por fa'vor]
Don't forget!	Não se esqueça!	['nãw si is'kesa]
Certainly!	Com certeza!	[kõ ser'teza]
Of course not!	Claro que não!	['klaru ki 'nãw]
Okay! (I agree)	Está bem! De acordo!	[is'ta bẽj], [de a'kordu]
That's enough!	Chega!	['ʃega]

3. How to address

Excuse me, ...	Desculpe ...	[dʒis'kuwpe]
mister, sir	senhor	[se'ɲor]
ma'am	senhora	[se'ɲora]
miss	senhorita	[seɲo'rita]
young man	jovem	['ʒovẽj]
young man (little boy, kid)	menino	[me'ninu]
miss (little girl)	menina	[me'nina]

4. Cardinal numbers. Part 1

0 zero	zero	['zɛru]
1 one	um	[ũ]
2 two	dois	['dojs]
3 three	três	[tres]
4 four	quatro	['kwatru]
5 five	cinco	['sĩku]
6 six	seis	[sejs]
7 seven	sete	['sɛtʃi]
8 eight	oito	['ojtu]
9 nine	nove	['nɔvi]
10 ten	dez	[dɛz]
11 eleven	onze	['õzi]
12 twelve	doze	['dozi]
13 thirteen	treze	['trezi]
14 fourteen	catorze	[ka'torzi]
15 fifteen	quinze	['kĩzi]

16 sixteen	dezesseis	[deze'sejs]
17 seventeen	dezessete	[dezi'setʃi]
18 eighteen	dezoito	[dʒi'zojtu]
19 nineteen	dezenove	[deze'nɔvi]
20 twenty	vinte	['vĩtʃi]
21 twenty-one	vinte e um	['vĩtʃi i ũ]
22 twenty-two	vinte e dois	['vĩtʃi i 'dojs]
23 twenty-three	vinte e três	['vĩtʃi i 'tres]
30 thirty	trinta	['trĩta]
31 thirty-one	trinta e um	['trĩta i ũ]
32 thirty-two	trinta e dois	['trĩta i 'dojs]
33 thirty-three	trinta e três	['trĩta i 'tres]
40 forty	quarenta	[kwa'rẽta]
41 forty-one	quarenta e um	[kwa'rẽta i 'ũ]
42 forty-two	quarenta e dois	[kwa'rẽta i 'dojs]
43 forty-three	quarenta e três	[kwa'rẽta i 'tres]
50 fifty	cinquenta	[sĩ'kwẽta]
51 fifty-one	cinquenta e um	[sĩ'kwẽta i ũ]
52 fifty-two	cinquenta e dois	[sĩ'kwẽta i 'dojs]
53 fifty-three	cinquenta e três	[sĩ'kwẽta i 'tres]
60 sixty	sessenta	[se'sẽta]
61 sixty-one	sessenta e um	[se'sẽta i ũ]
62 sixty-two	sessenta e dois	[se'sẽta i 'dojs]
63 sixty-three	sessenta e três	[se'sẽta i 'tres]
70 seventy	setenta	[se'tẽta]
71 seventy-one	setenta e um	[se'tẽta i ũ]
72 seventy-two	setenta e dois	[se'tẽta i 'dojs]
73 seventy-three	setenta e três	[se'tẽta i 'tres]
80 eighty	oitenta	[oj'tẽta]
81 eighty-one	oitenta e um	[oj'tẽta i 'ũ]
82 eighty-two	oitenta e dois	[oj'tẽta i 'dojs]
83 eighty-three	oitenta e três	[oj'tẽta i 'tres]
90 ninety	noventa	[no'vẽta]
91 ninety-one	noventa e um	[no'vẽta i 'ũ]
92 ninety-two	noventa e dois	[no'vẽta i 'dojs]
93 ninety-three	noventa e três	[no'vẽta i 'tres]

5. Cardinal numbers. Part 2

100 one hundred	cem	[sẽ]
200 two hundred	duzentos	[du'zẽtus]
300 three hundred	trezentos	[tre'zẽtus]

| 400 four hundred | quatrocentos | [kwatro'sẽtus] |
| 500 five hundred | quinhentos | [ki'ɲẽtus] |

600 six hundred	seiscentos	[sej'sẽtus]
700 seven hundred	setecentos	[sete'sẽtus]
800 eight hundred	oitocentos	[ojtu'sẽtus]
900 nine hundred	novecentos	[nove'sẽtus]

1000 one thousand	mil	[miw]
2000 two thousand	dois mil	['dojs miw]
3000 three thousand	três mil	['tres miw]
10000 ten thousand	dez mil	['dɛz miw]
one hundred thousand	cem mil	[sẽ miw]
million	um milhão	[ũ mi'ʎãw]
billion	um bilhão	[ũ bi'ʎãw]

6. Ordinal numbers

first (adj)	primeiro	[pri'mejru]
second (adj)	segundo	[se'gũdu]
third (adj)	terceiro	[ter'sejru]
fourth (adj)	quarto	['kwartu]
fifth (adj)	quinto	['kĩtu]

sixth (adj)	sexto	['sestu]
seventh (adj)	sétimo	['sɛtʃimu]
eighth (adj)	oitavo	[oj'tavu]
ninth (adj)	nono	['nonu]
tenth (adj)	décimo	['dɛsimu]

7. Numbers. Fractions

fraction	fração (f)	[fra'sãw]
one half	um meio	[ũ 'meju]
one third	um terço	[ũ 'tersu]
one quarter	um quarto	[ũ 'kwartu]

one eighth	um oitavo	[ũ oj'tavu]
one tenth	um décimo	[ũ 'dɛsimu]
two thirds	dois terços	['dojs 'tersus]
three quarters	três quartos	[tres 'kwartus]

8. Numbers. Basic operations

| subtraction | subtração (f) | [subtra'sãw] |
| to subtract (vi, vt) | subtrair (vi, vt) | [subtra'ir] |

| division | divisão (f) | [dʒivi'zãw] |
| to divide (vt) | dividir (vt) | [dʒivi'dʒir] |

addition	adição (f)	[adʒi'sãw]
to add up (vt)	somar (vt)	[so'mar]
to add (vi, vt)	adicionar (vt)	[adʒisjo'nar]
multiplication	multiplicação (f)	[muwtʃiplika'sãw]
to multiply (vt)	multiplicar (vt)	[muwtʃipli'kar]

9. Numbers. Miscellaneous

digit, figure	algarismo, dígito (m)	[awga'rizmu], ['dʒiʒitu]
number	número (m)	['numeru]
numeral	numeral (m)	[nume'raw]
minus sign	sinal (m) de menos	[si'naw de 'menus]
plus sign	mais (m)	[majs]
formula	fórmula (f)	['fɔrmula]

calculation	cálculo (m)	['kawkulu]
to count (vi, vt)	contar (vt)	[kõ'tar]
to count up	calcular (vt)	[kawku'lar]
to compare (vt)	comparar (vt)	[kõpa'rar]

| How much? | Quanto? | ['kwãtu] |
| How many? | Quantos? -as? | ['kwãtus, -as] |

sum, total	soma (f)	['sɔma]
result	resultado (m)	[hezuw'tadu]
remainder	resto (m)	['hɛstu]

a few (e.g., ~ years ago)	alguns, algumas ...	[aw'gũs], [aw'gumas]
few (I have ~ friends)	poucos, poucas	['pokus], ['pokas]
a little (~ water)	um pouco ...	[ũ 'poku]
the rest	resto (m)	['hɛstu]
one and a half	um e meio	[ũ i 'meju]
dozen	dúzia (f)	['duzja]

in half (adv)	ao meio	[aw 'meju]
equally (evenly)	em partes iguais	[ẽ 'partʃis i'gwais]
half	metade (f)	[me'tadʒi]
time (three ~s)	vez (f)	[vez]

10. The most important verbs. Part 1

to advise (vt)	aconselhar (vt)	[akõse'ʎar]
to agree (say yes)	concordar (vi)	[kõkor'dar]
to answer (vi, vt)	responder (vt)	[hespõ'der]
to apologize (vi)	desculpar-se (vr)	[dʒiskuw'parsi]

to arrive (vi)	chegar (vi)	[ʃe'gar]
to ask (~ oneself)	perguntar (vt)	[pergũ'tar]
to ask (~ sb to do sth)	pedir (vt)	[pe'dʒir]
to be (~ a teacher)	ser (vi)	[ser]
to be (~ on a diet)	estar (vi)	[is'tar]
to be afraid	ter medo	[ter 'medu]
to be hungry	ter fome	[ter 'fɔmi]
to be interested in ...	interessar-se (vr)	[ĩtere'sarsi]
to be needed	ser necessário	[ser nese'sarju]
to be surprised	surpreender-se (vr)	[surprjẽ'dersi]
to be thirsty	ter sede	[ter 'sedʒi]
to begin (vt)	começar (vt)	[kome'sar]
to belong to ...	pertencer (vt)	[pertẽ'ser]
to boast (vi)	gabar-se (vr)	[ga'barsi]
to break (split into pieces)	quebrar (vt)	[ke'brar]
to call (~ for help)	chamar (vt)	[ʃa'mar]
can (v aux)	poder (vi)	[po'der]
to catch (vt)	pegar (vt)	[pe'gar]
to change (vt)	mudar (vt)	[mu'dar]
to choose (select)	escolher (vt)	[isko'ʎer]
to come down (the stairs)	descer (vi)	[de'ser]
to compare (vt)	comparar (vt)	[kõpa'rar]
to complain (vi, vt)	queixar-se (vr)	[kej'ʃarsi]
to confuse (mix up)	confundir (vt)	[kõfũ'dʒir]
to continue (vt)	continuar (vt)	[kõtʃi'nwar]
to control (vt)	controlar (vt)	[kõtro'lar]
to cook (dinner)	preparar (vt)	[prepa'rar]
to cost (vt)	custar (vt)	[kus'tar]
to count (add up)	contar (vt)	[kõ'tar]
to count on ...	contar com ...	[kõ'tar kõ]
to create (vt)	criar (vt)	[krjar]
to cry (weep)	chorar (vi)	[ʃo'rar]

11. The most important verbs. Part 2

to deceive (vi, vt)	enganar (vt)	[ẽga'nar]
to decorate (tree, street)	decorar (vt)	[deko'rar]
to defend (a country, etc.)	defender (vt)	[defẽ'der]
to demand (request firmly)	exigir (vt)	[ezi'ʒir]
to dig (vt)	cavar (vt)	[ka'var]
to discuss (vt)	discutir (vt)	[dʒisku'tʃir]
to do (vt)	fazer (vt)	[fa'zer]
to doubt (have doubts)	duvidar (vt)	[duvi'dar]
to drop (let fall)	deixar cair (vt)	[dej'ʃar ka'ir]

to enter (room, house, etc.)	entrar (vi)	[ẽ'trar]
to excuse (forgive)	desculpar (vt)	[dʒiskuw'par]
to exist (vi)	existir (vi)	[ezis'tʃir]
to expect (foresee)	prever (vt)	[pre'ver]
to explain (vt)	explicar (vt)	[ispli'kar]
to fall (vi)	cair (vi)	[ka'ir]

to find (vt)	encontrar (vt)	[ẽkõ'trar]
to finish (vt)	acabar, terminar (vt)	[aka'bar], [termi'nar]
to fly (vi)	voar (vi)	[vo'ar]
to follow ... (come after)	seguir ...	[se'gir]
to forget (vi, vt)	esquecer (vt)	[iske'ser]

to forgive (vt)	perdoar (vt)	[per'dwar]
to give (vt)	dar (vt)	[dar]
to give a hint	dar uma dica	[dar 'uma 'dʒika]
to go (on foot)	ir (vi)	[ir]

to go for a swim	ir nadar	[ir na'dar]
to go out (for dinner, etc.)	sair (vi)	[sa'ir]
to guess (the answer)	adivinhar (vt)	[adʒivi'ɲar]

to have (vt)	ter (vt)	[ter]
to have breakfast	tomar café da manhã	[to'mar ka'fɛ da ma'ɲã]
to have dinner	jantar (vi)	[ʒã'tar]
to have lunch	almoçar (vi)	[awmo'sar]
to hear (vt)	ouvir (vt)	[o'vir]

to help (vt)	ajudar (vt)	[aʒu'dar]
to hide (vt)	esconder (vt)	[iskõ'der]
to hope (vi, vt)	esperar (vi, vt)	[ispe'rar]
to hunt (vi, vt)	caçar (vi)	[ka'sar]
to hurry (vi)	apressar-se (vr)	[apre'sarsi]

12. The most important verbs. Part 3

to inform (vt)	informar (vt)	[ĩfor'mar]
to insist (vi, vt)	insistir (vi)	[ĩsis'tʃir]
to insult (vt)	insultar (vt)	[ĩsuw'tar]
to invite (vt)	convidar (vt)	[kõvi'dar]
to joke (vi)	brincar (vi)	[brĩ'kar]

to keep (vt)	guardar (vt)	[gwar'dar]
to keep silent, to hush	ficar em silêncio	[fi'kar ẽ si'lẽsju]
to kill (vt)	matar (vt)	[ma'tar]
to know (sb)	conhecer (vt)	[koɲe'ser]
to know (sth)	saber (vt)	[sa'ber]
to laugh (vi)	rir (vi)	[hir]
to liberate (city, etc.)	libertar, liberar (vt)	[liber'tar], [libe'rar]

to like (I like ...)	gostar (vt)	[gos'tar]
to look for ... (search)	buscar (vt)	[bus'kar]
to love (sb)	amar (vt)	[a'mar]
to make a mistake	errar (vi)	[e'har]
to manage, to run	dirigir (vt)	[dʒiri'ʒir]
to mean (signify)	significar (vt)	[signifi'kar]
to mention (talk about)	mencionar (vt)	[mẽsjo'nar]
to miss (school, etc.)	faltar a ...	[faw'tar a]
to notice (see)	perceber (vt)	[perse'ber]
to object (vi, vt)	objetar (vt)	[obʒe'tar]
to observe (see)	observar (vt)	[obser'var]
to open (vt)	abrir (vt)	[a'brir]
to order (meal, etc.)	pedir (vt)	[pe'dʒir]
to order (mil.)	ordenar (vt)	[orde'nar]
to own (possess)	possuir (vt)	[po'swir]
to participate (vi)	participar (vi)	[partʃisi'par]
to pay (vi, vt)	pagar (vt)	[pa'gar]
to permit (vt)	permitir (vt)	[permi'tʃir]
to plan (vt)	planejar (vt)	[plane'ʒar]
to play (children)	brincar, jogar (vi, vt)	[brĩ'kar], [ʒo'gar]
to pray (vi, vt)	rezar, orar (vi)	[he'zar], [o'rar]
to prefer (vt)	preferir (vt)	[prefe'rir]
to promise (vt)	prometer (vt)	[prome'ter]
to pronounce (vt)	pronunciar (vt)	[pronũ'sjar]
to propose (vt)	propor (vt)	[pro'por]
to punish (vt)	punir (vt)	[pu'nir]

13. The most important verbs. Part 4

to read (vi, vt)	ler (vt)	[ler]
to recommend (vt)	recomendar (vt)	[hekomẽ'dar]
to refuse (vi, vt)	negar-se (vt)	[ne'garsi]
to regret (be sorry)	arrepender-se (vr)	[ahepẽ'dersi]
to rent (sth from sb)	alugar (vt)	[alu'gar]
to repeat (say again)	repetir (vt)	[hepe'tʃir]
to reserve, to book	reservar (vt)	[hezer'var]
to run (vi)	correr (vi)	[ko'her]
to save (rescue)	salvar (vt)	[saw'var]
to say (~ thank you)	dizer (vt)	[dʒi'zer]
to scold (vt)	ralhar, repreender (vt)	[ha'ʎar], [heprjẽ'der]
to see (vt)	ver (vt)	[ver]
to sell (vt)	vender (vt)	[vẽ'der]
to send (vt)	enviar (vt)	[ẽ'vjar]
to shoot (vi)	disparar, atirar (vi)	[dʒispa'rar], [atʃi'rar]

English	Portuguese	Pronunciation
to shout (vi)	gritar (vi)	[gri'tar]
to show (vt)	mostrar (vt)	[mos'trar]
to sign (document)	assinar (vt)	[asi'nar]
to sit down (vi)	sentar-se (vr)	[sẽ'tarsi]
to smile (vi)	sorrir (vi)	[so'hir]
to speak (vi, vt)	falar (vi)	[fa'lar]
to steal (money, etc.)	roubar (vt)	[ho'bar]
to stop (for pause, etc.)	parar (vi)	[pa'rar]
to stop (please ~ calling me)	cessar (vt)	[se'sar]
to study (vt)	estudar (vt)	[istu'dar]
to swim (vi)	nadar (vi)	[na'dar]
to take (vt)	pegar (vt)	[pe'gar]
to think (vi, vt)	pensar (vi, vt)	[pẽ'sar]
to threaten (vt)	ameaçar (vt)	[amea'sar]
to touch (with hands)	tocar (vt)	[to'kar]
to translate (vt)	traduzir (vt)	[tradu'zir]
to trust (vt)	confiar (vt)	[kõ'fjar]
to try (attempt)	tentar (vt)	[tẽ'tar]
to turn (e.g., ~ left)	virar (vi)	[vi'rar]
to underestimate (vt)	subestimar (vt)	[subestʃi'mar]
to understand (vt)	entender (vt)	[ẽtẽ'der]
to unite (vt)	unir (vt)	[u'nir]
to wait (vt)	esperar (vt)	[ispe'rar]
to want (wish, desire)	querer (vt)	[ke'rer]
to warn (vt)	advertir (vt)	[adʒiver'tʃir]
to work (vi)	trabalhar (vi)	[traba'ʎar]
to write (vt)	escrever (vt)	[iskre'ver]
to write down	anotar (vt)	[ano'tar]

14. Colors

English	Portuguese	Pronunciation
color	cor (f)	[kɔr]
shade (tint)	tom (m)	[tõ]
hue	tonalidade (m)	[tonali'dadʒi]
rainbow	arco-íris (m)	['arku 'iris]
white (adj)	branco	['brãku]
black (adj)	preto	['pretu]
gray (adj)	cinza	['sĩza]
green (adj)	verde	['verdʒi]
yellow (adj)	amarelo	[ama'rɛlu]
red (adj)	vermelho	[ver'meʎu]
blue (adj)	azul	[a'zuw]

light blue (adj)	azul claro	[a'zuw 'klaru]
pink (adj)	rosa	['hɔza]
orange (adj)	laranja	[la'rãʒa]
violet (adj)	violeta	[vjo'leta]
brown (adj)	marrom	[ma'hõ]
golden (adj)	dourado	[do'radu]
silvery (adj)	prateado	[pra'tʃjadu]
beige (adj)	bege	['bɛʒi]
cream (adj)	creme	['krɛmi]
turquoise (adj)	turquesa	[tur'keza]
cherry red (adj)	vermelho cereja	[ver'meʎu se'reʒa]
lilac (adj)	lilás	[li'las]
crimson (adj)	carmim	[kah'mĩ]
light (adj)	claro	['klaru]
dark (adj)	escuro	[is'kuru]
bright, vivid (adj)	vivo	['vivu]
colored (pencils)	de cor	[de kɔr]
color (e.g., ~ film)	a cores	[a 'kores]
black-and-white (adj)	preto e branco	['pretu i 'brãku]
plain (one-colored)	de uma só cor	[de 'uma sɔ kɔr]
multicolored (adj)	multicor	[muwtʃiko'lor]

15. Questions

Who?	Quem?	[kẽj]
What?	O que?	[u ki]
Where? (at, in)	Onde?	['õdʒi]
Where (to)?	Para onde?	['para 'õdʒi]
From where?	De onde?	[de 'õdʒi]
When?	Quando?	['kwãdu]
Why? (What for?)	Para quê?	['para ke]
Why? (~ are you crying?)	Por quê?	[por 'ke]
What for?	Para quê?	['para ke]
How? (in what way)	Como?	['kɔmu]
What? (What kind of …?)	Qual?	[kwaw]
Which?	Qual?	[kwaw]
To whom?	A quem?	[a kẽj]
About whom?	De quem?	[de kẽj]
About what?	Do quê?	[du ke]
With whom?	Com quem?	[kõ kẽj]
How many?	Quantos? -as?	['kwãtus, -as]
How much?	Quanto?	['kwãtu]
Whose?	De quem?	[de kẽj]

16. Prepositions

with (accompanied by)	com	[kõ]
without	sem	[sẽ]
to (indicating direction)	a ..., para ...	[a], ['para]
about (talking ~ ...)	sobre ...	['sobri]
before (in time)	antes de ...	['ãtʃis de]
in front of ...	em frente de ...	[ẽ 'frẽtʃi de]
under (beneath, below)	debaixo de ...	[de'baɪʃu de]
above (over)	sobre ..., em cima de ...	['sobri], [ẽ 'sima de]
on (atop)	em ..., sobre ...	[ẽ], ['sobri]
from (off, out of)	de ...	[de]
of (made from)	de ...	[de]
in (e.g., ~ ten minutes)	em ...	[ẽ]
over (across the top of)	por cima de ...	[por 'sima de]

17. Function words. Adverbs. Part 1

Where? (at, in)	Onde?	['õdʒi]
here (adv)	aqui	[a'ki]
there (adv)	lá, ali	[la], [a'li]
somewhere (to be)	em algum lugar	[ẽ aw'gũ lu'gar]
nowhere (not in any place)	em lugar nenhum	[ẽ lu'gar ne'ɲũ]
by (near, beside)	perto de ...	['pɛrtu de]
by the window	perto da janela	['pɛrtu da ʒa'nɛla]
Where (to)?	Para onde?	['para 'õdʒi]
here (e.g., come ~!)	aqui	[a'ki]
there (e.g., to go ~)	para lá	['para la]
from here (adv)	daqui	[da'ki]
from there (adv)	de lá, dali	[de la], [da'li]
close (adv)	perto	['pɛrtu]
far (adv)	longe	['lõʒi]
near (e.g., ~ Paris)	perto de ...	['pɛrtu de]
nearby (adv)	à mão, perto	[a mãw], ['pɛrtu]
not far (adv)	não fica longe	['nãw 'fika 'lõʒi]
left (adj)	esquerdo	[is'kerdu]
on the left	à esquerda	[a is'kerda]
to the left	para a esquerda	['para a is'kerda]
right (adj)	direito	[dʒi'rejtu]
on the right	à direita	[a dʒi'rejta]

to the right	para a direita	['para a dʒi'rejta]
in front (adv)	em frente	[ẽ 'frẽtʃi]
front (as adj)	da frente	[da 'frẽtʃi]
ahead (the kids ran ~)	adiante	[a'dʒjãtʃi]
behind (adv)	atrás de ...	[a'trajs de]
from behind	de trás	[de trajs]
back (towards the rear)	para trás	['para trajs]
middle	meio (m), metade (f)	['meju], [me'tadʒi]
in the middle	no meio	[nu 'meju]
at the side	do lado	[du 'ladu]
everywhere (adv)	em todo lugar	[ẽ 'todu lu'gar]
around (in all directions)	por todos os lados	[por 'todus os 'ladus]
from inside	de dentro	[de 'dẽtru]
somewhere (to go)	para algum lugar	['para aw'gũ lu'gar]
straight (directly)	diretamente	[dʒireta'mẽtʃi]
back (e.g., come ~)	de volta	[de 'vɔwta]
from anywhere	de algum lugar	[de aw'gũ lu'gar]
from somewhere	de algum lugar	[de aw'gũ lu'gar]
firstly (adv)	em primeiro lugar	[ẽ pri'mejru lu'gar]
secondly (adv)	em segundo lugar	[ẽ se'gũdu lu'gar]
thirdly (adv)	em terceiro lugar	[ẽ ter'sejru lu'gar]
suddenly (adv)	de repente	[de he'pẽtʃi]
at first (in the beginning)	no início	[nu i'nisju]
for the first time	pela primeira vez	['pɛla pri'mejra 'vez]
long before ...	muito antes de ...	['mwĩtu 'ãtʃis de]
anew (over again)	de novo	[de 'novu]
for good (adv)	para sempre	['para 'sẽpri]
never (adv)	nunca	['nũka]
again (adv)	de novo	[de 'novu]
now (at present)	agora	[a'gɔra]
often (adv)	frequentemente	[frekwẽtʃi'mẽtʃi]
then (adv)	então	[ẽ'tãw]
urgently (quickly)	urgentemente	[urʒẽte'mẽtʃi]
usually (adv)	normalmente	[nɔrmaw'mẽtʃi]
by the way, ...	a propósito, ...	[a pro'pɔzitu]
possibly	é possível	[ɛ po'sivew]
probably (adv)	provavelmente	[provavɛw'mẽtʃi]
maybe (adv)	talvez	[taw'vez]
besides ...	além disso, ...	[a'lẽj 'dʒisu]
that's why ...	por isso ...	[por 'isu]
in spite of ...	apesar de ...	[ape'zar de]
thanks to ...	graças a ...	['grasas a]
what (pron.)	que	[ki]

English	Portuguese	Pronunciation
that (conj.)	que	[ki]
something	algo	[awgu]
anything (something)	alguma coisa	[aw'guma 'kojza]
nothing	nada	['nada]
who (pron.)	quem	[kẽj]
someone	alguém	[aw'gẽj]
somebody	alguém	[aw'gẽj]
nobody	ninguém	[nĩ'gẽj]
nowhere (a voyage to ~)	para lugar nenhum	['para lu'gar ne'ɲũ]
nobody's	de ninguém	[de nĩ'gẽj]
somebody's	de alguém	[de aw'gẽj]
so (I'm ~ glad)	tão	[tãw]
also (as well)	também	[tã'bẽj]
too (as well)	também	[tã'bẽj]

18. Function words. Adverbs. Part 2

English	Portuguese	Pronunciation
Why?	Por quê?	[por 'ke]
for some reason	por alguma razão	[por aw'guma ha'zãw]
because ...	porque ...	[por'ke]
for some purpose	por qualquer razão	[por kwaw'ker ha'zãw]
and	e	[i]
or	ou	['o]
but	mas	[mas]
for (e.g., ~ me)	para	['para]
too (~ many people)	muito, demais	['mwĩtu], [dʒi'majs]
only (exclusively)	só, somente	[sɔ], [sɔ'mẽtʃi]
exactly (adv)	exatamente	[ɛzata'mẽtʃi]
about (more or less)	cerca de ...	['serka de]
approximately (adv)	aproximadamente	[aprosimada'mẽti]
approximate (adj)	aproximado	[aprosi'madu]
almost (adv)	quase	['kwazi]
the rest	resto (m)	['hɛstu]
the other (second)	o outro	[u 'otru]
other (different)	outro	['otru]
each (adj)	cada	['kada]
any (no matter which)	qualquer	[kwaw'ker]
many (adj)	muitos, muitas	['mwĩtos], ['mwĩtas]
much (adv)	muito	['mwĩtu]
many people	muitas pessoas	['mwĩtas pe'soas]
all (everyone)	todos	['todus]
in return for ...	em troca de ...	[ẽ 'trɔka de]
in exchange (adv)	em troca	[ẽ 'trɔka]

| by hand (made) | à mão | [a mãw] |
| hardly (negative opinion) | pouco provável | ['poku pro'vavew] |

probably (adv)	provavelmente	[provavɛw'mẽtʃi]
on purpose (intentionally)	de propósito	[de pro'pɔzitu]
by accident (adv)	por acidente	[por asi'dẽtʃi]

very (adv)	muito	['mwĩtu]
for example (adv)	por exemplo	[por e'zẽplu]
between	entre	['ẽtri]
among	entre, no meio de ...	['ẽtri], [nu 'meju de]
so much (such a lot)	tanto	['tãtu]
especially (adv)	especialmente	[ispesjal'mẽte]

Basic concepts. Part 2

19. Opposites

rich (adj)	rico	['hiku]
poor (adj)	pobre	['pɔbri]
ill, sick (adj)	doente	[do'ētʃi]
well (not sick)	bem	[bẽj]
big (adj)	grande	['grãdʒi]
small (adj)	pequeno	[pe'kenu]
quickly (adv)	rapidamente	[hapida'mētʃi]
slowly (adv)	lentamente	[lēta'mētʃi]
fast (adj)	rápido	['hapidu]
slow (adj)	lento	['lẽtu]
glad (adj)	alegre, feliz	[a'lɛgri], [fe'liz]
sad (adj)	triste	['tristʃi]
together (adv)	juntos	['ʒũtus]
separately (adv)	separadamente	[separada'mētʃi]
aloud (to read)	em voz alta	[ẽ vɔz 'awta]
silently (to oneself)	para si	['para si]
tall (adj)	alto	['awtu]
low (adj)	baixo	['baɪʃu]
deep (adj)	profundo	[pro'fũdu]
shallow (adj)	raso	['hazu]
yes	sim	[sĩ]
no	não	[nãw]
distant (in space)	distante	[dʒis'tātʃi]
nearby (adj)	próximo	['prɔsimu]
far (adv)	longe	['lõʒi]
nearby (adv)	perto	['pɛrtu]
long (adj)	longo	['lõgu]
short (adj)	curto	['kurtu]
good (kindhearted)	bom, bondoso	[bõ], [bõ'dozu]

evil (adj)	mal	[maw]
married (adj)	casado	[ka'zadu]
single (adj)	solteiro	[sow'tejru]
to forbid (vt)	proibir (vt)	[proi'bir]
to permit (vt)	permitir (vt)	[permi'tʃir]
end	fim (m)	[fĩ]
beginning	início (m)	[i'nisju]
left (adj)	esquerdo	[is'kerdu]
right (adj)	direito	[dʒi'rejtu]
first (adj)	primeiro	[pri'mejru]
last (adj)	último	['uwtʃimu]
crime	crime (m)	['krimi]
punishment	castigo (m)	[kas'tʃigu]
to order (vt)	ordenar (vt)	[orde'nar]
to obey (vi, vt)	obedecer (vt)	[obede'ser]
straight (adj)	reto	['hɛtu]
curved (adj)	curvo	['kurvu]
paradise	paraíso (m)	[para'izu]
hell	inferno (m)	[ĩ'fɛrnu]
to be born	nascer (vi)	[na'ser]
to die (vi)	morrer (vi)	[mo'her]
strong (adj)	forte	['fɔrtʃi]
weak (adj)	fraco, débil	['fraku], ['debiw]
old (adj)	velho, idoso	['vɛʎu], [i'dozu]
young (adj)	jovem	['ʒɔvẽ]
old (adj)	velho	['vɛʎu]
new (adj)	novo	['novu]
hard (adj)	duro	['duru]
soft (adj)	macio	[ma'siu]
warm (tepid)	quente	['kẽtʃi]
cold (adj)	frio	['friu]
fat (adj)	gordo	['gordu]
thin (adj)	magro	['magru]
narrow (adj)	estreito	[is'trejtu]
wide (adj)	largo	['largu]
good (adj)	bom	[bõ]

bad (adj)	mau	[maw]
brave (adj)	valente, corajoso	[va'lẽtʃi], [kora'ʒozu]
cowardly (adj)	covarde	[ko'vardʒi]

20. Weekdays

Monday	segunda-feira (f)	[se'gũda-'fejra]
Tuesday	terça-feira (f)	['tersa 'fejra]
Wednesday	quarta-feira (f)	['kwarta-'fejra]
Thursday	quinta-feira (f)	['kĩta-'fejra]
Friday	sexta-feira (f)	['sesta-'fejra]
Saturday	sábado (m)	['sabadu]
Sunday	domingo (m)	[do'mĩgu]
today (adv)	hoje	['oʒi]
tomorrow (adv)	amanhã	[ama'ɲã]
the day after tomorrow	depois de amanhã	[de'pojs de ama'ɲã]
yesterday (adv)	ontem	['õtẽ]
the day before yesterday	anteontem	[ãtʃi'õtẽ]
day	dia (m)	['dʒia]
working day	dia (m) de trabalho	['dʒia de tra'baʎu]
public holiday	feriado (m)	[fe'rjadu]
day off	dia (m) de folga	['dʒia de 'fɔwga]
weekend	fim (m) de semana	[fĩ de se'mana]
all day long	o dia todo	[u 'dʒia 'todu]
the next day (adv)	no dia seguinte	[nu 'dʒia se'gĩtʃi]
two days ago	há dois dias	[a 'dojs 'dʒias]
the day before	na véspera	[na 'vɛspera]
daily (adj)	diário	['dʒjarju]
every day (adv)	todos os dias	['todus us 'dʒias]
week	semana (f)	[se'mana]
last week (adv)	na semana passada	[na se'mana pa'sada]
next week (adv)	semana que vem	[se'mana ke vẽj]
weekly (adj)	semanal	[sema'naw]
every week (adv)	toda semana	['tɔda se'mana]
twice a week	duas vezes por semana	['duas 'vezis por se'mana]
every Tuesday	toda terça-feira	['tɔda tersa 'fejra]

21. Hours. Day and night

morning	manhã (f)	[ma'ɲã]
in the morning	de manhã	[de ma'ɲã]
noon, midday	meio-dia (m)	['meju 'dʒia]
in the afternoon	à tarde	[a 'tardʒi]
evening	tardinha (f)	[tar'dʒiɲa]

in the evening	à tardinha	[a tar'dʒiɲa]
night	noite (f)	['nojtʃi]
at night	à noite	[a 'nojtʃi]
midnight	meia-noite (f)	['meja 'nojtʃi]
second	segundo (m)	[se'gũdu]
minute	minuto (m)	[mi'nutu]
hour	hora (f)	['ɔra]
half an hour	meia hora (f)	['meja 'ɔra]
a quarter-hour	quarto (m) de hora	['kwartu de 'ɔra]
fifteen minutes	quinze minutos	['kĩzi mi'nutus]
24 hours	vinte e quatro horas	['vĩtʃi i 'kwatru 'ɔras]
sunrise	nascer (m) do sol	[na'ser du sɔw]
dawn	amanhecer (m)	[amaɲe'ser]
early morning	madrugada (f)	[madru'gada]
sunset	pôr-do-sol (m)	[por du 'sɔw]
early in the morning	de madrugada	[de madru'gada]
this morning	esta manhã	['ɛsta ma'ɲã]
tomorrow morning	amanhã de manhã	[ama'ɲã de ma'ɲã]
this afternoon	esta tarde	['ɛsta 'tardʒi]
in the afternoon	à tarde	[a 'tardʒi]
tomorrow afternoon	amanhã à tarde	[ama'ɲã a 'tardʒi]
tonight (this evening)	esta noite, hoje à noite	['ɛsta 'nojtʃi], ['oʒi a 'nojtʃi]
tomorrow night	amanhã à noite	[ama'ɲã a 'nojtʃi]
at 3 o'clock sharp	às três horas em ponto	[as tres 'ɔras ẽ 'põtu]
about 4 o'clock	por volta das quatro	[por 'vowta das 'kwatru]
by 12 o'clock	às doze	[as 'dozi]
in 20 minutes	em vinte minutos	[ẽ 'vĩtʃi mi'nutus]
in an hour	em uma hora	[ẽ 'uma 'ɔra]
on time (adv)	a tempo	[a 'tẽpu]
a quarter to ...	... um quarto para	[... ũ 'kwartu 'para]
within an hour	dentro de uma hora	['dẽtru de 'uma 'ɔra]
every 15 minutes	a cada quinze minutos	[a 'kada 'kĩzi mi'nutus]
round the clock	as vinte e quatro horas	[as 'vĩtʃi i 'kwatru 'ɔras]

22. Months. Seasons

January	janeiro (m)	[ʒa'nejru]
February	fevereiro (m)	[feve'rejru]
March	março (m)	['marsu]
April	abril (m)	[a'briw]
May	maio (m)	['maju]
June	junho (m)	['ʒuɲu]

July	julho (m)	['ʒuʎu]
August	agosto (m)	[a'gostu]
September	setembro (m)	[se'tẽbru]
October	outubro (m)	[o'tubru]
November	novembro (m)	[no'vẽbru]
December	dezembro (m)	[de'zẽbru]

spring	primavera (f)	[prima'vɛra]
in spring	na primavera	[na prima'vɛra]
spring (as adj)	primaveril	[primave'riw]

summer	verão (m)	[ve'rãw]
in summer	no verão	[nu ve'rãw]
summer (as adj)	de verão	[de ve'rãw]

fall	outono (m)	[o'tɔnu]
in fall	no outono	[nu o'tɔnu]
fall (as adj)	outonal	[oto'naw]

winter	inverno (m)	[ĩ'vɛrnu]
in winter	no inverno	[nu ĩ'vɛrnu]
winter (as adj)	de inverno	[de ĩ'vɛrnu]

month	mês (m)	[mes]
this month	este mês	['estʃi mes]
next month	mês que vem	['mes ki vẽj]
last month	no mês passado	[no mes pa'sadu]

a month ago	um mês atrás	[ũ 'mes a'trajs]
in a month (a month later)	em um mês	[ẽ ũ mes]
in 2 months (2 months later)	em dois meses	[ẽ dojs 'mezis]
the whole month	todo o mês	['todu u mes]
all month long	um mês inteiro	[ũ mes ĩ'tejru]

monthly (~ magazine)	mensal	[mẽ'saw]
monthly (adv)	mensalmente	[mẽsaw'mẽtʃi]
every month	todo mês	['todu 'mes]
twice a month	duas vezes por mês	['duas 'vezis por mes]

year	ano (m)	['anu]
this year	este ano	['estʃi 'anu]
next year	ano que vem	['anu ki vẽj]
last year	no ano passado	[nu 'anu pa'sadu]

a year ago	há um ano	[a ũ 'anu]
in a year	em um ano	[ẽ ũ 'anu]
in two years	dentro de dois anos	['dẽtru de 'dojs 'anus]
the whole year	todo o ano	['todu u 'anu]
all year long	um ano inteiro	[ũ 'anu ĩ'tejru]
every year	cada ano	['kada 'anu]
annual (adj)	anual	[a'nwaw]

annually (adv)	anualmente	[anwaw'mẽte]
4 times a year	quatro vezes por ano	['kwatru 'vezis por 'anu]
date (e.g., today's ~)	data (f)	['data]
date (e.g., ~ of birth)	data (f)	['data]
calendar	calendário (m)	[kalẽ'darju]
half a year	meio ano	['meju 'anu]
six months	seis meses	[sejs 'mezis]
season (summer, etc.)	estação (f)	[ista'sãw]
century	século (m)	['sɛkulu]

23. Time. Miscellaneous

time	tempo (m)	['tẽpu]
moment	momento (m)	[mo'mẽtu]
instant (n)	instante (m)	[ĩs'tãtʃi]
instant (adj)	instantâneo	[ĩstã'tanju]
lapse (of time)	lapso (m) de tempo	['lapsu de 'tẽpu]
life	vida (f)	['vida]
eternity	eternidade (f)	[eterni'dadʒi]
epoch	época (f)	['ɛpoka]
era	era (f)	['ɛra]
cycle	ciclo (m)	['siklu]
period	período (m)	[pe'riodu]
term (short-~)	prazo (m)	['prazu]
the future	futuro (m)	[fu'turu]
future (as adj)	futuro	[fu'turu]
next time	da próxima vez	[da 'prɔsima vez]
the past	passado (m)	[pa'sadu]
past (recent)	passado	[pa'sadu]
last time	na última vez	[na 'uwtʃima 'vez]
later (adv)	mais tarde	[majs 'tardʒi]
after (prep.)	depois	[de'pojs]
nowadays (adv)	atualmente	[atwaw'mẽtʃi]
now (at this moment)	agora	[a'gora]
immediately (adv)	imediatamente	[imedʒata'mẽtʃi]
soon (adv)	em breve	[ẽ 'brɛvi]
in advance (beforehand)	de antemão	[de ante'mãw]
a long time ago	há muito tempo	[a 'mwĩtu 'tẽpu]
recently (adv)	recentemente	[hesẽtʃi'mẽtʃi]
destiny	destino (m)	[des'tʃinu]
memories (childhood ~)	recordações (f pl)	[hekorda'sõjs]
archives	arquivo (m)	[ar'kivu]
during ...	durante ...	[du'rãtʃi]
long, a long time (adv)	durante muito tempo	[du'rãtʃi 'mwĩtu 'tẽpu]

not long (adv)	pouco tempo	['poku 'tẽpu]
early (in the morning)	cedo	['sedu]
late (not early)	tarde	['tardʒi]
forever (for good)	para sempre	['para 'sẽpri]
to start (begin)	começar (vt)	[kome'sar]
to postpone (vt)	adiar (vt)	[a'dʒjar]
at the same time	ao mesmo tempo	['aw 'mezmu 'tẽpu]
permanently (adv)	permanentemente	[permanẽtʃi'mẽtʃi]
constant (noise, pain)	constante	[kõs'tãtʃi]
temporary (adj)	temporário	[tẽpo'rarju]
sometimes (adv)	às vezes	[as 'vezis]
rarely (adv)	raras vezes, raramente	['harus 'vezis]' [hara'mẽtʃi]
often (adv)	frequentemente	[frekwẽtʃi'mẽtʃi]

24. Lines and shapes

square	quadrado (m)	[kwa'dradu]
square (as adj)	quadrado	[kwa'dradu]
circle	círculo (m)	['sirkulu]
round (adj)	redondo	[he'dõdu]
triangle	triângulo (m)	['trjãgulu]
triangular (adj)	triangular	[trjãgu'lar]
oval	oval (f)	[o'vaw]
oval (as adj)	oval	[o'vaw]
rectangle	retângulo (m)	[he'tãgulu]
rectangular (adj)	retangular	[hetãgu'lar]
pyramid	pirâmide (f)	[pi'ramidʒi]
rhombus	losango (m)	[lo'zãgu]
trapezoid	trapézio (m)	[tra'pɛzju]
cube	cubo (m)	['kubu]
prism	prisma (m)	['prizma]
circumference	circunferência (f)	[sirkũfe'rẽsja]
sphere	esfera (f)	[is'fɛra]
ball (solid sphere)	globo (m)	['globu]
diameter	diâmetro (m)	['dʒjametru]
radius	raio (m)	['haju]
perimeter (circle's ~)	perímetro (m)	[pe'rimetru]
center	centro (m)	['sẽtru]
horizontal (adj)	horizontal	[orizõ'taw]
vertical (adj)	vertical	[vertʃi'kaw]
parallel (n)	paralela (f)	[para'lɛla]
parallel (as adj)	paralelo	[para'lɛlu]
line	linha (f)	['liɲa]

stroke	traço (m)	['trasu]
straight line	reta (f)	['hɛta]
curve (curved line)	curva (f)	['kurva]
thin (line, etc.)	fino	['finu]
contour (outline)	contorno (m)	[kõ'tornu]
intersection	interseção (f)	[ĩterse'sãw]
right angle	ângulo (m) reto	[ãgulu 'hɛtu]
segment	segmento (m)	[sɛ'gmẽtu]
sector (circular ~)	setor (m)	[sɛ'tor]
side (of triangle)	lado (m)	['ladu]
angle	ângulo (m)	[ãgulu]

25. Units of measurement

weight	peso (m)	['pezu]
length	comprimento (m)	[kõpri'mẽtu]
width	largura (f)	[lar'gura]
height	altura (f)	[aw'tura]
depth	profundidade (f)	[profũdʒi'dadʒi]
volume	volume (m)	[vo'lumi]
area	área (f)	['arja]
gram	grama (m)	['grama]
milligram	miligrama (m)	[mili'grama]
kilogram	quilograma (m)	[kilo'grama]
ton	tonelada (f)	[tune'lada]
pound	libra (f)	['libra]
ounce	onça (f)	['õsa]
meter	metro (m)	['mɛtru]
millimeter	milímetro (m)	[mi'limetru]
centimeter	centímetro (m)	[sẽ'tʃimetru]
kilometer	quilômetro (m)	[ki'lometru]
mile	milha (f)	['miʎa]
inch	polegada (f)	[pole'gada]
foot	pé (m)	[pɛ]
yard	jarda (f)	['ʒarda]
square meter	metro (m) quadrado	['mɛtru kwa'dradu]
hectare	hectare (m)	[ek'tari]
liter	litro (m)	['litru]
degree	grau (m)	[graw]
volt	volt (m)	['vɔwtʃi]
ampere	ampère (m)	[ã'pɛri]
horsepower	cavalo (m) de potência	[ka'valu de po'tẽsja]
quantity	quantidade (f)	[kwãtʃi'dadʒi]
a little bit of …	um pouco de …	[ũ 'poku de]

half	metade (f)	[me'tadʒi]
dozen	dúzia (f)	['duzja]
piece (item)	peça (f)	['pɛsa]
size	tamanho (m), dimensão (f)	[ta'maɲu], [dʒimẽ'sãw]
scale (map ~)	escala (f)	[is'kala]
minimal (adj)	mínimo	['minimu]
the smallest (adj)	menor, mais pequeno	[me'nɔr], [majs pe'kenu]
medium (adj)	médio	['mɛdʒju]
maximal (adj)	máximo	['masimu]
the largest (adj)	maior, mais grande	[ma'jɔr], [majs 'grãdʒi]

26. Containers

canning jar (glass ~)	pote (m) de vidro	['pɔtʃi de 'vidru]
can	lata (f)	['lata]
bucket	balde (m)	['bawdʒi]
barrel	barril (m)	[ba'hiw]
wash basin (e.g., plastic ~)	bacia (f)	[ba'sia]
tank (100L water ~)	tanque (m)	['tãki]
hip flask	cantil (m) de bolso	[kã'tʃiw dʒi 'bowsu]
jerrycan	galão (m) de gasolina	[ga'lãw de gazo'lina]
tank (e.g., tank car)	cisterna (f)	[sis'tɛrna]
mug	caneca (f)	[ka'nɛka]
cup (of coffee, etc.)	xícara (f)	['ʃikara]
saucer	pires (m)	['piris]
glass (tumbler)	copo (m)	['kɔpu]
wine glass	taça (f) de vinho	['tasa de 'viɲu]
stock pot (soup pot)	panela (f)	[pa'nɛla]
bottle (~ of wine)	garrafa (f)	[ga'hafa]
neck (of the bottle, etc.)	gargalo (m)	[gar'galu]
carafe (decanter)	jarra (f)	['ʒaha]
pitcher	jarro (m)	['ʒahu]
vessel (container)	recipiente (m)	[hesi'pjẽtʃi]
pot (crock, stoneware ~)	pote (m)	['pɔtʃi]
vase	vaso (m)	['vazu]
flacon, bottle (perfume ~)	frasco (m)	['frasku]
vial, small bottle	frasquinho (m)	[fras'kiɲu]
tube (of toothpaste)	tubo (m)	['tubu]
sack (bag)	saco (m)	['saku]
bag (paper ~, plastic ~)	sacola (f)	[sa'kɔla]
pack (of cigarettes, etc.)	maço (m)	['masu]
box (e.g., shoebox)	caixa (f)	['kaɪʃa]

crate	caixote (m)	[kaj'ʃotʃi]
basket	cesto (m)	['sestu]

27. Materials

material	material (m)	[mate'rjaw]
wood (n)	madeira (f)	[ma'dejra]
wood-, wooden (adj)	de madeira	[de ma'dejra]
glass (n)	vidro (m)	['vidru]
glass (as adj)	de vidro	[de 'vidru]
stone (n)	pedra (f)	['pɛdra]
stone (as adj)	de pedra	[de 'pɛdra]
plastic (n)	plástico (m)	['plastʃiku]
plastic (as adj)	plástico	['plastʃiku]
rubber (n)	borracha (f)	[bo'haʃa]
rubber (as adj)	de borracha	[de bo'haʃa]
cloth, fabric (n)	tecido, pano (m)	[te'sidu], ['panu]
fabric (as adj)	de tecido	[de te'sidu]
paper (n)	papel (m)	[pa'pɛw]
paper (as adj)	de papel	[de pa'pɛw]
cardboard (n)	papelão (m)	[pape'lãw]
cardboard (as adj)	de papelão	[de pape'lãw]
polyethylene	polietileno (m)	[poljetʃi'lɛnu]
cellophane	celofane (m)	[selo'fani]
linoleum	linóleo (m)	[li'nɔlju]
plywood	madeira (f) compensada	[ma'dejra kõpẽ'sada]
porcelain (n)	porcelana (f)	[porse'lana]
porcelain (as adj)	de porcelana	[de porse'lana]
clay (n)	argila (f), barro (m)	[ar'ʒila], ['bahu]
clay (as adj)	de barro	[de 'bahu]
ceramic (n)	cerâmica (f)	[se'ramika]
ceramic (as adj)	de cerâmica	[de se'ramika]

28. Metals

metal (n)	metal (m)	[me'taw]
metal (as adj)	metálico	[me'taliku]
alloy (n)	liga (f)	['liga]
gold (n)	ouro (m)	['oru]

gold, golden (adj)	de ouro	[de 'oru]
silver (n)	prata (f)	['prata]
silver (as adj)	de prata	[de 'prata]
iron (n)	ferro (m)	['fɛhu]
iron-, made of iron (adj)	de ferro	[de 'fɛhu]
steel (n)	aço (m)	['asu]
steel (as adj)	de aço	[de 'asu]
copper (n)	cobre (m)	['kɔbri]
copper (as adj)	de cobre	[de 'kɔbri]
aluminum (n)	alumínio (m)	[alu'minju]
aluminum (as adj)	de alumínio	[de alu'minju]
bronze (n)	bronze (m)	['brõzi]
bronze (as adj)	de bronze	[de 'brõzi]
brass	latão (m)	[la'tãw]
nickel	níquel (m)	['nikew]
platinum	platina (f)	[pla'tʃina]
mercury	mercúrio (m)	[mer'kurju]
tin	estanho (m)	[is'taɲu]
lead	chumbo (m)	['ʃũbu]
zinc	zinco (m)	['zĩku]

HUMAN BEING

Human being. The body

29. Humans. Basic concepts

human being	ser (m) humano	[ser u'manu]
man (adult male)	homem (m)	['ɔmẽ]
woman	mulher (f)	[mu'ʎer]
child	criança (f)	['krjãsa]
girl	menina (f)	[me'nina]
boy	menino (m)	[me'ninu]
teenager	adolescente (m)	[adole'sẽtʃi]
old man	velho (m)	['vɛʎu]
old woman	velha (f)	['vɛʎa]

30. Human anatomy

organism (body)	organismo (m)	[orga'nizmu]
heart	coração (m)	[kora'sãw]
blood	sangue (m)	['sãgi]
artery	artéria (f)	[ar'tɛrja]
vein	veia (f)	['veja]
brain	cérebro (m)	['sɛrebru]
nerve	nervo (m)	['nervu]
nerves	nervos (m pl)	['nervus]
vertebra	vértebra (f)	['vɛrtebra]
spine (backbone)	coluna (f) vertebral	[ko'luna verte'braw]
stomach (organ)	estômago (m)	[is'tomagu]
intestines, bowels	intestinos (m pl)	[ĩtes'tʃinus]
intestine (e.g., large ~)	intestino (m)	[ĩtes'tʃinu]
liver	fígado (m)	['figadu]
kidney	rim (m)	[hĩ]
bone	osso (m)	['osu]
skeleton	esqueleto (m)	[iske'letu]
rib	costela (f)	[kos'tɛla]
skull	crânio (m)	['kranju]
muscle	músculo (m)	['muskulu]
biceps	bíceps (m)	['biseps]

triceps	tríceps (m)	['triseps]
tendon	tendão (m)	[tẽ'dãw]
joint	articulação (f)	[artʃikula'sãw]
lungs	pulmões (m pl)	[puw'mãws]
genitals	órgãos (m pl) genitais	['ɔrgãws ʒeni'tajs]
skin	pele (f)	['pɛli]

31. Head

head	cabeça (f)	[ka'besa]
face	rosto, cara (f)	['hostu], ['kara]
nose	nariz (m)	[na'riz]
mouth	boca (f)	['boka]

eye	olho (m)	['oʎu]
eyes	olhos (m pl)	['oʎus]
pupil	pupila (f)	[pu'pila]
eyebrow	sobrancelha (f)	[sobrã'seʎa]
eyelash	cílio (f)	['silju]
eyelid	pálpebra (f)	['pawpebra]

tongue	língua (f)	['lĩgwa]
tooth	dente (m)	['dẽtʃi]
lips	lábios (m pl)	['labjus]
cheekbones	maçãs (f pl) do rosto	[ma'sãs du 'hostu]
gum	gengiva (f)	[ʒẽ'ʒiva]
palate	palato (m)	[pa'latu]

nostrils	narinas (f pl)	[na'rinas]
chin	queixo (m)	['kejʃu]
jaw	mandíbula (f)	[mã'dʒibula]
cheek	bochecha (f)	[bo'ʃeʃa]

forehead	testa (f)	['tɛsta]
temple	têmpora (f)	['tẽpora]
ear	orelha (f)	[o'reʎa]
back of the head	costas (f pl) da cabeça	['kɔstas da ka'besa]
neck	pescoço (m)	[pes'kosu]
throat	garganta (f)	[gar'gãta]

hair	cabelo (m)	[ka'belu]
hairstyle	penteado (m)	[pẽ'tʃjadu]
haircut	corte (m) de cabelo	['kɔrtʃi de ka'belu]
wig	peruca (f)	[pe'ruka]

mustache	bigode (m)	[bi'gɔdʒi]
beard	barba (f)	['barba]
to have (a beard, etc.)	ter (vt)	[ter]
braid	trança (f)	['trãsa]
sideburns	suíças (f pl)	['swisas]

red-haired (adj)	ruivo	['hwivu]
gray (hair)	grisalho	[griˈzaʎu]
bald (adj)	careca	[kaˈrɛka]
bald patch	calva (f)	[ˈkawvu]
ponytail	rabo-de-cavalo (m)	[ˈhabu-de-kaˈvalu]
bangs	franja (f)	[ˈfrãʒa]

32. Human body

hand	mão (f)	[mãw]
arm	braço (m)	[ˈbrasu]
finger	dedo (m)	[ˈdedu]
toe	dedo (m) do pé	[ˈdedu du pɛ]
thumb	polegar (m)	[poleˈgar]
little finger	dedo (m) mindinho	[ˈdedu mĩˈdʒiɲu]
nail	unha (f)	[ˈuɲa]
fist	punho (m)	[ˈpuɲu]
palm	palma (f)	[ˈpawma]
wrist	pulso (m)	[ˈpuwsu]
forearm	antebraço (m)	[ãtʃiˈbrasu]
elbow	cotovelo (m)	[kotoˈvelu]
shoulder	ombro (m)	[ˈõbru]
leg	perna (f)	[ˈpɛrna]
foot	pé (m)	[pɛ]
knee	joelho (m)	[ʒoˈeʎu]
calf (part of leg)	panturrilha (f)	[pãtuˈhiʎa]
hip	quadril (m)	[kwaˈdriw]
heel	calcanhar (m)	[kawkaˈɲar]
body	corpo (m)	[ˈkorpu]
stomach	barriga (f), ventre (m)	[baˈhiga], [ˈvẽtri]
chest	peito (m)	[ˈpejtu]
breast	seio (m)	[ˈseju]
flank	lado (m)	[ˈladu]
back	costas (f pl)	[ˈkɔstas]
lower back	região (f) lombar	[heˈʒjãw lõˈbar]
waist	cintura (f)	[sĩˈtura]
navel (belly button)	umbigo (m)	[ũˈbigu]
buttocks	nádegas (f pl)	[ˈnadegas]
bottom	traseiro (m)	[traˈzejru]
beauty mark	sinal (m), pinta (f)	[siˈnaw], [ˈpĩta]
birthmark (café au lait spot)	sinal (m) de nascença	[siˈnaw de naˈsẽsa]
tattoo	tatuagem (f)	[taˈtwaʒẽ]
scar	cicatriz (f)	[sikaˈtriz]

Clothing & Accessories

33. Outerwear. Coats

clothes	roupa (f)	['hopa]
outerwear	roupa (f) exterior	['hopa iste'rjor]
winter clothing	roupa (f) de inverno	['hopa de ĩ'vɛrnu]
coat (overcoat)	sobretudo (m)	[sobri'tudu]
fur coat	casaco (m) de pele	[kaz'aku de 'pɛli]
fur jacket	jaqueta (f) de pele	[ʒa'keta de 'pɛli]
down coat	casaco (m) acolchoado	[ka'zaku akow'ʃwadu]
jacket (e.g., leather ~)	casaco (m), jaqueta (f)	[kaz'aku], [ʒa'keta]
raincoat (trenchcoat, etc.)	impermeável (m)	[ĩper'mjavew]
waterproof (adj)	a prova d'água	[a 'prɔva 'dagwa]

34. Men's & women's clothing

shirt (button shirt)	camisa (f)	[ka'miza]
pants	calça (f)	['kawsa]
jeans	jeans (m)	['dʒins]
suit jacket	paletó, terno (m)	[pale'tɔ], ['tɛrnu]
suit	terno (m)	['tɛrnu]
dress (frock)	vestido (m)	[ves'tʃidu]
skirt	saia (f)	['saja]
blouse	blusa (f)	['bluza]
knitted jacket (cardigan, etc.)	casaco (m) de malha	[ka'zaku de 'maʎa]
jacket (of woman's suit)	casaco, blazer (m)	[ka'zaku], ['blejzer]
T-shirt	camiseta (f)	[kami'zɛta]
shorts (short trousers)	short (m)	['ʃɔrtʃi]
tracksuit	training (m)	['trejnĩŋ]
bathrobe	roupão (m) de banho	[ho'pãw de 'baɲu]
pajamas	pijama (m)	[pi'ʒama]
sweater	suéter (m)	['swɛter]
pullover	pulôver (m)	[pu'lover]
vest	colete (m)	[ko'letʃi]
tailcoat	fraque (m)	['fraki]
tuxedo	smoking (m)	[iz'mokĩs]

uniform	uniforme (m)	[uni'fɔrmi]
workwear	roupa (f) de trabalho	['hopa de tra'baʎu]
overalls	macacão (m)	[maka'kãws]
coat (e.g., doctor's smock)	jaleco (m), bata (f)	[ʒa'lɛku], ['bata]

35. Clothing. Underwear

underwear	roupa (f) íntima	['hopa 'ĩtʃima]
boxers, briefs	cueca boxer (f)	['kwɛka 'bɔkser]
panties	calcinha (f)	[kaw'siɲa]
undershirt (A-shirt)	camiseta (f)	[kami'zɛta]
socks	meias (f pl)	['mejas]
nightdress	camisola (f)	[kami'zɔla]
bra	sutiã (m)	[su'tʃjã]
knee highs (knee-high socks)	meias longas (f pl)	['mejas 'lõgas]
pantyhose	meias-calças (f pl)	['mejas 'kalsas]
stockings (thigh highs)	meias (f pl)	['mejas]
bathing suit	maiô (m)	[ma'jo]

36. Headwear

hat	chapéu (m), touca (f)	[ʃa'pɛw], ['toka]
fedora	chapéu (m) de feltro	[ʃa'pɛw de 'fewtru]
baseball cap	boné (m) de beisebol	[bo'nɛ de bejsi'bɔw]
flatcap	boina (f)	['bojna]
beret	boina (f) francesa	['bojna frã'seza]
hood	capuz (m)	[ka'puz]
panama hat	chapéu panamá (m)	[ʃa'pɛw pana'ma]
knit cap (knitted hat)	touca (f)	['toka]
headscarf	lenço (m)	['lẽsu]
women's hat	chapéu (m) feminino	[ʃa'pɛw femi'ninu]
hard hat	capacete (m)	[kapa'setʃi]
garrison cap	bibico (m)	[bi'biko]
helmet	capacete (m)	[kapa'setʃi]
derby	chapéu-coco (m)	[ʃa'pɛw 'koku]
top hat	cartola (f)	[kar'tɔla]

37. Footwear

footwear	calçado (m)	[kaw'sadu]
shoes (men's shoes)	botinas (f pl), sapatos (m pl)	[bo'tʃinas], [sapa'tõjs]

shoes (women's shoes)	sapatos (m pl)	[sa'patus]
boots (e.g., cowboy ~)	botas (f pl)	['bɔtas]
slippers	pantufas (f pl)	[pã'tufas]

tennis shoes (e.g., Nike ~)	tênis (m pl)	['tenis]
sneakers (e.g., Converse ~)	tênis (m pl)	['tenis]
sandals	sandálias (f pl)	[sã'dalias]

cobbler (shoe repairer)	sapateiro (m)	[sapa'tejru]
heel	salto (m)	['sawtu]
pair (of shoes)	par (m)	[par]

shoestring	cadarço (m)	[ka'darsu]
to lace (vt)	amarrar os cadarços	[ama'har us ka'darsus]
shoehorn	calçadeira (f)	[kawsa'dejra]
shoe polish	graxa (f) para calçado	['graʃa 'para kaw'sadu]

38. Textile. Fabrics

cotton (n)	algodão (m)	[awgo'dãw]
cotton (as adj)	de algodão	[de awgo'dãw]
flax (n)	linho (m)	['liɲu]
flax (as adj)	de linho	[de 'liɲu]

silk (n)	seda (f)	['seda]
silk (as adj)	de seda	[de 'seda]
wool (n)	lã (f)	[lã]
wool (as adj)	de lã	[de lã]

velvet	veludo (m)	[ve'ludu]
suede	camurça (f)	[ka'mursa]
corduroy	veludo (m) cotelê	[ve'ludu kɔte'le]

nylon (n)	nylon (m)	['najlɔn]
nylon (as adj)	de nylon	[de 'najlɔn]
polyester (n)	poliéster (m)	[po'ljɛster]
polyester (as adj)	de poliéster	[de po'ljɛster]

leather (n)	couro (m)	['koru]
leather (as adj)	de couro	[de 'koru]
fur (n)	pele (f)	['pɛli]
fur (e.g., ~ coat)	de pele	[de 'pɛli]

39. Personal accessories

| gloves | luva (f) | ['luva] |
| mittens | mitenes (f pl) | [mi'tɛnes] |

scarf (muffler)	cachecol (m)	[kaʃe'kɔw]
glasses (eyeglasses)	óculos (m pl)	['ɔkulus]
frame (eyeglass ~)	armação (f)	[arma'sãw]
umbrella	guarda-chuva (m)	['gwarda 'ʃuva]
walking stick	bengala (f)	[bẽ'gala]
hairbrush	escova (f) para o cabelo	[is'kova 'para u ka'belu]
fan	leque (m)	['lɛki]
tie (necktie)	gravata (f)	[gra'vata]
bow tie	gravata-borboleta (f)	[gra'vata borbo'leta]
suspenders	suspensórios (m pl)	[suspẽ'sɔrjus]
handkerchief	lenço (m)	['lẽsu]
comb	pente (m)	['pẽtʃi]
barrette	fivela (f) para cabelo	[fi'vɛla 'para ka'belu]
hairpin	grampo (m)	['grãpu]
buckle	fivela (f)	[fi'vɛla]
belt	cinto (m)	['sĩtu]
shoulder strap	alça (f) de ombro	['awsa de 'õbru]
bag (handbag)	bolsa (f)	['bowsa]
purse	bolsa, carteira (f)	['bowsa], [kar'tejra]
backpack	mochila (f)	[mo'ʃila]

40. Clothing. Miscellaneous

fashion	moda (f)	['mɔda]
in vogue (adj)	na moda	[na 'mɔda]
fashion designer	estilista (m)	[istʃi'lista]
collar	colarinho (m)	[kola'riɲu]
pocket	bolso (m)	['bowsu]
pocket (as adj)	de bolso	[de 'bowsu]
sleeve	manga (f)	['mãga]
hanging loop	ganchinho (m)	[gã'ʃiɲu]
fly (on trousers)	bragueta (f)	[bra'gwetʃi]
zipper (fastener)	zíper (m)	['ziper]
fastener	colchete (m)	[kow'ʃetʃi]
button	botão (m)	[bo'tãw]
buttonhole	botoeira (f)	[bo'twejra]
to come off (ab. button)	soltar-se (vr)	[sow'tarsi]
to sew (vi, vt)	costurar (vi)	[kostu'rar]
to embroider (vi, vt)	bordar (vt)	[bor'dar]
embroidery	bordado (m)	[bor'dadu]
sewing needle	agulha (f)	[a'guʎa]
thread	fio, linha (f)	['fiu], ['liɲa]
seam	costura (f)	[kos'tura]

to get dirty (vi)	sujar-se (vr)	[su'ʒarsi]
stain (mark, spot)	mancha (f)	['mãʃa]
to crease, crumple (vt)	amarrotar-se (vr)	[amaho'tarse]
to tear, to rip (vt)	rasgar (vt)	[haz'gar]
clothes moth	traça (f)	['trasa]

41. Personal care. Cosmetics

toothpaste	pasta (f) de dente	['pasta de 'dẽtʃi]
toothbrush	escova (f) de dente	[is'kova de 'dẽtʃi]
to brush one's teeth	escovar os dentes	[isko'var us 'dẽtʃis]
razor	gilete (f)	[ʒi'lɛtʃi]
shaving cream	creme (m) de barbear	['krɛmi de bar'bjar]
to shave (vi)	barbear-se (vr)	[bar'bjarsi]
soap	sabonete (m)	[sabo'netʃi]
shampoo	xampu (m)	[ʃã'pu]
scissors	tesoura (f)	[te'zora]
nail file	lixa (f) de unhas	['liʃa de 'uɲas]
nail clippers	corta-unhas (m)	['kɔrta 'uɲas]
tweezers	pinça (f)	['pĩsa]
cosmetics	cosméticos (m pl)	[koz'mɛtʃikus]
face mask	máscara (f)	['maskara]
manicure	manicure (f)	[mani'kuri]
to have a manicure	fazer as unhas	[fa'zer as 'uɲas]
pedicure	pedicure (f)	[pedi'kure]
make-up bag	bolsa (f) de maquiagem	['bowsa de ma'kjaʒẽ]
face powder	pó (m)	[pɔ]
powder compact	pó (m) compacto	[pɔ kõ'paktu]
blusher	blush (m)	[blaʃ]
perfume (bottled)	perfume (m)	[per'fumi]
toilet water (lotion)	água-de-colônia (f)	['agwa de ko'lonja]
lotion	loção (f)	[lo'sãw]
cologne	colônia (f)	[ko'lonja]
eyeshadow	sombra (f) de olhos	['sõbra de 'oʎus]
eyeliner	delineador (m)	[delinja'dor]
mascara	máscara (f), rímel (m)	['maskara], ['himew]
lipstick	batom (m)	['batõ]
nail polish, enamel	esmalte (m)	[iz'mawtʃi]
hair spray	laquê (m), spray fixador (m)	[la'ke], [is'prej fiksa'dor]
deodorant	desodorante (m)	[dʒizodo'rãtʃi]
cream	creme (m)	['krɛmi]

face cream	creme (m) de rosto	['krɛmi de 'hostu]
hand cream	creme (m) de mãos	['krɛmi de 'mãws]
anti-wrinkle cream	creme (m) antirrugas	['krɛmi ãtʃi'hugas]
day cream	creme (m) de dia	['krɛmi de 'dʒia]
night cream	creme (m) de noite	['krɛmi de 'nojtʃi]
day (as adj)	de dia	[de 'dʒia]
night (as adj)	da noite	[da 'nojtʃi]
tampon	absorvente (m) interno	[absor'vẽtʃi ĩ'tɛrnu]
toilet paper (toilet roll)	papel (m) higiênico	[pa'pɛw i'ʒjeniku]
hair dryer	secador (m) de cabelo	[seka'dor de ka'belu]

42. Jewelry

jewelry, jewels	joias (f pl)	['ʒɔjas]
precious (e.g., ~ stone)	precioso	[pre'sjozu]
hallmark stamp	marca (f) de contraste	['marka de kõ'trastʃi]
ring	anel (m)	[a'nɛw]
wedding ring	aliança (f)	[a'ljãsa]
bracelet	pulseira (f)	[puw'sejra]
earrings	brincos (m pl)	['brĩkus]
necklace (~ of pearls)	colar (m)	[ko'lar]
crown	coroa (f)	[ko'roa]
bead necklace	colar (m) de contas	[ko'lar de 'kõtas]
diamond	diamante (m)	[dʒja'mãtʃi]
emerald	esmeralda (f)	[izme'rawda]
ruby	rubi (m)	[hu'bi]
sapphire	safira (f)	[sa'fira]
pearl	pérola (f)	['pɛrola]
amber	âmbar (m)	[ãbar]

43. Watches. Clocks

watch (wristwatch)	relógio (m) de pulso	[he'lɔʒu de 'puwsu]
dial	mostrador (m)	[mostra'dor]
hand (of clock, watch)	ponteiro (m)	[põ'tejru]
metal watch band	bracelete (f) em aço	[brase'letʃi ẽ 'asu]
watch strap	bracelete (f) em couro	[brase'letʃi ẽ 'koru]
battery	pilha (f)	['piʎa]
to be dead (battery)	acabar (vi)	[aka'bar]
to change a battery	trocar a pilha	[tro'kar a 'piʎa]
to run fast	estar adiantado	[is'tar adʒjã'tadu]
to run slow	estar atrasado	[is'tar atra'zadu]
wall clock	relógio (m) de parede	[he'lɔʒu de pa'redʒi]

hourglass	**ampulheta** (f)	[ãpu'ʎeta]
sundial	**relógio** (m) **de sol**	[he'lɔʒu de sɔw]
alarm clock	**despertador** (m)	[dʒisperta'dor]
watchmaker	**relojoeiro** (m)	[helo'ʒwejru]
to repair (vt)	**reparar** (vt)	[hepa'rar]

Food. Nutricion

44. Food

meat	carne (f)	['karni]
chicken	galinha (f)	[ga'liɲa]
Rock Cornish hen (poussin)	frango (m)	['frãgu]
duck	pato (m)	['patu]
goose	ganso (m)	['gãsu]
game	caça (f)	['kasa]
turkey	peru (m)	[pe'ru]
pork	carne (f) de porco	['karni de 'porku]
veal	carne (f) de vitela	['karni de vi'tɛla]
lamb	carne (f) de carneiro	['karni de kar'nejru]
beef	carne (f) de vaca	['karni de 'vaka]
rabbit	carne (f) de coelho	['karni de ko'eʎu]
sausage (bologna, etc.)	linguiça (f), salsichão (m)	[lĩ'gwisa], [sawsi'ʃãw]
vienna sausage (frankfurter)	salsicha (f)	[saw'siʃa]
bacon	bacon (m)	['bejkõ]
ham	presunto (m)	[pre'zũtu]
gammon	pernil (m) de porco	[per'niw de 'porku]
pâté	patê (m)	[pa'te]
liver	fígado (m)	['figadu]
hamburger (ground beef)	guisado (m)	[gi'zadu]
tongue	língua (f)	['lĩgwa]
egg	ovo (m)	['ovu]
eggs	ovos (m pl)	['ɔvus]
egg white	clara (f) de ovo	['klara de 'ovu]
egg yolk	gema (f) de ovo	['ʒɛma de 'ovu]
fish	peixe (m)	['pejʃi]
seafood	mariscos (m pl)	[ma'riskus]
crustaceans	crustáceos (m pl)	[krus'tasjus]
caviar	caviar (m)	[ka'vjar]
crab	caranguejo (m)	[karã'geʒu]
shrimp	camarão (m)	[kama'rãw]
oyster	ostra (f)	['ostra]
spiny lobster	lagosta (f)	[la'gosta]
octopus	polvo (m)	['powvu]

English	Portuguese	IPA
squid	lula (f)	['lula]
sturgeon	esturjão (m)	[istur'ʒãw]
salmon	salmão (m)	[saw'mãw]
halibut	halibute (m)	[ali'butʃi]
cod	bacalhau (m)	[baka'ʎaw]
mackerel	cavala, sarda (f)	[ka'vala], ['sarda]
tuna	atum (m)	[a'tũ]
eel	enguia (f)	[ẽ'gia]
trout	truta (f)	['truta]
sardine	sardinha (f)	[sar'dʒiɲa]
pike	lúcio (m)	['lusju]
herring	arenque (m)	[a'rẽki]
bread	pão (m)	[pãw]
cheese	queijo (m)	['kejʒu]
sugar	açúcar (m)	[a'sukar]
salt	sal (m)	[saw]
rice	arroz (m)	[a'hoz]
pasta (macaroni)	massas (f pl)	['masas]
noodles	talharim, miojo (m)	[taʎa'rĩ], [mi'oʒu]
butter	manteiga (f)	[mã'tejga]
vegetable oil	óleo (m) vegetal	['ɔlju veʒe'taw]
sunflower oil	óleo (m) de girassol	['ɔlju de ʒira'sɔw]
margarine	margarina (f)	[marga'rina]
olives	azeitonas (f pl)	[azej'tɔnas]
olive oil	azeite (m)	[a'zejtʃi]
milk	leite (m)	['lejtʃi]
condensed milk	leite (m) condensado	['lejtʃi kõdẽ'sadu]
yogurt	iogurte (m)	[jo'gurtʃi]
sour cream	creme azedo (m)	['krɛmi a'zedu]
cream (of milk)	creme (m) de leite	['krɛmi de 'lejtʃi]
mayonnaise	maionese (f)	[majo'nɛzi]
buttercream	creme (m)	['krɛmi]
groats (barley ~, etc.)	grãos (m pl) de cereais	['grãws de se'rjajs]
flour	farinha (f)	[fa'riɲa]
canned food	enlatados (m pl)	[ẽla'tadus]
cornflakes	flocos (m pl) de milho	['flɔkus de 'miʎu]
honey	mel (m)	[mɛw]
jam	geleia (f)	[ʒe'lɛja]
chewing gum	chiclete (m)	[ʃi'klɛtʃi]

45. Drinks

water	água (f)	['agwa]
drinking water	água (f) potável	['agwa pu'tavɛw]
mineral water	água (f) mineral	['agwa mine'raw]
still (adj)	sem gás	[sẽ gajs]
carbonated (adj)	gaseificada	[gazejfi'kadu]
sparkling (adj)	com gás	[kõ gajs]
ice	gelo (m)	['ʒelu]
with ice	com gelo	[kõ 'ʒelu]
non-alcoholic (adj)	não alcoólico	[nãw aw'kɔliku]
soft drink	refrigerante (m)	[hefriʒe'rãtʃi]
refreshing drink	refresco (m)	[he'fresku]
lemonade	limonada (f)	[limo'nada]
liquors	bebidas (f pl) alcoólicas	[be'bidas aw'kɔlikas]
wine	vinho (m)	['viɲu]
white wine	vinho (m) branco	['viɲu 'brãku]
red wine	vinho (m) tinto	['viɲu 'tʃĩtu]
liqueur	licor (m)	[li'kor]
champagne	champanhe (m)	[ʃã'paɲi]
vermouth	vermute (m)	[ver'mutʃi]
whiskey	uísque (m)	['wiski]
vodka	vodca (f)	['vɔdʒka]
gin	gim (m)	[ʒĩ]
cognac	conhaque (m)	[ko'ɲaki]
rum	rum (m)	[hũ]
coffee	café (m)	[ka'fɛ]
black coffee	café (m) preto	[ka'fɛ 'pretu]
coffee with milk	café (m) com leite	[ka'fɛ kõ 'lejtʃi]
cappuccino	cappuccino (m)	[kapu'tʃinu]
instant coffee	café (m) solúvel	[ka'fɛ so'luvew]
milk	leite (m)	['lejtʃi]
cocktail	coquetel (m)	[koke'tɛw]
milkshake	batida (f), milkshake (m)	[ba'tʃida], ['milkʃejk]
juice	suco (m)	['suku]
tomato juice	suco (m) de tomate	['suku de to'matʃi]
orange juice	suco (m) de laranja	['suku de la'rãʒa]
freshly squeezed juice	suco (m) fresco	['suku 'fresku]
beer	cerveja (f)	[ser'veʒa]
light beer	cerveja (f) clara	[ser'veʒa 'klara]
dark beer	cerveja (f) preta	[ser'veʒa 'preta]
tea	chá (m)	[ʃa]

| black tea | chá (m) preto | [ʃa 'pretu] |
| green tea | chá (m) verde | [ʃa 'verdʒi] |

46. Vegetables

| vegetables | vegetais (m pl) | [veʒe'tajs] |
| greens | verdura (f) | [ver'dura] |

tomato	tomate (m)	[to'matʃi]
cucumber	pepino (m)	[pe'pinu]
carrot	cenoura (f)	[se'nora]
potato	batata (f)	[ba'tata]
onion	cebola (f)	[se'bola]
garlic	alho (m)	['aʎu]

cabbage	couve (f)	['kovi]
cauliflower	couve-flor (f)	['kovi 'flɔr]
Brussels sprouts	couve-de-bruxelas (f)	['kovi de bru'ʃelas]
broccoli	brócolis (m pl)	['brɔkolis]

beet	beterraba (f)	[bete'haba]
eggplant	berinjela (f)	[beri'ʒɛla]
zucchini	abobrinha (f)	[abo'briɲa]
pumpkin	abóbora (f)	[a'bɔbora]
turnip	nabo (m)	['nabu]

parsley	salsa (f)	['sawsa]
dill	endro, aneto (m)	['ẽdru], [a'netu]
lettuce	alface (f)	[aw'fasi]
celery	aipo (m)	['ajpu]
asparagus	aspargo (m)	[as'pargu]
spinach	espinafre (m)	[ispi'nafri]

pea	ervilha (f)	[er'viʎa]
beans	feijão (m)	[fej'ʒãw]
corn (maize)	milho (m)	['miʎu]
kidney bean	feijão (m) roxo	[fej'ʒãw 'hoʃu]

bell pepper	pimentão (m)	[pimẽ'tãw]
radish	rabanete (m)	[haba'netʃi]
artichoke	alcachofra (f)	[awka'ʃofra]

47. Fruits. Nuts

fruit	fruta (f)	['fruta]
apple	maçã (f)	[ma'sã]
pear	pera (f)	['pera]
lemon	limão (m)	[li'mãw]

orange	**laranja** (f)	[la'rãʒa]
strawberry (garden ~)	**morango** (m)	[mo'rãgu]
mandarin	**tangerina** (f)	[tãʒe'rina]
plum	**ameixa** (f)	[a'mejʃa]
peach	**pêssego** (m)	['pesegu]
apricot	**damasco** (m)	[da'masku]
raspberry	**framboesa** (f)	[frãbo'eza]
pineapple	**abacaxi** (m)	[abaka'ʃi]
banana	**banana** (f)	[ba'nana]
watermelon	**melancia** (f)	[melã'sia]
grape	**uva** (f)	['uva]
sour cherry	**ginja** (f)	['ʒĩʒa]
sweet cherry	**cereja** (f)	[se'reʒa]
melon	**melão** (m)	[me'lãw]
grapefruit	**toranja** (f)	[to'rãʒa]
avocado	**abacate** (m)	[aba'katʃi]
papaya	**mamão** (m)	[ma'mãw]
mango	**manga** (f)	['mãga]
pomegranate	**romã** (f)	['homa]
redcurrant	**groselha** (f) **vermelha**	[[gro'zɛʎa ver'meʎa]
blackcurrant	**groselha** (f) **negra**	[gro'zɛʎa 'negra]
gooseberry	**groselha** (f) **espinhosa**	[gro'zɛʎa ispi'ɲoza]
bilberry	**mirtilo** (m)	[mih'tʃilu]
blackberry	**amora** (f) **silvestre**	[a'mɔra siw'vɛstri]
raisin	**passa** (f)	['pasa]
fig	**figo** (m)	['figu]
date	**tâmara** (f)	['tamara]
peanut	**amendoim** (m)	[amẽdo'ĩ]
almond	**amêndoa** (f)	[a'mẽdwa]
walnut	**noz** (f)	[nɔz]
hazelnut	**avelã** (f)	[ave'lã]
coconut	**coco** (m)	['koku]
pistachios	**pistaches** (m pl)	[pis'taʃis]

48. Bread. Candy

bakers' confectionery (pastry)	**pastelaria** (f)	[pastela'ria]
bread	**pão** (m)	[pãw]
cookies	**biscoito** (m), **bolacha** (f)	[bis'kojtu], [bo'laʃa]
chocolate (n)	**chocolate** (m)	[ʃoko'latʃi]
chocolate (as adj)	**de chocolate**	[de ʃoko'latʃi]
candy (wrapped)	**bala** (f)	['bala]

cake (e.g., cupcake)	doce (m), bolo (m) pequeno	['dosi], ['bolu pe'kenu]
cake (e.g., birthday ~)	bolo (m) de aniversário	['bolu de aniver'sarju]
pie (e.g., apple ~)	torta (f)	['tɔrta]
filling (for cake, pie)	recheio (m)	[he'ʃeju]
jam (whole fruit jam)	geleia (m)	[ʒe'lɛja]
marmalade	marmelada (f)	[marme'lada]
wafers	wafers (m pl)	['wafers]
ice-cream	sorvete (m)	[sor'vetʃi]
pudding	pudim (m)	[pu'dʒĩ]

49. Cooked dishes

course, dish	prato (m)	['pratu]
cuisine	cozinha (f)	[ko'ziɲa]
recipe	receita (f)	[he'sejta]
portion	porção (f)	[por'sãw]
salad	salada (f)	[sa'lada]
soup	sopa (f)	['sopa]
clear soup (broth)	caldo (m)	['kawdu]
sandwich (bread)	sanduíche (m)	[sand'wiʃi]
fried eggs	ovos (m pl) fritos	['ɔvus 'fritus]
hamburger (beefburger)	hambúrguer (m)	[ã'burger]
beefsteak	bife (m)	['bifi]
side dish	acompanhamento (m)	[akõpaɲa'mẽtu]
spaghetti	espaguete (m)	[ispa'geti]
mashed potatoes	purê (m) de batata	[pu're de ba'tata]
pizza	pizza (f)	['pitsa]
porridge (oatmeal, etc.)	mingau (m)	[mĩ'gaw]
omelet	omelete (f)	[ome'letʃi]
boiled (e.g., ~ beef)	fervido	[fer'vidu]
smoked (adj)	defumado	[defu'madu]
fried (adj)	frito	['fritu]
dried (adj)	seco	['seku]
frozen (adj)	congelado	[kõʒe'ladu]
pickled (adj)	em conserva	[ẽ kõ'serva]
sweet (sugary)	doce	['dosi]
salty (adj)	salgado	[saw'gadu]
cold (adj)	frio	['friu]
hot (adj)	quente	['kẽtʃi]
bitter (adj)	amargo	[a'margu]
tasty (adj)	gostoso	[gos'tozu]

to cook in boiling water	cozinhar em água fervente	[kozi'ɲar ẽ 'agwa fer'vẽtʃi]
to cook (dinner)	preparar (vt)	[prepa'rar]
to fry (vt)	fritar (vt)	[fri'tar]
to heat up (food)	aquecer (vt)	[ake'ser]
to salt (vt)	salgar (vt)	[saw'gar]
to pepper (vt)	apimentar (vt)	[apimẽ'tar]
to grate (vt)	ralar (vt)	[ha'lar]
peel (n)	casca (f)	['kaska]
to peel (vt)	descascar (vt)	[dʒiskas'kar]

50. Spices

salt	sal (m)	[saw]
salty (adj)	salgado	[saw'gadu]
to salt (vt)	salgar (vt)	[saw'gar]
black pepper	pimenta-do-reino (f)	[pi'mẽta-du-hejnu]
red pepper (milled ~)	pimenta (f) vermelha	[pi'mẽta ver'meʎa]
mustard	mostarda (f)	[mos'tarda]
horseradish	raiz-forte (f)	[ha'iz fɔrtʃi]
condiment	condimento (m)	[kõdʒi'mẽtu]
spice	especiaria (f)	[ispesja'ria]
sauce	molho (m)	['moʎu]
vinegar	vinagre (m)	[vi'nagri]
anise	anis (m)	[a'nis]
basil	manjericão (m)	[mãʒeri'kãw]
cloves	cravo (m)	['kravu]
ginger	gengibre (m)	[ʒẽ'ʒibri]
coriander	coentro (m)	[ko'ẽtru]
cinnamon	canela (f)	[ka'nɛla]
sesame	gergelim (m)	[ʒerʒe'lĩ]
bay leaf	folha (f) de louro	['foʎaʃ de 'loru]
paprika	páprica (f)	['paprika]
caraway	cominho (m)	[ko'miɲu]
saffron	açafrão (m)	[asa'frãw]

51. Meals

food	comida (f)	[ko'mida]
to eat (vi, vt)	comer (vt)	[ko'mer]
breakfast	café (m) da manhã	[ka'fɛ da ma'ɲã]
to have breakfast	tomar café da manhã	[to'mar ka'fɛ da ma'ɲã]

lunch	almoço (m)	[aw'mosu]
to have lunch	almoçar (vi)	[awmo'sar]
dinner	jantar (m)	[ʒã'tar]
to have dinner	jantar (vi)	[ʒã'tar]
appetite	apetite (m)	[ape'tʃitʃi]
Enjoy your meal!	Bom apetite!	[bõ ape'tʃitʃi]
to open (~ a bottle)	abrir (vt)	[a'brir]
to spill (liquid)	derramar (vt)	[deha'mar]
to spill out (vi)	derramar-se (vr)	[deha'marsi]
to boil (vi)	ferver (vi)	[fer'ver]
to boil (vt)	ferver (vt)	[fer'ver]
boiled (~ water)	fervido	[fer'vidu]
to chill, cool down (vt)	esfriar (vt)	[is'frjar]
to chill (vi)	esfriar-se (vr)	[is'frjarse]
taste, flavor	sabor, gosto (m)	[sa'bor], ['gostu]
aftertaste	fim (m) de boca	[fĩ de 'boka]
to slim down (lose weight)	emagrecer (vi)	[imagre'ser]
diet	dieta (f)	['dʒjɛta]
vitamin	vitamina (f)	[vita'mina]
calorie	caloria (f)	[kalo'ria]
vegetarian (n)	vegetariano (m)	[veʒeta'rjanu]
vegetarian (adj)	vegetariano	[veʒeta'rjanu]
fats (nutrient)	gorduras (f pl)	[gor'duras]
proteins	proteínas (f pl)	[prote'inas]
carbohydrates	carboidratos (m pl)	[karboi'dratus]
slice (of lemon, ham)	fatia (f)	[fa'tʃia]
piece (of cake, pie)	pedaço (m)	[pe'dasu]
crumb (of bread, cake, etc.)	migalha (f), farelo (m)	[mi'gaʎa], [fa'rɛlu]

52. Table setting

spoon	colher (f)	[ko'ʎer]
knife	faca (f)	['faka]
fork	garfo (m)	['garfu]
cup (e.g., coffee ~)	xícara (f)	['ʃikara]
plate (dinner ~)	prato (m)	['pratu]
saucer	pires (m)	['piris]
napkin (on table)	guardanapo (m)	[gwarda'napu]
toothpick	palito (m)	[pa'litu]

53. Restaurant

restaurant	**restaurante** (m)	[hestaw'rātʃi]
coffee house	**cafeteria** (f)	[kafete'ria]
pub, bar	**bar** (m), **cervejaria** (f)	[bar], [serveʒa'ria]
tearoom	**salão** (m) **de chá**	[sa'lãw de ʃa]

waiter	**garçom** (m)	[gar'sõ]
waitress	**garçonete** (f)	[garso'netʃi]
bartender	**barman** (m)	[bar'mã]

menu	**cardápio** (m)	[kar'dapju]
wine list	**lista** (f) **de vinhos**	['lista de 'viɲus]
to book a table	**reservar uma mesa**	[hezer'var 'uma 'meza]

course, dish	**prato** (m)	['pratu]
to order (meal)	**pedir** (vt)	[pe'dʒir]
to make an order	**fazer o pedido**	[fa'zer u pe'dʒidu]

aperitif	**aperitivo** (m)	[aperi'tʃivu]
appetizer	**entrada** (f)	[ẽ'trada]
dessert	**sobremesa** (f)	[sobri'meza]

check	**conta** (f)	['kõta]
to pay the check	**pagar a conta**	[pa'gar a 'kõta]
to give change	**dar o troco**	[dar u 'troku]
tip	**gorjeta** (f)	[gor'ʒeta]

Family, relatives and friends

54. Personal information. Forms

name (first name)	nome (m)	['nɔmi]
surname (last name)	sobrenome (m)	[sobri'nɔmi]
date of birth	data (f) de nascimento	['data de nasi'mẽtu]
place of birth	local (m) de nascimento	[lo'kaw de nasi'mẽtu]
nationality	nacionalidade (f)	[nasjonali'dadʒi]
place of residence	lugar (m) de residência	[lu'gar de hezi'dẽsja]
country	país (m)	[pa'jis]
profession (occupation)	profissão (f)	[profi'sãw]
gender, sex	sexo (m)	['sɛksu]
height	estatura (f)	[ista'tura]
weight	peso (m)	['pezu]

55. Family members. Relatives

mother	mãe (f)	[mãj]
father	pai (m)	[paj]
son	filho (m)	['fiʎu]
daughter	filha (f)	['fiʎa]
younger daughter	caçula (f)	[ka'sula]
younger son	caçula (m)	[ka'sula]
eldest daughter	filha (f) mais velha	['fiʎa majs 'vɛʎa]
eldest son	filho (m) mais velho	['fiʎu majs 'vɛʎu]
brother	irmão (m)	[ir'mãw]
elder brother	irmão (m) mais velho	[ir'mãw majs 'vɛʎu]
younger brother	irmão (m) mais novo	[ir'mãw majs 'novu]
sister	irmã (f)	[ir'mã]
elder sister	irmã (f) mais velha	[ir'mã majs 'vɛʎa]
younger sister	irmã (f) mais nova	[ir'mã majs 'nɔva]
cousin (masc.)	primo (m)	['primu]
cousin (fem.)	prima (f)	['prima]
mom, mommy	mamãe (f)	[ma'mãj]
dad, daddy	papai (m)	[pa'paj]
parents	pais (pl)	['pajs]
child	criança (f)	['krjãsa]
children	crianças (f pl)	['krjãsas]

grandmother	avó (f)	[aˈvo]
grandfather	avô (m)	[aˈvɔ]
grandson	neto (m)	[ˈnɛtu]
granddaughter	neta (f)	[ˈnɛta]
grandchildren	netos (pl)	[ˈnɛtus]
uncle	tio (m)	[ˈtʃiu]
aunt	tia (f)	[ˈtʃia]
nephew	sobrinho (m)	[soˈbriɲu]
niece	sobrinha (f)	[soˈbriɲa]
mother-in-law (wife's mother)	sogra (f)	[ˈsɔgra]
father-in-law (husband's father)	sogro (m)	[ˈsogru]
son-in-law (daughter's husband)	genro (m)	[ˈʒẽhu]
stepmother	madrasta (f)	[maˈdrasta]
stepfather	padrasto (m)	[paˈdrastu]
infant	criança (f) de colo	[ˈkrjãsa de ˈkɔlu]
baby (infant)	bebê (m)	[beˈbe]
little boy, kid	menino (m)	[meˈninu]
wife	mulher (f)	[muˈʎer]
husband	marido (m)	[maˈridu]
spouse (husband)	esposo (m)	[isˈpozu]
spouse (wife)	esposa (f)	[isˈpoza]
married (masc.)	casado	[kaˈzadu]
married (fem.)	casada	[kaˈzada]
single (unmarried)	solteiro	[sowˈtejru]
bachelor	solteirão (m)	[sowtejˈrãw]
divorced (masc.)	divorciado	[dʒivorˈsjadu]
widow	viúva (f)	[ˈvjuva]
widower	viúvo (m)	[ˈvjuvu]
relative	parente (m)	[paˈrẽtʃi]
close relative	parente (m) próximo	[paˈrẽtʃi ˈprɔsimu]
distant relative	parente (m) distante	[paˈrẽtʃi dʒisˈtãtʃi]
relatives	parentes (m pl)	[paˈrẽtʃis]
orphan (boy)	órfão (m)	[ˈɔrfãw]
orphan (girl)	órfã (f)	[ˈɔrfã]
guardian (of a minor)	tutor (m)	[tuˈtor]
to adopt (a boy)	adotar (vt)	[adoˈtar]
to adopt (a girl)	adotar (vt)	[adoˈtar]

56. Friends. Coworkers

friend (masc.)	amigo (m)	[aˈmigu]
friend (fem.)	amiga (f)	[aˈmiga]

friendship	amizade (f)	[ami'zadʒi]
to be friends	ser amigos	[ser a'migus]
buddy (masc.)	amigo (m)	[a'migu]
buddy (fem.)	amiga (f)	[a'miga]
partner	parceiro (m)	[par'sejru]
chief (boss)	chefe (m)	['ʃɛfi]
superior (n)	superior (m)	[supe'rjor]
owner, proprietor	proprietário (m)	[proprje'tarju]
subordinate (n)	subordinado (m)	[subordʒi'nadu]
colleague	colega (m, f)	[ko'lɛga]
acquaintance (person)	conhecido (m)	[koɲe'sidu]
fellow traveler	companheiro (m) de viagem	[kõpa'ɲejru de 'vjaʒẽ]
classmate	colega (m) de classe	[ko'lɛga de 'klasi]
neighbor (masc.)	vizinho (m)	[vi'ziɲu]
neighbor (fem.)	vizinha (f)	[vi'ziɲa]
neighbors	vizinhos (pl)	[vi'ziɲus]

57. Man. Woman

woman	mulher (f)	[mu'ʎer]
girl (young woman)	menina (f)	[me'nina]
bride	noiva (f)	['nojva]
beautiful (adj)	bonita, bela	[bo'nita], ['bɛla]
tall (adj)	alta	['awta]
slender (adj)	esbelta	[iz'bɛwta]
short (adj)	baixa	['baɪʃa]
blonde (n)	loira (f)	['lojra]
brunette (n)	morena (f)	[mo'rena]
ladies' (adj)	de senhora	[de se'ɲora]
virgin (girl)	virgem (f)	['virʒẽ]
pregnant (adj)	grávida	['gravida]
man (adult male)	homem (m)	['ɔmẽ]
blond (n)	loiro (m)	['lojru]
brunet (n)	moreno (m)	[mo'renu]
tall (adj)	alto	['awtu]
short (adj)	baixo	['baɪʃu]
rude (rough)	rude	['hudʒi]
stocky (adj)	atarracado	[ataha'kadu]
robust (adj)	robusto	[ho'bustu]
strong (adj)	forte	['fɔrtʃi]

strength	força (f)	['fɔrsa]
stout, fat (adj)	gordo	['gordu]
swarthy (adj)	moreno	[mo'renu]
slender (well-built)	esbelto	[iz'bɛwtu]
elegant (adj)	elegante	[ele'gãtʃi]

58. Age

age	idade (f)	[i'dadʒi]
youth (young age)	juventude (f)	[ʒuvẽ'tudʒi]
young (adj)	jovem	['ʒɔvẽ]

| younger (adj) | mais novo | [majs 'novu] |
| older (adj) | mais velho | [majs 'vɛʎu] |

young man	jovem (m)	['ʒɔvẽ]
teenager	adolescente (m)	[adole'sẽtʃi]
guy, fellow	rapaz (m)	[ha'pajz]

| old man | velho (m) | ['vɛʎu] |
| old woman | velha (f) | ['vɛʎa] |

adult (adj)	adulto	[a'duwtu]
middle-aged (adj)	de meia-idade	[de meja i'dadʒi]
elderly (adj)	idoso, de idade	[i'dozu], [de i'dade]
old (adj)	velho	['vɛʎu]

retirement	aposentadoria (f)	[apozẽtado'ria]
to retire (from job)	aposentar-se (vr)	[apozẽ'tarsi]
retiree	aposentado (m)	[apozẽ'tadu]

59. Children

child	criança (f)	['krjãsa]
children	crianças (f pl)	['krjãsas]
twins	gêmeos (m pl), gêmeas (f pl)	['ʒemjus], ['ʒemjas]

cradle	berço (m)	['bersu]
rattle	chocalho (m)	[ʃo'kaʎu]
diaper	fralda (f)	['frawda]

pacifier	chupeta (f), bico (m)	[ʃu'peta], ['biku]
baby carriage	carrinho (m) de bebê	[ka'hiɲu de be'be]
kindergarten	jardim (m) de infância	[ʒar'dʒĩ de ĩ'fãsja]
babysitter	babysitter, babá (f)	[bebi'sitter], [ba'ba]

| childhood | infância (f) | [ĩ'fãsja] |
| doll | boneca (f) | [bo'nɛka] |

toy	brinquedo (m)	[brĩ'kedu]
construction set (toy)	jogo (m) de montar	['ʒogu de mõ'tar]
well-bred (adj)	bem-educado	[bẽj edu'kadu]
ill-bred (adj)	malcriado	[maw'krjadu]
spoiled (adj)	mimado	[mi'madu]
to be naughty	ser travesso	[ser tra'vɛsu]
mischievous (adj)	travesso, traquinas	[tra'vɛsu], [tra'kinas]
mischievousness	travessura (f)	[trave'sura]
mischievous child	criança (f) travessa	['krjãsa tra'vɛsa]
obedient (adj)	obediente	[obe'dʒẽtʃi]
disobedient (adj)	desobediente	[dʒizobe'dʒjẽtʃi]
docile (adj)	dócil	['dɔsiw]
clever (smart)	inteligente	[ĩteli'ʒẽtʃi]
child prodigy	prodígio (m)	[pro'dʒiʒu]

60. Married couples. Family life

to kiss (vt)	beijar (vt)	[bej'ʒar]
to kiss (vi)	beijar-se (vr)	[bej'ʒarsi]
family (n)	família (f)	[fa'milja]
family (as adj)	familiar	[fami'ljar]
couple	casal (m)	[ka'zaw]
marriage (state)	matrimônio (m)	[matri'monju]
hearth (home)	lar (m)	[lar]
dynasty	dinastia (f)	[dʒinas'tʃia]
date	encontro (m)	[ẽ'kõtru]
kiss	beijo (m)	['bejʒu]
love (for sb)	amor (m)	[a'mor]
to love (sb)	amar (vt)	[a'mar]
beloved	amado, querido	[a'madu], [ke'ridu]
tenderness	ternura (f)	[ter'nura]
tender (affectionate)	afetuoso	[afe'twozu]
faithfulness	fidelidade (f)	[fideli'dadʒi]
faithful (adj)	fiel	[fjɛw]
care (attention)	cuidado (m)	[kwi'dadu]
caring (~ father)	carinhoso	[kari'ɲozu]
newlyweds	recém-casados (pl)	[he'sẽ-ka'zadus]
honeymoon	lua (f) de mel	['lua de mɛw]
to get married (ab. woman)	casar-se (vr)	[ka'zarsi]
to get married (ab. man)	casar-se (vr)	[ka'zarsi]
wedding	casamento (m)	[kaza'mẽtu]

golden wedding anniversary	bodas (f pl) de ouro aniversário (m)	['bodas de 'oru] [aniver'sarju]
lover (masc.) mistress (lover)	amante (m) amante (f)	[a'mãtʃi] [a'mãtʃi]
adultery to cheat on ... (commit adultery)	adultério (m), traição (f) cometer adultério	[aduw'tɛrju], [traj'sãw] [kome'ter aduw'tɛrju]
jealous (adj) to be jealous divorce to divorce (vi)	ciumento ser ciumento, -a divórcio (m) divorciar-se (vr)	[sju'mẽtu] [ser sju'mẽtu, -a] [dʒi'vɔrsju] [dʒivor'sjarsi]
to quarrel (vi) to be reconciled (after an argument)	brigar (vi) fazer as pazes	[bri'gar] [fa'zer as 'pajzis]
together (adv) sex	juntos sexo (m)	['ʒũtus] ['sɛksu]
happiness happy (adj) misfortune (accident) unhappy (adj)	felicidade (f) feliz infelicidade (f) infeliz	[felisi'dadʒi] [fe'liz] [ĩfelisi'dadʒi] [ĩfe'liz]

Character. Feelings. Emotions

61. Feelings. Emotions

feeling (emotion)	sentimento (m)	[sẽtʃi'mẽtu]
feelings	sentimentos (m pl)	[sẽtʃi'mẽtus]
to feel (vt)	sentir (vt)	[sẽ'tʃir]

hunger	fome (f)	['fɔmi]
to be hungry	ter fome	[ter 'fɔmi]
thirst	sede (f)	['sedʒi]
to be thirsty	ter sede	[ter 'sedʒi]
sleepiness	sonolência (f)	[sono'lẽsja]
to feel sleepy	estar sonolento	[is'tar sono'lẽtu]

tiredness	cansaço (m)	[kã'sasu]
tired (adj)	cansado	[kã'sadu]
to get tired	ficar cansado	[fi'kar kã'sadu]

mood (humor)	humor (m)	[u'mor]
boredom	tédio (m)	['tɛdʒju]
to be bored	entediar-se (vr)	[ẽte'dʒjarsi]
seclusion	reclusão (f)	[heklu'zãw]
to seclude oneself	isolar-se (vr)	[izo'larsi]

to worry (make anxious)	preocupar (vt)	[preoku'par]
to be worried	estar preocupado	[is'tar preoku'padu]
worrying (n)	preocupação (f)	[preokupa'sãw]
anxiety	ansiedade (f)	[ãsje'dadʒi]
preoccupied (adj)	preocupado	[preoku'padu]
to be nervous	estar nervoso	[is'tar ner'vozu]
to panic (vi)	entrar em pânico	[ẽ'trar ẽ 'paniku]

hope	esperança (f)	[ispe'rãsa]
to hope (vi, vt)	esperar (vi, vt)	[ispe'rar]

certainty	certeza (f)	[ser'teza]
certain, sure (adj)	certo, seguro de ...	['sɛrtu], [se'guru de]
uncertainty	indecisão (f)	[ĩdesi'zãw]
uncertain (adj)	indeciso	[ĩde'sizu]

drunk (adj)	bêbado	['bebadu]
sober (adj)	sóbrio	['sɔbrju]
weak (adj)	fraco	['fraku]
happy (adj)	feliz	[fe'liz]
to scare (vt)	assustar (vt)	[asus'tar]

fury (madness)	fúria (f)	['furja]
rage (fury)	ira, raiva (f)	['ira], ['hajva]

depression	depressão (f)	[depre'sãw]
discomfort (unease)	desconforto (m)	[dʒiskõ'fortu]
comfort	conforto (m)	[kõ'fortu]
to regret (be sorry)	arrepender-se (vr)	[ahepẽ'dersi]
regret	arrependimento (m)	[ahepẽdʒi'mẽtu]
bad luck	azar (m), má sorte (f)	[a'zar], [ma 'sɔrtʃi]]
sadness	tristeza (f)	[tris'teza]

shame (remorse)	vergonha (f)	[ver'goɲa]
gladness	alegria (f)	[ale'gria]
enthusiasm, zeal	entusiasmo (m)	[ẽtu'zjazmu]
enthusiast	entusiasta (m)	[ẽtu'zjasta]
to show enthusiasm	mostrar entusiasmo	[mos'trar ẽtu'zjazmu]

62. Character. Personality

character	caráter (m)	[ka'rater]
character flaw	falha (f) de caráter	['faʎa de ka'rater]
mind	mente (f)	['mẽtʃi]
reason	razão (f)	[ha'zãw]

conscience	consciência (f)	[kõ'sjẽsja]
habit (custom)	hábito, costume (m)	['abitu], [kos'tumi]
ability (talent)	habilidade (f)	[abili'dadʒi]
can (e.g., ~ swim)	saber (vi)	[sa'ber]

patient (adj)	paciente	[pa'sjẽtʃi]
impatient (adj)	impaciente	[ĩpa'sjẽtʃi]
curious (inquisitive)	curioso	[ku'rjozu]
curiosity	curiosidade (f)	[kurjozi'dadʒi]

modesty	modéstia (f)	[mo'dɛstu]
modest (adj)	modesto	[mo'dɛstu]
immodest (adj)	imodesto	[imo'dɛstu]

laziness	preguiça (f)	[pre'gisa]
lazy (adj)	preguiçoso	[pregi'sozu]
lazy person (masc.)	preguiçoso (m)	[pregi'sozu]

cunning (n)	astúcia (f)	[as'tusja]
cunning (as adj)	astuto	[as'tutu]
distrust	desconfiança (f)	[dʒiskõ'fjãsa]
distrustful (adj)	desconfiado	[dʒiskõ'fjadu]

generosity	generosidade (f)	[ʒenerozi'dadʒi]
generous (adj)	generoso	[ʒene'rozu]
talented (adj)	talentoso	[talẽ'tozu]

talent	talento (m)	[ta'lẽtu]
courageous (adj)	corajoso	[kora'ʒozu]
courage	coragem (f)	[ko'raʒẽ]
honest (adj)	honesto	[o'nɛstu]
honesty	honestidade (f)	[onestʃi'dadʒi]

careful (cautious)	prudente, cuidadoso	[pru'dẽtʃi], [kwida'dozu]
brave (courageous)	valoroso	[valo'rozu]
serious (adj)	sério	['sɛrju]
strict (severe, stern)	severo	[se'vɛru]

decisive (adj)	decidido	[desi'dʒidu]
indecisive (adj)	indeciso	[ĩde'sizu]
shy, timid (adj)	tímido	['tʃimidu]
shyness, timidity	timidez (f)	[tʃimi'dez]

confidence (trust)	confiança (f)	[kõ'fjãsa]
to believe (trust)	confiar (vt)	[kõ'fjar]
trusting (credulous)	crédulo	['krɛdulu]

sincerely (adv)	sinceramente	[sĩsera'mẽtʃi]
sincere (adj)	sincero	[sĩ'sɛru]
sincerity	sinceridade (f)	[sĩseri'dadʒi]
open (person)	aberto	[a'bɛrtu]

calm (adj)	calmo	['kawmu]
frank (sincere)	franco	['frãku]
naïve (adj)	ingênuo	[ĩ'ʒenwu]
absent-minded (adj)	distraído	[dʒistra'idu]
funny (odd)	engraçado	[ẽgra'sadu]

greed, stinginess	ganância (f)	[ga'nãsja]
greedy, stingy (adj)	ganancioso	[ganã'sjozu]
stingy (adj)	avarento, sovina	[avar'ẽtu], [so'vina]
evil (adj)	mal	[maw]
stubborn (adj)	teimoso	[tej'mozu]
unpleasant (adj)	desagradável	[dʒizagra'davew]

selfish person (masc.)	egoísta (m)	[ego'ista]
selfish (adj)	egoísta	[ego'ista]
coward	covarde (m)	[ko'vardʒi]
cowardly (adj)	covarde	[ko'vardʒi]

63. Sleep. Dreams

to sleep (vi)	dormir (vi)	[dor'mir]
sleep, sleeping	sono (m)	['sɔnu]
dream	sonho (m)	['sɔɲu]
to dream (in sleep)	sonhar (vi)	[so'ɲar]
sleepy (adj)	sonolento	[sono'lẽtu]

bed	cama (f)	['kama]
mattress	colchão (m)	[kow'ʃãw]
blanket (comforter)	cobertor (m)	[kuber'tor]
pillow	travesseiro (m)	[trave'sejru]
sheet	lençol (m)	[lẽ'sɔw]
insomnia	insônia (f)	[ĩ'sonja]
sleepless (adj)	sem sono	[sẽ 'sɔnu]
sleeping pill	sonífero (m)	[so'niferu]
to take a sleeping pill	tomar um sonífero	[to'mar ũ so'niferu]
to feel sleepy	estar sonolento	[is'tar sono'lẽtu]
to yawn (vi)	bocejar (vi)	[buse'ʒar]
to go to bed	ir para a cama	[ir 'para a 'kama]
to make up the bed	fazer a cama	[fa'zer a 'kama]
to fall asleep	adormecer (vi)	[adorme'ser]
nightmare	pesadelo (m)	[peza'delu]
snore, snoring	ronco (m)	['hõku]
to snore (vi)	roncar (vi)	[hõ'kar]
alarm clock	despertador (m)	[dʒisperta'dor]
to wake (vt)	acordar, despertar (vt)	[akor'dar], [dʒisper'tar]
to wake up	acordar (vi)	[akor'dar]
to get up (vi)	levantar-se (vr)	[levã'tarsi]
to wash up (wash face)	lavar-se (vr)	[la'varsi]

64. Humour. Laughter. Gladness

humor (wit, fun)	humor (m)	[u'mor]
sense of humor	senso (m) de humor	['sẽsu de u'mor]
to enjoy oneself	divertir-se (vr)	[dʒiver'tʃirsi]
cheerful (merry)	alegre	[a'lɛgri]
merriment (gaiety)	alegria, diversão (f)	[ale'gria], [dʒiver'sãw]
smile	sorriso (m)	[so'hizu]
to smile (vi)	sorrir (vi)	[so'hir]
to start laughing	começar a rir	[kome'sar a hir]
to laugh (vi)	rir (vi)	[hir]
laugh, laughter	riso (m)	['hizu]
anecdote	anedota (f)	[ane'dɔta]
funny (anecdote, etc.)	engraçado	[ẽgra'sadu]
funny (odd)	ridículo, cômico	[hi'dʒikulu], ['komiku]
to joke (vi)	brincar (vi)	[brĩ'kar]
joke (verbal)	piada (f)	['pjada]
joy (emotion)	alegria (f)	[ale'gria]
to rejoice (vi)	regozijar-se (vr)	[hegozi'ʒarsi]
joyful (adj)	alegre	[a'lɛgri]

65. Discussion, conversation. Part 1

communication	comunicação (f)	[komunika'sãw]
to communicate	comunicar-se (vr)	[komuni'karse]

conversation	conversa (f)	[kõ'vɛrsa]
dialog	diálogo (m)	['dʒjalogu]
discussion (discourse)	discussão (f)	[dʒisku'sãw]
dispute (debate)	debate (m)	[de'batʃi]
to dispute, debate	debater (vt)	[deba'ter]

interlocutor	interlocutor (m)	[ĩterloku'tor]
topic (theme)	tema (m)	['tɛma]
point of view	ponto (m) de vista	['põtu de 'vista]
opinion (point of view)	opinião (f)	[opi'njãw]
speech (talk)	discurso (m)	[dʒis'kursu]

discussion (of report, etc.)	discussão (f)	[dʒisku'sãw]
to discuss (vt)	discutir (vt)	[dʒisku'tʃir]
talk (conversation)	conversa (f)	[kõ'vɛrsa]
to talk (to chat)	conversar (vi)	[kõver'sar]
meeting (encounter)	reunião (f)	[heu'njãw]
to meet (vi, vt)	encontrar-se (vr)	[ẽkõ'trarsi]

proverb	provérbio (m)	[pro'vɛrbju]
saying	ditado, provérbio (m)	[dʒi'tadu], [pro'vɛrbju]
riddle (poser)	adivinha (f)	[adʒi'viɲa]
to pose a riddle	dizer uma adivinha	[dʒi'zer 'uma adʒi'viɲu]
password	senha (f)	['sɛɲa]
secret	segredo (m)	[se'gredu]

oath (vow)	juramento (m)	[ʒura'mẽtu]
to swear (an oath)	jurar (vi)	[ʒu'rar]
promise	promessa (f)	[pro'mɛsa]
to promise (vt)	prometer (vt)	[prome'ter]

advice (counsel)	conselho (m)	[kõ'seʎu]
to advise (vt)	aconselhar (vt)	[akõse'ʎar]
to follow one's advice	seguir o conselho	[se'gir u kõ'seʎu]
to listen to ... (obey)	escutar (vt)	[isku'tar]

news	novidade, notícia (f)	[novi'dadʒi], [no'tʃisja]
sensation (news)	sensação (f)	[sẽsa'sãw]
information (report)	informação (f)	[ĩforma'sãw]
conclusion (decision)	conclusão (f)	[kõklu'zãw]
voice	voz (f)	[vɔz]
compliment	elogio (m)	[elo'ʒiu]
kind (nice)	amável, querido	[a'mavew], [ke'ridu]

word	palavra (f)	[pa'lavra]
phrase	frase (f)	['frazi]

answer	resposta (f)	[hes'pɔsta]
truth	verdade (f)	[ver'dadʒi]
lie	mentira (f)	[mẽ'tʃira]

thought	pensamento (m)	[pẽsa'mẽtu]
idea (inspiration)	ideia (f)	[i'dɛja]
fantasy	fantasia (f)	[fãta'zia]

66. Discussion, conversation. Part 2

respected (adj)	estimado, respeitado	[istʃi'madu], [hespej'tadu]
to respect (vt)	respeitar (vt)	[hespej'tar]
respect	respeito (m)	[hes'pejtu]
Dear ... (letter)	Estimado ..., Caro ...	[istʃi'madu], ['karu]

to introduce (sb to sb)	apresentar (vt)	[aprezẽ'tar]
to make acquaintance	conhecer (vt)	[koɲe'ser]
intention	intenção (f)	[ĩtẽ'sãw]
to intend (have in mind)	tencionar (vt)	[tẽsjo'nar]
wish	desejo (m)	[de'zeʒu]
to wish (~ good luck)	desejar (vt)	[deze'ʒar]

surprise (astonishment)	surpresa (f)	[sur'preza]
to surprise (amaze)	surpreender (vt)	[surprjẽ'der]
to be surprised	surpreender-se (vr)	[surprjẽ'dersi]

to give (vt)	dar (vt)	[dar]
to take (get hold of)	pegar (vt)	[pe'gar]
to give back	devolver (vt)	[devow'ver]
to return (give back)	retornar (vt)	[hetor'nar]

to apologize (vi)	desculpar-se (vr)	[dʒiskuw'parsi]
apology	desculpa (f)	[dʒis'kuwpa]
to forgive (vt)	perdoar (vt)	[per'dwar]

to talk (speak)	falar (vi)	[fa'lar]
to listen (vi)	escutar (vt)	[isku'tar]
to hear out	ouvir até o fim	[o'vir a'tɛ u fĩ]
to understand (vt)	entender (vt)	[ẽtẽ'der]

to show (to display)	mostrar (vt)	[mos'trar]
to look at ...	olhar para ...	[ɔ'ʎar 'para]
to call (yell for sb)	chamar (vt)	[ʃa'mar]
to distract (disturb)	perturbar, distrair (vt)	[pertur'bar], [dʒistra'ir]
to disturb (vt)	perturbar (vt)	[pertur'bar]
to pass (to hand sth)	entregar (vt)	[ẽtre'gar]

demand (request)	pedido (m)	[pe'dʒidu]
to request (ask)	pedir (vt)	[pe'dʒir]
demand (firm request)	exigência (f)	[ezi'ʒẽsja]

to demand (request firmly)	exigir (vt)	[ezi'ʒir]
to tease (call names)	insultar (vt)	[ĩsuw'tar]
to mock (make fun of)	zombar (vt)	[zõ'bar]
mockery, derision	zombaria (f)	[zõba'ria]
nickname	alcunha (f), apelido (m)	[aw'kuɲa], [ape'lidu]
insinuation	insinuação (f)	[ĩsinwa'sãw]
to insinuate (imply)	insinuar (vt)	[ĩsi'nwar]
to mean (vt)	querer dizer	[ke'rer dʒi'zer]
description	descrição (f)	[dʒiskri'sãw]
to describe (vt)	descrever (vt)	[dʒiskre'ver]
praise (compliments)	elogio (m)	[elo'ʒiu]
to praise (vt)	elogiar (vt)	[elo'ʒjar]
disappointment	desapontamento (m)	[dʒizapõta'mẽtu]
to disappoint (vt)	desapontar (vt)	[dʒizapõ'tar]
to be disappointed	desapontar-se (vr)	[dʒizapõ'tarsi]
supposition	suposição (f)	[supozi'sãw]
to suppose (assume)	supor (vt)	[su'por]
warning (caution)	advertência (f)	[adʒiver'tẽsja]
to warn (vt)	advertir (vt)	[adʒiver'tʃir]

67. Discussion, conversation. Part 3

to talk into (convince)	convencer (vt)	[kõvẽ'ser]
to calm down (vt)	acalmar (vt)	[akaw'mar]
silence (~ is golden)	silêncio (m)	[si'lẽsju]
to be silent (not speaking)	ficar em silêncio	[fi'kar ẽ si'lẽsju]
to whisper (vi, vt)	sussurrar (vi, vt)	[susu'har]
whisper	sussurro (m)	[su'suhu]
frankly, sincerely (adv)	francamente	[frãka'mẽtʃi]
in my opinion ...	na minha opinião ...	[na 'miɲa opi'njãw]
detail (of the story)	detalhe (m)	[de'taʎi]
detailed (adj)	detalhado	[deta'ʎadu]
in detail (adv)	detalhadamente	[detaʎada'mẽtʃi]
hint, clue	dica (f)	['dʒika]
to give a hint	dar uma dica	[dar 'uma 'dʒika]
look (glance)	olhar (m)	[ɔ'ʎar]
to have a look	dar uma olhada	[dar 'uma o'ʎada]
fixed (look)	fixo	['fiksu]
to blink (vi)	piscar (vi)	[pis'kar]
to wink (vi)	piscar (vt)	[pis'kar]
to nod (in assent)	acenar com a cabeça	[ase'nar kõ a ka'besa]

English	Portuguese	Pronunciation
sigh	suspiro (m)	[sus'piru]
to sigh (vi)	suspirar (vi)	[suspi'rar]
to shudder (vi)	estremecer (vi)	[istreme'ser]
gesture	gesto (m)	['ʒɛstu]
to touch (one's arm, etc.)	tocar (vt)	[to'kar]
to seize (e.g., ~ by the arm)	agarrar (vt)	[aga'har]
to tap (on the shoulder)	bater de leve	[ba'ter de 'lɛvi]

Look out!	Cuidado!	[kwi'dadu]
Really?	Sério?	['sɛrju]
Are you sure?	Tem certeza?	[tẽj ser'teza]
Good luck!	Boa sorte!	['boa 'sɔrtʃi]
I see!	Entendi!	[ẽtẽ'dʒi]
What a pity!	Que pena!	[ki 'pena]

68. Agreement. Refusal

consent	consentimento (m)	[kõsẽtʃi'mẽtu]
to consent (vi)	consentir (vi)	[kõsẽ'tʃir]
approval	aprovação (f)	[aprova'sãw]
to approve (vt)	aprovar (vt)	[apro'var]
refusal	recusa (f)	[he'kuza]
to refuse (vi, vt)	negar-se a …	[ne'garsi]

Great!	Ótimo!	['ɔtʃimu]
All right!	Tudo bem!	['tudu bẽj]
Okay! (I agree)	Está bem! De acordo!	[is'ta bẽj], [de a'kordu]

forbidden (adj)	proibido	[proi'bidu]
it's forbidden	é proibido	[ɛ proi'bidu]
it's impossible	é impossível	[ɛ ĩpo'sivew]
incorrect (adj)	incorreto	[ĩko'hɛtu]

to reject (~ a demand)	rejeitar (vt)	[heʒej'tar]
to support (cause, idea)	apoiar (vt)	[apo'jar]
to accept (~ an apology)	aceitar (vt)	[asej'tar]

to confirm (vt)	confirmar (vt)	[kõfir'mar]
confirmation	confirmação (f)	[kõfirma'sãw]
permission	permissão (f)	[permi'sãw]
to permit (vt)	permitir (vt)	[permi'tʃir]
decision	decisão (f)	[desi'zãw]
to say nothing (hold one's tongue)	não dizer nada	['nãw dʒi'zer 'nada]

condition (term)	condição (f)	[kõdʒi'sãw]
excuse (pretext)	pretexto (m)	[pre'testu]
praise (compliments)	elogio (m)	[elo'ʒiu]
to praise (vt)	elogiar (vt)	[elo'ʒjar]

69. Success. Good luck. Failure

success	êxito, sucesso (m)	['ezitu], [su'sɛsu]
successfully (adv)	com êxito	[kõ 'ezitu]
successful (adj)	bem sucedido	[bẽj suse'dʒidu]
luck (good luck)	sorte (f)	['sɔrtʃi]
Good luck!	Boa sorte!	['boa 'sɔrtʃi]
lucky (e.g., ~ day)	de sorte	[de 'sɔrtʃi]
lucky (fortunate)	sortudo, felizardo	[sor'tudu], [feli'zardu]
failure	fracasso (m)	[fra'kasu]
misfortune	pouca sorte (f)	['poka 'sɔrtʃi]
bad luck	azar (m), má sorte (f)	[a'zar], [ma 'sɔrtʃi]]
unsuccessful (adj)	mal sucedido	[maw suse'dʒidu]
catastrophe	catástrofe (f)	[ka'tastrofi]
pride	orgulho (m)	[or'guʎu]
proud (adj)	orgulhoso	[orgu'ʎozu]
to be proud	estar orgulhoso	[is'tar orgu'ʎozu]
winner	vencedor (m)	[vẽse'dor]
to win (vi)	vencer (vi, vt)	[vẽ'ser]
to lose (not win)	perder (vt)	[per'der]
try	tentativa (f)	[tẽta'tʃiva]
to try (vi)	tentar (vt)	[tẽ'tar]
chance (opportunity)	chance (m)	['ʃãsi]

70. Quarrels. Negative emotions

shout (scream)	grito (m)	['gritu]
to shout (vi)	gritar (vi)	[gri'tar]
to start to cry out	começar a gritar	[kome'sar a gri'tar]
quarrel	discussão (f)	[dʒisku'sãw]
to quarrel (vi)	brigar (vi)	[bri'gar]
fight (squabble)	escândalo (m)	[is'kãdalu]
to make a scene	criar escândalo	[krjar is'kãdalu]
conflict	conflito (m)	[kõ'flitu]
misunderstanding	mal-entendido (m)	[mal ẽtẽ'dʒidu]
insult	insulto (m)	[ĩ'suwtu]
to insult (vt)	insultar (vt)	[ĩsuw'tar]
insulted (adj)	insultado	[ĩsuw'tadu]
resentment	ofensa (f)	[ɔ'fẽsa]
to offend (vt)	ofender (vt)	[ofẽ'der]
to take offense	ofender-se (vr)	[ofẽ'dersi]
indignation	indignação (f)	[ĩdʒigna'sãw]
to be indignant	indignar-se (vr)	[ĩdʒig'narsi]

complaint	**queixa** (f)	['kejʃa]
to complain (vi, vt)	**queixar-se** (vr)	[kej'ʃarsi]
apology	**desculpa** (f)	[dʒis'kuwpa]
to apologize (vi)	**desculpar-se** (vr)	[dʒiskuw'parsi]
to beg pardon	**pedir perdão**	[pe'dʒir per'dãw]
criticism	**crítica** (f)	['kritʃika]
to criticize (vt)	**criticar** (vt)	[kritʃi'kar]
accusation (charge)	**acusação** (f)	[akuza'sãw]
to accuse (vt)	**acusar** (vt)	[aku'zar]
revenge	**vingança** (f)	[vĩ'gãsa]
to avenge (get revenge)	**vingar** (vt)	[vĩ'gar]
to pay back	**vingar-se** (vr)	[vĩ'garsi]
disdain	**desprezo** (m)	[dʒis'prezu]
to despise (vt)	**desprezar** (vt)	[dʒispre'zar]
hatred, hate	**ódio** (m)	['ɔdʒju]
to hate (vt)	**odiar** (vt)	[o'dʒjar]
nervous (adj)	**nervoso**	[ner'vozu]
to be nervous	**estar nervoso**	[is'tar ner'vozu]
angry (mad)	**zangado**	[zã'gadu]
to make angry	**zangar** (vt)	[zã'gar]
humiliation	**humilhação** (f)	[umiʎa'sãw]
to humiliate (vt)	**humilhar** (vt)	[umi'ʎar]
to humiliate oneself	**humilhar-se** (vr)	[umi'ʎarsi]
shock	**choque** (m)	['ʃɔki]
to shock (vt)	**chocar** (vt)	[ʃo'kar]
trouble (e.g., serious ~)	**aborrecimento** (m)	[aboɦesi'mẽtu]
unpleasant (adj)	**desagradável**	[dʒizagra'davew]
fear (dread)	**medo** (m)	['medu]
terrible (storm, heat)	**terrível**	[te'hivew]
scary (e.g., ~ story)	**assustador**	[asusta'dor]
horror	**horror** (m)	[o'hor]
awful (crime, news)	**horrível, terrível**	[o'hivew], [te'hivew]
to begin to tremble	**começar a tremer**	[kome'sar a tre'mer]
to cry (weep)	**chorar** (vi)	[ʃo'rar]
to start crying	**começar a chorar**	[kome'sar a ʃo'rar]
tear	**lágrima** (f)	['lagrima]
fault	**falta** (f)	['fawta]
guilt (feeling)	**culpa** (f)	['kuwpa]
dishonor (disgrace)	**desonra** (f)	[dʒi'zõɦa]
protest	**protesto** (m)	[pro'tɛstu]
stress	**estresse** (m)	[is'trɛsi]

to disturb (vt)	perturbar (vt)	[pertur'bar]
to be furious	zangar-se com ...	[zã'garsi kõ]
mad, angry (adj)	zangado	[zã'gadu]
to end (~ a relationship)	terminar (vt)	[termi'nar]
to swear (at sb)	praguejar	[prage'ʒar]
to scare (become afraid)	assustar-se	[asus'tarsi]
to hit (strike with hand)	golpear (vt)	[gow'pjar]
to fight (street fight, etc.)	brigar (vi)	[bri'gar]
to settle (a conflict)	resolver (vt)	[hezow'ver]
discontented (adj)	descontente	[dʒiskõ'tẽtʃi]
furious (adj)	furioso	[fu'rjozu]
It's not good!	Não está bem!	['nãw is'ta bẽj]
It's bad!	É ruim!	[ɛ hu'ĩ]

Medicine

71. Diseases

sickness	doença (f)	[do'ēsa]
to be sick	estar doente	[is'tar do'ētʃi]
health	saúde (f)	[sa'udʒi]
runny nose (coryza)	nariz (m) escorrendo	[na'riz isko'hēdu]
tonsillitis	amigdalite (f)	[amigda'litʃi]
cold (illness)	resfriado (m)	[hes'frjadu]
to catch a cold	ficar resfriado	[fi'kar hes'frjadu]
bronchitis	bronquite (f)	[brõ'kitʃi]
pneumonia	pneumonia (f)	[pnewmo'nia]
flu, influenza	gripe (f)	['gripi]
nearsighted (adj)	míope	['miopi]
farsighted (adj)	presbita	[pres'bita]
strabismus (crossed eyes)	estrabismo (m)	[istra'bizmu]
cross-eyed (adj)	estrábico, vesgo	[is'trabiku], ['vezgu]
cataract	catarata (f)	[kata'rata]
glaucoma	glaucoma (m)	[glaw'koma]
stroke	AVC (m), apoplexia (f)	[ave'se], [apople'ksia]
heart attack	ataque (m) cardíaco	[a'taki kar'dʒiaku]
myocardial infarction	enfarte (m) do miocárdio	[ē'fartʃi du mjo'kardʒiu]
paralysis	paralisia (f)	[parali'zia]
to paralyze (vt)	paralisar (vt)	[parali'zar]
allergy	alergia (f)	[aler'ʒia]
asthma	asma (f)	['azma]
diabetes	diabetes (f)	[dʒja'bɛtʃis]
toothache	dor (f) de dente	[dor de 'dētʃi]
caries	cárie (f)	['kari]
diarrhea	diarreia (f)	[dʒja'hɛja]
constipation	prisão (f) de ventre	[pri'zãw de 'vētri]
stomach upset	desarranjo (m) intestinal	[dʒiza'hãʒu ĩtestʃi'naw]
food poisoning	intoxicação (f) alimentar	[ĩtoksika'sãw alimē'tar]
to get food poisoning	intoxicar-se	[ĩtoksi'karsi]
arthritis	artrite (f)	[ar'tritʃi]
rickets	raquitismo (m)	[haki'tʃizmu]
rheumatism	reumatismo (m)	[hewma'tʃizmu]

English	Portuguese	Pronunciation
atherosclerosis	arteriosclerose (f)	[arterjoskle'rɔzi]
gastritis	gastrite (f)	[gas'tritʃi]
appendicitis	apendicite (f)	[apẽdʒi'sitʃi]
cholecystitis	colecistite (f)	[kulesi'stʃitʃi]
ulcer	úlcera (f)	['uwsera]
measles	sarampo (m)	[sa'rãpu]
rubella (German measles)	rubéola (f)	[hu'bɛola]
jaundice	icterícia (f)	[ikte'risja]
hepatitis	hepatite (f)	[epa'tʃitʃi]
schizophrenia	esquizofrenia (f)	[iskizofre'nia]
rabies (hydrophobia)	raiva (f)	['hajva]
neurosis	neurose (f)	[new'rɔzi]
concussion	contusão (f) cerebral	[kõtu'zãw sere'braw]
cancer	câncer (m)	['kãser]
sclerosis	esclerose (f)	[iskle'rozi]
multiple sclerosis	esclerose (f) múltipla	[iskle'rozi 'muwtʃipla]
alcoholism	alcoolismo (m)	[awko'lizmu]
alcoholic (n)	alcoólico (m)	[aw'kɔliku]
syphilis	sífilis (f)	['sifilis]
AIDS	AIDS (f)	['ajdʒs]
tumor	tumor (m)	[tu'mor]
malignant (adj)	maligno	[ma'lignu]
benign (adj)	benigno	[be'nignu]
fever	febre (f)	['fɛbri]
malaria	malária (f)	[ma'larja]
gangrene	gangrena (f)	[gã'grena]
seasickness	enjoo (m)	[ẽ'ʒou]
epilepsy	epilepsia (f)	[epile'psia]
epidemic	epidemia (f)	[epide'mia]
typhus	tifo (m)	['tʃifu]
tuberculosis	tuberculose (f)	[tuberku'lɔzi]
cholera	cólera (f)	['kɔlera]
plague (bubonic ~)	peste (f) bubônica	['pɛstʃi bu'bonika]

72. Symptoms. Treatments. Part 1

symptom	sintoma (m)	[sĩ'tɔma]
temperature	temperatura (f)	[tẽpera'tura]
high temperature (fever)	febre (f)	['fɛbri]
pulse (heartbeat)	pulso (m)	['puwsu]
dizziness (vertigo)	vertigem (f)	[ver'tʃiʒẽ]
hot (adj)	quente	['kẽtʃi]

shivering	calafrio (m)	[kalaˈfriu]
pale (e.g., ~ face)	pálido	[ˈpalidu]
cough	tosse (f)	[ˈtɔsi]
to cough (vi)	tossir (vi)	[toˈsir]
to sneeze (vi)	espirrar (vi)	[ispiˈhar]
faint	desmaio (m)	[dʒizˈmaju]
to faint (vi)	desmaiar (vi)	[dʒizmaˈjar]
bruise (hématome)	mancha (f) preta	[ˈmãʃa ˈpreta]
bump (lump)	galo (m)	[ˈgalu]
to bang (bump)	machucar-se (vr)	[maʃuˈkarsi]
contusion (bruise)	contusão (f)	[kõtuˈzãw]
to get a bruise	machucar-se (vr)	[maʃuˈkarsi]
to limp (vi)	mancar (vi)	[mãˈkar]
dislocation	deslocamento (f)	[dʒizlokaˈmẽtu]
to dislocate (vt)	deslocar (vt)	[dʒizloˈkar]
fracture	fratura (f)	[fraˈtura]
to have a fracture	fraturar (vt)	[fratuˈrar]
cut (e.g., paper ~)	corte (m)	[ˈkɔrtʃi]
to cut oneself	cortar-se (vr)	[korˈtarsi]
bleeding	hemorragia (f)	[emohaˈʒia]
burn (injury)	queimadura (f)	[kejmaˈdura]
to get burned	queimar-se (vr)	[kejˈmarsi]
to prick (vt)	picar (vt)	[piˈkar]
to prick oneself	picar-se (vr)	[piˈkarsi]
to injure (vt)	lesionar (vt)	[lezjoˈnar]
injury	lesão (m)	[leˈzãw]
wound	ferida (f), ferimento (m)	[feˈrida], [feriˈmẽtu]
trauma	trauma (m)	[ˈtrawma]
to be delirious	delirar (vi)	[deliˈrar]
to stutter (vi)	gaguejar (vi)	[gageˈʒar]
sunstroke	insolação (f)	[insolaˈsãw]

73. Symptoms. Treatments. Part 2

pain, ache	dor (f)	[dor]
splinter (in foot, etc.)	farpa (f)	[ˈfarpa]
sweat (perspiration)	suor (m)	[swɔr]
to sweat (perspire)	suar (vi)	[swar]
vomiting	vômito (m)	[ˈvomitu]
convulsions	convulsões (f pl)	[kõvuwˈsõjs]
pregnant (adj)	grávida	[ˈgravida]
to be born	nascer (vi)	[naˈser]

English	Portuguese	Pronunciation
delivery, labor	parto (m)	['partu]
to deliver (~ a baby)	dar à luz	[dar a luz]
abortion	aborto (m)	[a'bortu]
breathing, respiration	respiração (f)	[hespira'sãw]
in-breath (inhalation)	inspiração (f)	[ĩspira'sãw]
out-breath (exhalation)	expiração (f)	[ispira'sãw]
to exhale (breathe out)	expirar (vi)	[ispi'rar]
to inhale (vi)	inspirar (vi)	[ĩspi'rar]
disabled person	inválido (m)	[ĩ'validu]
cripple	aleijado (m)	[alej'ʒadu]
drug addict	drogado (m)	[dro'gadu]
deaf (adj)	surdo	['surdu]
mute (adj)	mudo	['mudu]
deaf mute (adj)	surdo-mudo	['surdu-'mudu]
mad, insane (adj)	louco, insano	['loku], [ĩ'sanu]
madman (demented person)	louco (m)	['loku]
madwoman	louca (f)	['loka]
to go insane	ficar louco	[fi'kar 'loku]
gene	gene (m)	['ʒɛni]
immunity	imunidade (f)	[imuni'dadʒi]
hereditary (adj)	hereditário	[eredʒi'tarju]
congenital (adj)	congênito	[kõ'ʒenitu]
virus	vírus (m)	['virus]
microbe	micróbio (m)	[mi'krɔbju]
bacterium	bactéria (f)	[bak'tɛrja]
infection	infecção (f)	[ĩfek'sãw]

74. Symptoms. Treatments. Part 3

English	Portuguese	Pronunciation
hospital	hospital (m)	[ospi'taw]
patient	paciente (m)	[pa'sjẽtʃi]
diagnosis	diagnóstico (m)	[dʒjag'nɔstʃiku]
cure	cura (f)	['kura]
medical treatment	tratamento (m) médico	[trata'mẽtu 'mɛdʒiku]
to get treatment	curar-se (vr)	[ku'rarsi]
to treat (~ a patient)	tratar (vt)	[tra'tar]
to nurse (look after)	cuidar (vt)	[kwi'dar]
care (nursing ~)	cuidado (m)	[kwi'dadu]
operation, surgery	operação (f)	[opera'sãw]
to bandage (head, limb)	enfaixar (vt)	[ẽfaj'ʃar]
bandaging	enfaixamento (m)	[bã'daʒãj]

vaccination	**vacinação** (f)	[vasina'sãw]
to vaccinate (vt)	**vacinar** (vt)	[vasi'nar]
injection, shot	**injeção** (f)	[inʒe'sãw]
to give an injection	**dar uma injeção**	[dar 'uma inʒe'sãw]
attack	**ataque** (m)	[a'taki]
amputation	**amputação** (f)	[ãputa'sãw]
to amputate (vt)	**amputar** (vt)	[ãpu'tar]
coma	**coma** (f)	['kɔma]
to be in a coma	**estar em coma**	[is'tar ẽ 'kɔma]
intensive care	**reanimação** (f)	[hianima'sãw]
to recover (~ from flu)	**recuperar-se** (vr)	[hekupe'rarsi]
condition (patient's ~)	**estado** (m)	[i'stadu]
consciousness	**consciência** (f)	[kõ'sjẽsja]
memory (faculty)	**memória** (f)	[me'mɔrja]
to pull out (tooth)	**tirar** (vt)	[tʃi'rar]
filling	**obturação** (f)	[obitura'sãw]
to fill (a tooth)	**obturar** (vt)	[obitu'rar]
hypnosis	**hipnose** (f)	[ip'nɔzi]
to hypnotize (vt)	**hipnotizar** (vt)	[ipnotʃi'zar]

75. Doctors

doctor	**médico** (m)	['mɛdʒiku]
nurse	**enfermeira** (f)	[ẽfer'mejra]
personal doctor	**médico** (m) **pessoal**	['mɛdʒiku pe'swaw]
dentist	**dentista** (m)	[dẽ'tʃista]
eye doctor	**oculista** (m)	[oku'lista]
internist	**terapeuta** (m)	[tera'pewta]
surgeon	**cirurgião** (m)	[sirur'ʒjãw]
psychiatrist	**psiquiatra** (m)	[psi'kjatra]
pediatrician	**pediatra** (m)	[pe'dʒjatra]
psychologist	**psicólogo** (m)	[psi'kɔlogu]
gynecologist	**ginecologista** (m)	[ʒinekolo'ʒista]
cardiologist	**cardiologista** (m)	[kardʒjolo'ʒista]

76. Medicine. Drugs. Accessories

medicine, drug	**medicamento** (m)	[medʒika'mẽtu]
remedy	**remédio** (m)	[he'mɛdʒju]
to prescribe (vt)	**receitar** (vt)	[hesej'tar]
prescription	**receita** (f)	[he'sejta]
tablet, pill	**comprimido** (m)	[kõpri'midu]

ointment	unguento (m)	[ũ'gwẽtu]
ampule	ampola (f)	[ã'pɔla]
mixture, solution	solução, preparado (m)	[solu'sãw], [prepa'radu]
syrup	xarope (m)	[ʃa'rɔpi]
capsule	cápsula (f)	['kapsula]
powder	pó (m)	[pɔ]

gauze bandage	atadura (f)	[ata'dura]
cotton wool	algodão (m)	[awgo'dãw]
iodine	iodo (m)	['jodu]

Band-Aid	curativo (m) adesivo	[kura'tivu ade'zivu]
eyedropper	conta-gotas (m)	['kõta 'gotas]
thermometer	termômetro (m)	[ter'mometru]
syringe	seringa (f)	[se'rĩga]

wheelchair	cadeira (f) de rodas	[ka'dejra de 'hɔdas]
crutches	muletas (f pl)	[mu'letas]

painkiller	analgésico (m)	[anaw'ʒɛziku]
laxative	laxante (m)	[la'ʃãtʃi]
spirits (ethanol)	álcool (m)	['awkɔw]
medicinal herbs	ervas (f pl) medicinais	['ɛrvas medʒisi'najs]
herbal (~ tea)	de ervas	[de 'ɛrvas]

77. Smoking. Tobacco products

tobacco	tabaco (m)	[ta'baku]
cigarette	cigarro (m)	[si'gahu]
cigar	charuto (m)	[ʃa'rutu]
pipe	cachimbo (m)	[ka'ʃĩbu]
pack (of cigarettes)	maço (m)	['masu]

matches	fósforos (m pl)	['fɔsforus]
matchbox	caixa (f) de fósforos	['kaɪʃa de 'fɔsforus]
lighter	isqueiro (m)	[is'kejru]
ashtray	cinzeiro (m)	[sĩ'zejru]
cigarette case	cigarreira (f)	[siga'hejra]

cigarette holder	piteira (f)	[pi'tejra]
filter (cigarette tip)	filtro (m)	['fiwtru]

to smoke (vi, vt)	fumar (vi, vt)	[fu'mar]
to light a cigarette	acender um cigarro	[asẽ'der ũ si'gahu]
smoking	tabagismo (m)	[taba'ʒiʒmu]
smoker	fumante (m)	[fu'mãtʃi]

stub, butt (of cigarette)	bituca (f)	[bi'tuka]
smoke, fumes	fumaça (f)	[fu'masa]
ash	cinza (f)	['sĩza]

HUMAN HABITAT

City

78. City. Life in the city

English	Portuguese	Pronunciation
city, town	cidade (f)	[si'dadʒi]
capital city	capital (f)	[kapi'taw]
village	aldeia (f)	[aw'deja]
city map	mapa (m) da cidade	['mapa da si'dadʒi]
downtown	centro (m) da cidade	['sẽtru da si'dadʒi]
suburb	subúrbio (m)	[su'burbju]
suburban (adj)	suburbano	[subur'banu]
outskirts	periferia (f)	[perife'ria]
environs (suburbs)	arredores (m pl)	[ahe'dɔris]
city block	quarteirão (m)	[kwartej'rãw]
residential block (area)	quarteirão (m) residencial	[kwartej'rãw hezidẽ'sjaw]
traffic	tráfego (m)	['trafegu]
traffic lights	semáforo (m)	[se'maforu]
public transportation	transporte (m) público	[trãs'pɔrtʃi 'publiku]
intersection	cruzamento (m)	[kruza'mẽtu]
crosswalk	faixa (f)	['fajʃa]
pedestrian underpass	túnel (m)	['tunew]
to cross (~ the street)	cruzar, atravessar (vt)	[kru'zar], [atrave'sar]
pedestrian	pedestre (m)	[pe'dɛstri]
sidewalk	calçada (f)	[kaw'sada]
bridge	ponte (f)	['põtʃi]
embankment (river walk)	margem (f) do rio	['marʒẽ du 'hiu]
fountain	fonte (f)	['fõtʃi]
allée (garden walkway)	alameda (f)	[ala'meda]
park	parque (m)	['parki]
boulevard	bulevar (m)	[bule'var]
square	praça (f)	['prasa]
avenue (wide street)	avenida (f)	[ave'nida]
street	rua (f)	['hua]
side street	travessa (f)	[tra'vɛsa]
dead end	beco (m) sem saída	['beku sẽ sa'ida]
house	casa (f)	['kaza]
building	edifício, prédio (m)	[edʒi'fisju], ['prɛdʒju]

skyscraper	arranha-céu (m)	[aˈhaɲa-sɛw]
facade	fachada (f)	[faˈʃada]
roof	telhado (m)	[teˈʎadu]
window	janela (f)	[ʒaˈnɛla]
arch	arco (m)	[ˈarku]
column	coluna (f)	[koˈluna]
corner	esquina (f)	[isˈkina]
store window	vitrine (f)	[viˈtrini]
signboard (store sign, etc.)	letreiro (m)	[leˈtrejru]
poster (e.g., playbill)	cartaz (m)	[karˈtaz]
advertising poster	cartaz (m) publicitário	[karˈtaz publisiˈtarju]
billboard	painel (m) publicitário	[pajˈnɛw publisiˈtarju]
garbage, trash	lixo (m)	[ˈliʃu]
trash can (public ~)	lixeira (f)	[liˈʃejra]
to litter (vi)	jogar lixo na rua	[ʒoˈgar ˈliʃu na ˈhua]
garbage dump	aterro (m) sanitário	[aˈtehu saniˈtarju]
phone booth	orelhão (m)	[oreˈʎãw]
lamppost	poste (m) de luz	[ˈpɔstʃi de luz]
bench (park ~)	banco (m)	[ˈbãku]
police officer	polícia (m)	[poˈlisja]
police	polícia (f)	[poˈlisja]
beggar	mendigo, pedinte (m)	[mẽˈdʒigu], [peˈdʒĩtʃi]
homeless (n)	desabrigado (m)	[dʒizabriˈgadu]

79. Urban institutions

store	loja (f)	[ˈlɔʒa]
drugstore, pharmacy	drogaria (f)	[drogaˈria]
eyeglass store	ótica (f)	[ˈɔtʃika]
shopping mall	centro (m) comercial	[ˈsẽtru komerˈsjaw]
supermarket	supermercado (m)	[supermerˈkadu]
bakery	padaria (f)	[padaˈria]
baker	padeiro (m)	[paˈdejru]
pastry shop	pastelaria (f)	[pastelaˈria]
grocery store	mercearia (f)	[mersjaˈria]
butcher shop	açougue (m)	[aˈsogi]
produce store	fruteira (f)	[fruˈtejra]
market	mercado (m)	[merˈkadu]
coffee house	cafeteria (f)	[kafeteˈria]
restaurant	restaurante (m)	[hestawˈrãtʃi]
pub, bar	bar (m)	[bar]
pizzeria	pizzaria (f)	[pitsaˈria]
hair salon	salão (m) de cabeleireiro	[saˈlãw de kabelejˈrejru]

post office	agência (f) dos correios	[a'ʒẽsja dus ko'hejus]
dry cleaners	lavanderia (f)	[lavãde'ria]
photo studio	estúdio (m) fotográfico	[is'tudʒu foto'grafiku]
shoe store	sapataria (f)	[sapata'ria]
bookstore	livraria (f)	[livra'ria]
sporting goods store	loja (f) de artigos esportivos	['lɔʒa de ar'tʃigus ispor'tʃivus]
clothes repair shop	costureira (m)	[kostu'rejra]
formal wear rental	aluguel (m) de roupa	[alu'gɛw de 'hopa]
video rental store	videolocadora (f)	['vidʒju·loka'dɔra]
circus	circo (m)	['sirku]
zoo	jardim (m) zoológico	[ʒar'dʒĩ zo'lɔʒiku]
movie theater	cinema (m)	[si'nɛma]
museum	museu (m)	[mu'zew]
library	biblioteca (f)	[bibljo'tɛka]
theater	teatro (m)	['tʃatru]
opera (opera house)	ópera (f)	['ɔpera]
nightclub	boate (f)	['bwatʃi]
casino	cassino (m)	[ka'sinu]
mosque	mesquita (f)	[mes'kita]
synagogue	sinagoga (f)	[sina'gɔga]
cathedral	catedral (f)	[kate'draw]
temple	templo (m)	['tẽplu]
church	igreja (f)	[i'greʒa]
college	faculdade (f)	[fakuw'dadʒi]
university	universidade (f)	[universi'dadʒi]
school	escola (f)	[is'kɔla]
prefecture	prefeitura (f)	[prefej'tura]
city hall	câmara (f) municipal	['kamara munisi'paw]
hotel	hotel (m)	[o'tɛw]
bank	banco (m)	['bãku]
embassy	embaixada (f)	[ẽbaj'ʃada]
travel agency	agência (f) de viagens	[a'ʒẽsja de 'vjaʒẽs]
information office	agência (f) de informações	[a'ʒẽsja de ĩforma'sõjs]
currency exchange	casa (f) de câmbio	['kaza de 'kãbju]
subway	metrô (m)	[me'tro]
hospital	hospital (m)	[ospi'taw]
gas station	posto (m) de gasolina	['postu de gazo'lina]
parking lot	parque (m) de estacionamento	['parki de istasjona'mẽtu]

80. Signs

signboard (store sign, etc.)	letreiro (m)	[le'trejru]
notice (door sign, etc.)	aviso (m)	[a'vizu]
poster	pôster (m)	['poster]
direction sign	placa (f) de direção	['plaka]
arrow (sign)	seta (f)	['sɛta]

caution	aviso (m), advertência (f)	[a'vizu], [adʒiver'tẽsja]
warning sign	sinal (m) de aviso	[si'naw de a'vizu]
to warn (vt)	avisar, advertir (vt)	[avi'zar], [adʒiver'tʃir]

rest day (weekly ~)	dia (m) de folga	['dʒia de 'fɔwga]
timetable (schedule)	horário (m)	[o'rarju]
opening hours	horário (m)	[o'rarju]

WELCOME!	BEM-VINDOS!	[bẽj 'vĩdu]
ENTRANCE	ENTRADA	[ẽ'trada]
EXIT	SAÍDA	[sa'ida]

PUSH	EMPURRE	[ẽ'puhe]
PULL	PUXE	['puʃe]
OPEN	ABERTO	[a'bɛrtu]
CLOSED	FECHADO	[fe'ʃadu]

WOMEN	MULHER	[mu'ʎer]
MEN	HOMEM	['ɔmẽ]

DISCOUNTS	DESCONTOS	[dʒis'kõtus]
SALE	SALDOS, PROMOÇÃO	['sawdus], [promo'sãw]
NEW!	NOVIDADE!	[novi'dadʒi]
FREE	GRÁTIS	['gratʃis]

ATTENTION!	ATENÇÃO!	[atẽ'sãw]
NO VACANCIES	NÃO HÁ VAGAS	['nãw a 'vagas]
RESERVED	RESERVADO	[hezer'vadu]

ADMINISTRATION	ADMINISTRAÇÃO	[adʒiministra'sãw]
STAFF ONLY	SOMENTE PESSOAL AUTORIZADO	[sɔ'mẽtʃi pe'swaw awtori'zadu]

BEWARE OF THE DOG!	CUIDADO CÃO FEROZ	[kwi'dadu kãw fe'rɔz]
NO SMOKING	PROIBIDO FUMAR!	[proi'bidu fu'mar]
DO NOT TOUCH!	NÃO TOCAR	['nãw to'kar]

DANGEROUS	PERIGOSO	[peri'gozu]
DANGER	PERIGO	[pe'rigu]
HIGH VOLTAGE	ALTA TENSÃO	['awta tẽ'sãw]
NO SWIMMING!	PROIBIDO NADAR	[proi'bidu na'dar]
OUT OF ORDER	COM DEFEITO	[kõ de'fejtu]
FLAMMABLE	INFLAMÁVEL	[ĩfla'mavew]

FORBIDDEN	**PROIBIDO**	[proi'bidu]
NO TRESPASSING!	**ENTRADA PROIBIDA**	[ẽ'trada proi'bida]
WET PAINT	**CUIDADO TINTA FRESCA**	[kwi'dadu 'tʃĩta 'freska]

81. Urban transportation

bus	**ônibus** (m)	['onibus]
streetcar	**bonde** (m) **elétrico**	['bõdʒi e'lɛtriku]
trolley bus	**trólebus** (m)	['trɔlebus]
route (of bus, etc.)	**rota** (f), **itinerário** (m)	['hɔta], [itʃine'rarju]
number (e.g., bus ~)	**número** (m)	['numeru]
to go by ...	**ir de ...**	[ir de]
to get on (~ the bus)	**entrar no ...**	[ẽ'trar nu]
to get off ...	**descer do ...**	[de'ser du]
stop (e.g., bus ~)	**parada** (f)	[pa'rada]
next stop	**próxima parada** (f)	['prɔsima pa'rada]
terminus	**terminal** (m)	[termi'naw]
schedule	**horário** (m)	[o'rarju]
to wait (vt)	**esperar** (vt)	[ispe'rar]
ticket	**passagem** (f)	[pa'saʒẽ]
fare	**tarifa** (f)	[ta'rifa]
cashier (ticket seller)	**bilheteiro** (m)	[biʎe'tejru]
ticket inspection	**controle** (m) **de passagens**	[kõ'troli de pa'saʒãjʃ]
ticket inspector	**revisor** (m)	[hevi'zor]
to be late (for ...)	**atrasar-se** (vr)	[atra'zarsi]
to miss (~ the train, etc.)	**perder** (vt)	[per'der]
to be in a hurry	**estar com pressa**	[is'tar kõ 'prɛsa]
taxi, cab	**táxi** (m)	['taksi]
taxi driver	**taxista** (m)	[tak'sista]
by taxi	**de táxi**	[de 'taksi]
taxi stand	**ponto** (m) **de táxis**	['põtu de 'taksis]
to call a taxi	**chamar um táxi**	[ʃa'mar ũ 'taksi]
to take a taxi	**pegar um táxi**	[pe'gar ũ 'taksi]
traffic	**tráfego** (m)	['trafegu]
traffic jam	**engarrafamento** (m)	[ẽgahafa'mẽtu]
rush hour	**horas** (f pl) **de pico**	['ɔras de 'piku]
to park (vi)	**estacionar** (vi)	[istasjo'nar]
to park (vt)	**estacionar** (vt)	[istasjo'nar]
parking lot	**parque** (m) **de estacionamento**	['parki de istasjona'mẽtu]
subway	**metrô** (m)	[me'tro]

station	estação (f)	[ista'sãw]
to take the subway	ir de metrô	[ir de me'tro]
train	trem (m)	[trẽj]
train station	estação (f) de trem	[ista'sãw de trẽj]

82. Sightseeing

monument	monumento (m)	[monu'mẽtu]
fortress	fortaleza (f)	[forta'leza]
palace	palácio (m)	[pa'lasju]
castle	castelo (m)	[kas'tɛlu]
tower	torre (f)	['tohi]
mausoleum	mausoléu (m)	[mawzo'lɛw]

architecture	arquitetura (f)	[arkite'tura]
medieval (adj)	medieval	[medʒje'vaw]
ancient (adj)	antigo	[ã'tʃigu]
national (adj)	nacional	[nasjo'naw]
famous (monument, etc.)	famoso	[fa'mozu]

tourist	turista (m)	[tu'rista]
guide (person)	guia (m)	['gia]
excursion, sightseeing tour	excursão (f)	[iskur'sãw]
to show (vt)	mostrar (vt)	[mos'trar]
to tell (vt)	contar (vt)	[kõ'tar]

to find (vt)	encontrar (vt)	[ẽkõ'trar]
to get lost (lose one's way)	perder-se (vr)	[per'dersi]
map (e.g., subway ~)	mapa (m)	['mapa]
map (e.g., city ~)	mapa (m)	['mapa]

souvenir, gift	lembrança (f), presente (m)	[lẽ'brãsa], [pre'zẽtʃi]
gift shop	loja (f) de presentes	['lɔʒa de pre'zẽtʃis]
to take pictures	tirar fotos	[tʃi'rar 'fotus]
to have one's picture taken	fotografar-se (vr)	[fotogra'farse]

83. Shopping

to buy (purchase)	comprar (vt)	[kõ'prar]
purchase	compra (f)	['kõpra]
to go shopping	fazer compras	[fa'zer 'kõpras]
shopping	compras (f pl)	['kõpras]

| to be open (ab. store) | estar aberta | [is'tar a'bɛrta] |
| to be closed | estar fechada | [is'tar fe'ʃada] |

| footwear, shoes | calçado (m) | [kaw'sadu] |
| clothes, clothing | roupa (f) | ['hopa] |

cosmetics	**cosméticos** (m pl)	[koz'mɛtʃikus]
food products	**alimentos** (m pl)	[ali'mẽtus]
gift, present	**presente** (m)	[pre'zẽtʃi]
salesman	**vendedor** (m)	[vẽde'dor]
saleswoman	**vendedora** (f)	[vẽde'dora]
check out, cash desk	**caixa** (f)	['kaɪʃa]
mirror	**espelho** (m)	[is'peʎu]
counter (store ~)	**balcão** (m)	[baw'kãw]
fitting room	**provador** (m)	[prɔva'dor]
to try on	**provar** (vt)	[pro'var]
to fit (ab. dress, etc.)	**servir** (vi)	[ser'vir]
to like (I like …)	**gostar** (vt)	[gos'tar]
price	**preço** (m)	['presu]
price tag	**etiqueta** (f) **de preço**	[etʃi'keta de 'presu]
to cost (vt)	**custar** (vt)	[kus'tar]
How much?	**Quanto?**	['kwãtu]
discount	**desconto** (m)	[dʒis'kõtu]
inexpensive (adj)	**não caro**	['nãw 'karu]
cheap (adj)	**barato**	[ba'ratu]
expensive (adj)	**caro**	['karu]
It's expensive	**É caro**	[ɛ 'karu]
rental (n)	**aluguel** (m)	[alu'gɛw]
to rent (~ a tuxedo)	**alugar** (vt)	[alu'gar]
credit (trade credit)	**crédito** (m)	['krɛdʒitu]
on credit (adv)	**a crédito**	[a 'krɛdʒitu]

84. Money

money	**dinheiro** (m)	[dʒi'ɲejru]
currency exchange	**câmbio** (m)	['kãbju]
exchange rate	**taxa** (f) **de câmbio**	['taʃa de 'kãbju]
ATM	**caixa** (m) **eletrônico**	['kaɪʃa ele'troniku]
coin	**moeda** (f)	['mwɛda]
dollar	**dólar** (m)	['dɔlar]
euro	**euro** (m)	['ewru]
lira	**lira** (f)	['lira]
Deutschmark	**marco** (m)	['marku]
franc	**franco** (m)	['frãku]
pound sterling	**libra** (f) **esterlina**	['libra ister'linu]
yen	**iene** (m)	['jɛni]
debt	**dívida** (f)	['dʒivida]
debtor	**devedor** (m)	[deve'dor]

to lend (money)	emprestar (vt)	[ẽpres'tar]
to borrow (vi, vt)	pedir emprestado	[pe'dʒir ẽpres'tadu]
bank	banco (m)	['bãku]
account	conta (f)	['kõta]
to deposit (vt)	depositar (vt)	[depozi'tar]
to deposit into the account	depositar na conta	[depozi'tar na 'kõta]
to withdraw (vt)	sacar (vt)	[sa'kar]
credit card	cartão (m) de crédito	[kar'tãw de 'krɛdʒitu]
cash	dinheiro (m) vivo	[dʒi'ɲejru 'vivu]
check	cheque (m)	['ʃɛki]
to write a check	passar um cheque	[pa'sar ũ 'ʃɛki]
checkbook	talão (m) de cheques	[ta'lãw de 'ʃɛkis]
wallet	carteira (f)	[kar'tejra]
change purse	niqueleira (f)	[nike'lejra]
safe	cofre (m)	['kɔfri]
heir	herdeiro (m)	[er'dejru]
inheritance	herança (f)	[e'rãsa]
fortune (wealth)	fortuna (f)	[for'tuna]
lease	arrendamento (m)	[ahẽda'mẽtu]
rent (money)	aluguel (m)	[alu'gɛw]
to rent (sth from sb)	alugar (vt)	[alu'gar]
price	preço (m)	['presu]
cost	custo (m)	['kustu]
sum	soma (f)	['sɔma]
to spend (vt)	gastar (vt)	[gas'tar]
expenses	gastos (m pl)	['gastus]
to economize (vi, vt)	economizar (vi)	[ekonomi'zar]
economical	econômico	[eko'nomiku]
to pay (vi, vt)	pagar (vt)	[pa'gar]
payment	pagamento (m)	[paga'mẽtu]
change (give the ~)	troco (m)	['troku]
tax	imposto (m)	[ĩ'postu]
fine	multa (f)	['muwta]
to fine (vt)	multar (vt)	[muw'tar]

85. Post. Postal service

post office	agência (f) dos correios	[a'ʒẽsja dus ko'hejus]
mail (letters, etc.)	correio (m)	[ko'heju]
mailman	carteiro (m)	[kar'tejru]
opening hours	horário (m)	[o'rarju]

letter	**carta** (f)	['karta]
registered letter	**carta** (f) **registada**	['karta heʒis'tada]
postcard	**cartão** (m) **postal**	[kar'tãw pos'taw]
telegram	**telegrama** (m)	[tele'grama]
package (parcel)	**encomenda** (f)	[ẽko'mẽda]
money transfer	**transferência** (f) **de dinheiro**	[trãsfe'rẽsja de dʒi'ɲejru]

to receive (vt)	**receber** (vt)	[hese'ber]
to send (vt)	**enviar** (vt)	[ẽ'vjar]
sending	**envio** (m)	[ẽ'viu]

address	**endereço** (m)	[ẽde'resu]
ZIP code	**código** (m) **postal**	['kɔdʒigu pos'taw]
sender	**remetente** (m)	[heme'tẽtʃi]
receiver	**destinatário** (m)	[destʃina'tarju]

| name (first name) | **nome** (m) | ['nɔmi] |
| surname (last name) | **sobrenome** (m) | [sobri'nɔmi] |

postage rate	**tarifa** (f)	[ta'rifa]
standard (adj)	**ordinário**	[ordʒi'narju]
economical (adj)	**econômico**	[eko'nomiku]

weight	**peso** (m)	['pezu]
to weigh (~ letters)	**pesar** (vt)	[pe'zar]
envelope	**envelope** (m)	[ẽve'lɔpi]
postage stamp	**selo** (m) **postal**	['selu pos'taw]
to stamp an envelope	**colar o selo**	[ko'lar u 'selu]

Dwelling. House. Home

86. House. Dwelling

house	casa (f)	['kaza]
at home (adv)	em casa	[ẽ 'kaza]
yard	pátio (m), quintal (f)	['patʃju], [kĩ'taw]
fence (iron ~)	cerca, grade (f)	['sɛrka], ['gradʒi]
brick (n)	tijolo (m)	[tʃi'ʒolu]
brick (as adj)	de tijolos	[de tʃi'ʒolus]
stone (n)	pedra (f)	['pɛdra]
stone (as adj)	de pedra	[de 'pɛdra]
concrete (n)	concreto (m)	[kõ'krɛtu]
concrete (as adj)	concreto	[kõ'krɛtu]
new (new-built)	novo	['novu]
old (adj)	velho	['vɛʎu]
ramshackle	decrépito	[de'krɛpitu]
modern (adj)	moderno	[mo'dɛrnu]
multistory (adj)	de vários andares	[de 'varjus ã'daris]
tall (~ building)	alto	['awtu]
floor, story	andar (m)	[ã'dar]
single-story (adj)	de um andar	[de ũ ã'dar]
1st floor	térreo (m)	['tɛhju]
top floor	andar (m) de cima	[ã'dar de 'sima]
roof	telhado (m)	[te'ʎadu]
chimney	chaminé (f)	[ʃami'nɛ]
roof tiles	telha (f)	['teʎa]
tiled (adj)	de telha	[de 'teʎa]
attic (storage place)	sótão (m)	['sɔtãw]
window	janela (f)	[ʒa'nɛla]
glass	vidro (m)	['vidru]
window ledge	parapeito (m)	[para'pejtu]
shutters	persianas (f pl)	[per'sjanas]
wall	parede (f)	[pa'redʒi]
balcony	varanda (f)	[va'rãda]
downspout	calha (f)	['kaʎa]
upstairs (to be ~)	em cima	[ẽ 'sima]
to go upstairs	subir (vi)	[su'bir]

| to come down (the stairs) | descer (vi) | [de'ser] |
| to move (to new premises) | mudar-se (vr) | [mu'darsi] |

87. House. Entrance. Lift

entrance	entrada (f)	[ẽ'trada]
stairs (stairway)	escada (f)	[is'kada]
steps	degraus (m pl)	[de'graws]
banister	corrimão (m)	[kohi'mãw]
lobby (hotel ~)	hall (m) de entrada	[hɔw de ẽ'trada]

mailbox	caixa (f) de correio	['kaɪʃa de ko'heju]
garbage can	lixeira (f)	[li'ʃejra]
trash chute	calha (f) de lixo	['kaʎa de 'liʃu]

elevator	elevador (m)	[eleva'dor]
freight elevator	elevador (m) de carga	[eleva'dor de 'karga]
elevator cage	cabine (f)	[ka'bini]
to take the elevator	pegar o elevador	[pe'gar u eleva'dor]

apartment	apartamento (m)	[aparta'mẽtu]
residents (~ of a building)	residentes (pl)	[hezi'dẽtʃis]
neighbor (masc.)	vizinho (m)	[vi'ziɲu]
neighbor (fem.)	vizinha (f)	[vi'ziɲa]
neighbors	vizinhos (pl)	[vi'ziɲus]

88. House. Electricity

electricity	eletricidade (f)	[eletrisi'dadʒi]
light bulb	lâmpada (f)	['lãpada]
switch	interruptor (m)	[ĩtehup'tor]
fuse (plug fuse)	fusível, disjuntor (m)	[fu'zivew], [dʒisʒũ'tor]

cable, wire (electric ~)	fio, cabo (m)	['fiu], ['kabu]
wiring	instalação (f) elétrica	[ĩstala'sãw e'lɛtrika]
electricity meter	medidor (m) de eletricidade	[medʒi'dor de eletrisi'dadʒi]

| readings | indicação (f), registro (m) | [ĩdʒika'sãw], [he'ʒistru] |

89. House. Doors. Locks

door	porta (f)	['pɔrta]
gate (vehicle ~)	portão (m)	[por'tãw]
handle, doorknob	maçaneta (f)	[masa'neta]
to unlock (unbolt)	destrancar (vt)	[dʒistrã'kar]
to open (vt)	abrir (vt)	[a'brir]

to close (vt)	fechar (vt)	[fe'ʃar]
key	chave (f)	['ʃavi]
bunch (of keys)	molho (m)	['moʎu]
to creak (door, etc.)	ranger (vi)	[hã'ʒer]
creak	rangido (m)	[hã'ʒidu]
hinge (door ~)	dobradiça (f)	[dobra'dʒisa]
doormat	capacho (m)	[ka'paʃu]
door lock	fechadura (f)	[feʃa'dura]
keyhole	buraco (m) da fechadura	[bu'raku da feʃa'dura]
crossbar (sliding bar)	barra (f)	['baha]
door latch	fecho (m)	['feʃu]
padlock	cadeado (m)	[ka'dʒjadu]
to ring (~ the door bell)	tocar (vt)	[to'kar]
ringing (sound)	toque (m)	['tɔki]
doorbell	campainha (f)	[kampa'iɲa]
doorbell button	botão (m)	[bo'tãw]
knock (at the door)	batida (f)	[ba'tʃida]
to knock (vi)	bater (vi)	[ba'ter]
code	código (m)	['kɔdʒigu]
combination lock	fechadura (f) de código	[feʃa'dura de 'kɔdʒigu]
intercom	interfone (m)	[ĩter'fɔni]
number (on the door)	número (m)	['numeru]
doorplate	placa (f) de porta	['plaka de 'pɔrta]
peephole	olho (m) mágico	['oʎu 'maʒiku]

90. Country house

village	aldeia (f)	[aw'deja]
vegetable garden	horta (f)	['ɔrta]
fence	cerca (f)	['serka]
picket fence	cerca (f) de piquete	['sɛrka de pi'ketʃi]
wicket gate	portão (f) do jardim	[por'tãw du ʒar'dʒĩ]
granary	celeiro (m)	[se'lejru]
root cellar	adega (f)	[a'dɛga]
shed (garden ~)	galpão, barracão (m)	[gaw'pãw], [baha'kãw]
water well	poço (m)	['posu]
stove (wood-fired ~)	fogão (m)	[fo'gãw]
to stoke the stove	atiçar o fogo	[atʃi'sar u 'fogu]
firewood	lenha (f)	['lɛɲa]
log (firewood)	lenha (f)	['lɛɲa]
veranda	varanda (f)	[va'rãda]
deck (terrace)	alpendre (m)	[aw'pẽdri]
stoop (front steps)	degraus (m pl) de entrada	[de'graws de ẽ'trada]
swing (hanging seat)	balanço (m)	[ba'lãsu]

91. Villa. Mansion

country house	casa (f) de campo	['kaza de 'kãpu]
villa (seaside ~)	vila (f)	['vila]
wing (~ of a building)	ala (f)	['ala]

garden	jardim (m)	[ʒar'dʒĩ]
park	parque (m)	['parki]
conservatory (greenhouse)	estufa (f)	[is'tufa]
to look after (garden, etc.)	cuidar de ...	[kwi'dar de]

swimming pool	piscina (f)	[pi'sina]
gym (home gym)	academia (f) de ginástica	[akade'mia de ʒi'nastʃika]
tennis court	quadra (f) de tênis	['kwadra de 'tenis]
home theater (room)	cinema (m)	[si'nɛma]
garage	garagem (f)	[ga'raʒẽ]

private property	propriedade (f) privada	[proprje'dadʒi pri'vada]
private land	terreno (m) privado	[te'hɛnu pri'vadu]

warning (caution)	advertência (f)	[adʒiver'tẽsja]
warning sign	sinal (m) de aviso	[si'naw de a'vizu]

security	guarda (f)	['gwarda]
security guard	guarda (m)	['gwarda]
burglar alarm	alarme (m)	[a'larmi]

92. Castle. Palace

castle	castelo (m)	[kas'tɛlu]
palace	palácio (m)	[pa'lasju]
fortress	fortaleza (f)	[forta'leza]

wall (round castle)	muralha (f)	[mu'raʎa]
tower	torre (f)	['tohi]
keep, donjon	calabouço (m)	[kala'bosu]

portcullis	grade (f) levadiça	['gradʒi leva'dʒisa]
underground passage	passagem (f) subterrânea	[pa'saʒẽ subite'hanja]
moat	fosso (m)	['fosu]

chain	corrente, cadeia (f)	[ko'hẽtʃi], [ka'deja]
arrow loop	seteira (f)	[se'tejra]

magnificent (adj)	magnífico	[mag'nifiku]
majestic (adj)	majestoso	[maʒes'tozu]

impregnable (adj)	inexpugnável	[inespug'navew]
medieval (adj)	medieval	[medʒje'vaw]

93. Apartment

apartment	apartamento (m)	[aparta'mẽtu]
room	quarto, cômodo (m)	['kwartu], ['komodu]
bedroom	quarto (m) de dormir	['kwartu de dor'mir]
dining room	sala (f) de jantar	['sala de ʒã'tar]
living room	sala (f) de estar	['sala de is'tar]
study (home office)	escritório (m)	[iskri'tɔrju]
entry room	sala (f) de entrada	['sala de ẽ'trada]
bathroom (room with a bath or shower)	banheiro (m)	[ba'ɲejru]
half bath	lavabo (m)	[la'vabu]
ceiling	teto (m)	['tɛtu]
floor	chão, piso (m)	['ʃãw], ['pizu]
corner	canto (m)	['kãtu]

94. Apartment. Cleaning

to clean (vi, vt)	arrumar, limpar (vt)	[ahu'mar], [lĩ'par]
to put away (to stow)	guardar (vt)	[gwar'dar]
dust	pó (m)	[pɔ]
dusty (adj)	empoeirado	[ẽpoej'radu]
to dust (vt)	tirar o pó	[tʃi'rar u pɔ]
vacuum cleaner	aspirador (m)	[aspira'dor]
to vacuum (vt)	aspirar (vt)	[aspi'rar]
to sweep (vi, vt)	varrer (vt)	[va'her]
sweepings	sujeira (f)	[su'ʒejra]
order	arrumação, ordem (f)	[ahuma'sãw], ['ordẽ]
disorder, mess	desordem (f)	[dʒi'zordẽ]
mop	esfregão (m)	[isfre'gaw]
dust cloth	pano (m), trapo (m)	['panu], ['trapu]
short broom	vassoura (f)	[va'sora]
dustpan	pá (f) de lixo	[pa de 'liʃu]

95. Furniture. Interior

furniture	mobiliário (m)	[mobi'ljarju]
table	mesa (f)	['meza]
chair	cadeira (f)	[ka'dejra]
bed	cama (f)	['kama]
couch, sofa	sofá, divã (m)	[so'fa], [dʒi'vã]
armchair	poltrona (f)	[pow'trɔna]
bookcase	estante (f)	[is'tãtʃi]

shelf	**prateleira** (f)	[prate'lejra]
wardrobe	**guarda-roupas** (m)	['gwarda 'hopa]
coat rack (wall-mounted ~)	**cabide** (m) **de parede**	[ka'bidʒi de pa'redʒi]
coat stand	**cabideiro** (m) **de pé**	[kabi'dejru de pɛ]
bureau, dresser	**cômoda** (f)	['komoda]
coffee table	**mesinha** (f) **de centro**	[me'ziɲa de 'sẽtru]
mirror	**espelho** (m)	[is'peʎu]
carpet	**tapete** (m)	[ta'petʃi]
rug, small carpet	**tapete** (m)	[ta'petʃi]
fireplace	**lareira** (f)	[la'rejra]
candle	**vela** (f)	['vɛla]
candlestick	**castiçal** (m)	[kastʃi'saw]
drapes	**cortinas** (f pl)	[kor'tʃinas]
wallpaper	**papel** (m) **de parede**	[pa'pɛw de pa'redʒi]
blinds (jalousie)	**persianas** (f pl)	[per'sjanas]
table lamp	**luminária** (f) **de mesa**	[lumi'narja de 'meza]
wall lamp (sconce)	**luminária** (f) **de parede**	[lumi'narja de pa'redʒi]
floor lamp	**abajur** (m) **de pé**	[aba'ʒur de 'pɛ]
chandelier	**lustre** (m)	['lustri]
leg (of chair, table)	**pé** (m)	[pɛ]
armrest	**braço, descanso** (m)	['brasu], [dʒis'kãsu]
back (backrest)	**costas** (f pl)	['kɔstas]
drawer	**gaveta** (f)	[ga'veta]

96. Bedding

bedclothes	**roupa** (f) **de cama**	['hopa de 'kama]
pillow	**travesseiro** (m)	[trave'sejru]
pillowcase	**fronha** (f)	['froɲa]
duvet, comforter	**cobertor** (m)	[kuber'tor]
sheet	**lençol** (m)	[lẽ'sɔw]
bedspread	**colcha** (f)	['kowʃa]

97. Kitchen

kitchen	**cozinha** (f)	[ko'ziɲa]
gas	**gás** (m)	[gajs]
gas stove (range)	**fogão** (m) **a gás**	[fo'gãw a gajs]
electric stove	**fogão** (m) **elétrico**	[fo'gãw e'lɛtriku]
oven	**forno** (m)	['fornu]
microwave oven	**forno** (m) **de micro-ondas**	['fornu de mikro'õdas]
refrigerator	**geladeira** (f)	[ʒela'dejra]

English	Portuguese	IPA
freezer	congelador (m)	[kõʒela'dor]
dishwasher	máquina (f) de lavar louça	['makina de la'var 'losa]
meat grinder	moedor (m) de carne	[moe'dor de 'karni]
juicer	espremedor (m)	[ispreme'dor]
toaster	torradeira (f)	[toha'dejra]
mixer	batedeira (f)	[bate'dejra]
coffee machine	máquina (f) de café	['makina de ka'fɛ]
coffee pot	cafeteira (f)	[kafe'tejra]
coffee grinder	moedor (m) de café	[moe'dor de ka'fɛ]
kettle	chaleira (f)	[ʃa'lejra]
teapot	bule (m)	['buli]
lid	tampa (f)	['tãpa]
tea strainer	coador (m) de chá	[koa'dor de ʃa]
spoon	colher (f)	[ko'ʎer]
teaspoon	colher (f) de chá	[ko'ʎer de ʃa]
soup spoon	colher (f) de sopa	[ko'ʎer de 'sopa]
fork	garfo (m)	['garfu]
knife	faca (f)	['faka]
tableware (dishes)	louça (f)	['losa]
plate (dinner ~)	prato (m)	['pratu]
saucer	pires (m)	['piris]
shot glass	cálice (m)	['kalisi]
glass (tumbler)	copo (m)	['kɔpu]
cup	xícara (f)	['ʃikara]
sugar bowl	açucareiro (m)	[asuka'rejru]
salt shaker	saleiro (m)	[sa'lejru]
pepper shaker	pimenteiro (m)	[pimẽ'tejru]
butter dish	manteigueira (f)	[mãtej'gejra]
stock pot (soup pot)	panela (f)	[pa'nɛla]
frying pan (skillet)	frigideira (f)	[friʒi'dejra]
ladle	concha (f)	['kõʃa]
colander	coador (m)	[koa'dor]
tray (serving ~)	bandeja (f)	[bã'deʒa]
bottle	garrafa (f)	[ga'hafa]
jar (glass)	pote (m) de vidro	['pɔtʃi de 'vidru]
can	lata (f)	['lata]
bottle opener	abridor (m) de garrafa	[abri'dor de ga'hafa]
can opener	abridor (m) de latas	[abri'dor de 'latas]
corkscrew	saca-rolhas (m)	['saka-'hoʎas]
filter	filtro (m)	['fiwtru]
to filter (vt)	filtrar (vt)	[fiw'trar]

trash, garbage (food waste, etc.)	lixo (m)	['liʃu]
trash can (kitchen ~)	lixeira (f)	[li'ʃejra]

98. Bathroom

bathroom	banheiro (m)	[ba'ɲejru]
water	água (f)	['agwa]
faucet	torneira (f)	[tor'nejra]
hot water	água (f) quente	['agwa 'kẽtʃi]
cold water	água (f) fria	['agwa 'fria]
toothpaste	pasta (f) de dente	['pasta de 'dẽtʃi]
to brush one's teeth	escovar os dentes	[isko'var us 'dẽtʃis]
toothbrush	escova (f) de dente	[is'kova de 'dẽtʃi]
to shave (vi)	barbear-se (vr)	[bar'bjarsi]
shaving foam	espuma (f) de barbear	[is'puma de bar'bjar]
razor	gilete (f)	[ʒi'lɛtʃi]
to wash (one's hands, etc.)	lavar (vt)	[la'var]
to take a bath	tomar banho	[to'mar baɲu]
shower	chuveiro (m), ducha (f)	[ʃu'vejru], ['duʃa]
to take a shower	tomar uma ducha	[to'mar 'uma 'duʃa]
bathtub	banheira (f)	[ba'ɲejra]
toilet (toilet bowl)	vaso (m) sanitário	['vazu sani'tarju]
sink (washbasin)	pia (f)	['pia]
soap	sabonete (m)	[sabo'netʃi]
soap dish	saboneteira (f)	[sabone'tejra]
sponge	esponja (f)	[is'põʒa]
shampoo	xampu (m)	[ʃã'pu]
towel	toalha (f)	[to'aʎa]
bathrobe	roupão (m) de banho	[ho'pãw de 'baɲu]
laundry (laundering)	lavagem (f)	[la'vaʒẽ]
washing machine	lavadora (f) de roupas	[lava'dora de 'hopas]
to do the laundry	lavar a roupa	[la'var a 'hopa]
laundry detergent	detergente (m)	[deter'ʒẽtʃi]

99. Household appliances

TV set	televisor (m)	[televi'zor]
tape recorder	gravador (m)	[grava'dor]
VCR (video recorder)	videogravador (m)	['vidʒju·grava'dor]
radio	rádio (m)	['hadʒju]

player (CD, MP3, etc.)	leitor (m)	[lej'tor]
video projector	projetor (m)	[proʒe'tor]
home movie theater	cinema (m) em casa	[si'nɛma ẽ 'kaza]
DVD player	DVD Player (m)	[deve'de 'plejer]
amplifier	amplificador (m)	[ãplifika'dor]
video game console	console (f) de jogos	[kõ'sɔli de 'ʒogus]

video camera	câmera (f) de vídeo	['kamera de 'vidʒju]
camera (photo)	máquina (f) fotográfica	['makina foto'grafika]
digital camera	câmera (f) digital	['kamera dʒiʒi'taw]

vacuum cleaner	aspirador (m)	[aspira'dor]
iron (e.g., steam ~)	ferro (m) de passar	['fɛhu de pa'sar]
ironing board	tábua (f) de passar	['tabwa de pa'sar]

telephone	telefone (m)	[tele'fɔni]
cell phone	celular (m)	[selu'lar]
typewriter	máquina (f) de escrever	['makina de iskre'ver]
sewing machine	máquina (f) de costura	['makina de kos'tura]

microphone	microfone (m)	[mikro'fɔni]
headphones	fone (m) de ouvido	['fɔni de o'vidu]
remote control (TV)	controle remoto (m)	[kõ'troli he'mɔtu]

CD, compact disc	CD (m)	['sede]
cassette, tape	fita (f) cassete	['fita ka'sɛtʃi]
vinyl record	disco (m) de vinil	['dʒisku de vi'niw]

100. Repairs. Renovation

renovations	renovação (f)	[henova'sãw]
to renovate (vt)	renovar (vt), fazer obras	[heno'var], [fa'zer 'ɔbras]
to repair, to fix (vt)	reparar (vt)	[hepa'rar]
to put in order	consertar (vt)	[kõser'tar]
to redo (do again)	refazer (vt)	[hefa'zer]

| paint | tinta (f) | [tʃĩta] |
| to paint (~ a wall) | pintar (vt) | [pĩ'tar] |

| house painter | pintor (m) | [pĩ'tor] |
| paintbrush | pincel (m) | [pĩ'sɛw] |

| whitewash | cal (f) | [kaw] |
| to whitewash (vt) | caiar (vt) | [kaj'ar] |

| wallpaper | papel (m) de parede | [pa'pɛw de pa'redʒi] |
| to wallpaper (vt) | colocar papel de parede | [kolo'kar pa'pɛw de pa'redʒi] |

| varnish | verniz (m) | [ver'niz] |
| to varnish (vt) | envernizar (vt) | [ẽverni'zar] |

101. Plumbing

water	água (f)	['agwa]
hot water	água (f) quente	['agwa 'kẽtʃi]
cold water	água (f) fria	['agwa 'fria]
faucet	torneira (f)	[tor'nejra]
drop (of water)	gota (f)	['gota]
to drip (vi)	gotejar (vi)	[gote'ʒar]
to leak (ab. pipe)	vazar (vt)	[va'zar]
leak (pipe ~)	vazamento (m)	[vaza'mẽtu]
puddle	poça (f)	['posa]
pipe	tubo (m)	['tubu]
valve (e.g., ball ~)	válvula (f)	['vawvula]
to be clogged up	entupir-se (vr)	[ẽtu'pirsi]
tools	ferramentas (f pl)	[feha'mẽtas]
adjustable wrench	chave (f) inglesa	['ʃavi ĩ'gleza]
to unscrew (lid, filter, etc.)	desenroscar (vt)	[dezẽhos'kar]
to screw (tighten)	enroscar (vt)	[ẽhos'kar]
to unclog (vt)	desentupir (vt)	[dʒizẽtu'pir]
plumber	encanador (m)	[ẽkana'dor]
basement	porão (m)	[po'rãw]
sewerage (system)	rede (f) de esgotos	['hedʒi de iz'gotus]

102. Fire. Conflagration

fire (accident)	incêndio (m)	[ĩ'sẽdʒju]
flame	chama (f)	['ʃama]
spark	faísca (f)	[fa'iska]
smoke (from fire)	fumaça (f)	[fu'masa]
torch (flaming stick)	tocha (f)	['tɔʃa]
campfire	fogueira (f)	[fo'gejra]
gas, gasoline	gasolina (f)	[gazo'lina]
kerosene (type of fuel)	querosene (m)	[kero'zɛni]
flammable (adj)	inflamável	[ĩfla'mavew]
explosive (adj)	explosivo	[isplo'zivu]
NO SMOKING	PROIBIDO FUMAR!	[proi'bidu fu'mar]
safety	segurança (f)	[segu'rãsa]
danger	perigo (m)	[pe'rigu]
dangerous (adj)	perigoso	[peri'gozu]
to catch fire	incendiar-se (vr)	[ĩsẽ'dʒjarse]
explosion	explosão (f)	[isplo'zãw]
to set fire	incendiar (vt)	[ĩsẽ'dʒjar]

English	Portuguese	Pronunciation
arsonist	incendiário (m)	[ĩsẽ'dʒjarju]
arson	incêndio (m) criminoso	[ĩ'sẽdʒju krimi'nozu]
to blaze (vi)	flamejar (vi)	[flame'ʒar]
to burn (be on fire)	queimar (vi)	[kej'mar]
to burn down	queimar tudo (vi)	[kej'mar 'tudu]
to call the fire department	chamar os bombeiros	[ʃa'mar us bõ'bejrus]
firefighter, fireman	bombeiro (m)	[bõ'bejru]
fire truck	caminhão (m) de bombeiros	[kami'ɲãw de bõ'bejrus]
fire department	corpo (m) de bombeiros	['korpu de bõ'bejrus]
fire truck ladder	escada (f) extensível	[is'kada istẽ'sivɛl]
fire hose	mangueira (f)	[mã'gejra]
fire extinguisher	extintor (m)	[istĩ'tor]
helmet	capacete (m)	[kapa'setʃi]
siren	sirene (f)	[si'rɛni]
to cry (for help)	gritar (vi)	[gri'tar]
to call for help	chamar por socorro	[ʃa'mar por so'kohu]
rescuer	socorrista (m)	[soko'hista]
to rescue (vt)	salvar, resgatar (vt)	[saw'var], [hezga'tar]
to arrive (vi)	chegar (vi)	[ʃe'gar]
to extinguish (vt)	apagar (vt)	[apa'gar]
water	água (f)	['agwa]
sand	areia (f)	[a'reja]
ruins (destruction)	ruínas (f pl)	['hwinas]
to collapse (building, etc.)	ruir (vi)	['hwir]
to fall down (vi)	desmoronar (vi)	[dʒizmoro'nar]
to cave in (ceiling, floor)	desabar (vi)	[dʒiza'bar]
piece of debris	fragmento (m)	[frag'mẽtu]
ash	cinza (f)	['sĩza]
to suffocate (die)	sufocar (vi)	[sufo'kar]
to be killed (perish)	perecer (vi)	[pere'ser]

HUMAN ACTIVITIES

Job. Business. Part 1

103. Office. Working in the office

office (company ~)	escritório (m)	[iskri'tɔrju]
office (of director, etc.)	escritório (m)	[iskri'tɔrju]
reception desk	recepção (f)	[hesep'sãw]
secretary	secretário (m)	[sekre'tarju]
secretary (fem.)	secretária (f)	[sekre'tarja]
director	diretor (m)	[dʒire'tor]
manager	gerente (m)	[ʒe'rẽtʃi]
accountant	contador (m)	[kõta'dor]
employee	empregado (m)	[ẽpre'gadu]
furniture	mobiliário (m)	[mobi'ljarju]
desk	mesa (f)	['meza]
desk chair	cadeira (f)	[ka'dejra]
drawer unit	gaveteiro (m)	[gave'tejru]
coat stand	cabideiro (m) de pé	[kabi'dejru de pɛ]
computer	computador (m)	[kõputa'dor]
printer	impressora (f)	[ĩpre'sora]
fax machine	fax (m)	[faks]
photocopier	fotocopiadora (f)	[fotokopja'dora]
paper	papel (m)	[pa'pɛw]
office supplies	artigos (m pl) de escritório	[ar'tʃigus de iskri'tɔrju]
mouse pad	tapete (m) para mouse	[ta'petʃi 'para 'mawz]
sheet (of paper)	folha (f)	['foʎa]
binder	pasta (f)	['pasta]
catalog	catálogo (m)	[ka'talogu]
phone directory	lista (f) telefônica	['lista tele'fonika]
documentation	documentação (f)	[dokumẽta'sãw]
brochure (e.g., 12 pages ~)	brochura (f)	[bro'ʃura]
leaflet (promotional ~)	panfleto (m)	[pã'fletu]
sample	amostra (f)	[a'mɔstra]
training meeting	formação (f)	[forma'sãw]
meeting (of managers)	reunião (f)	[heu'njãw]
lunch time	hora (f) de almoço	['ɔra de aw'mosu]

to make a copy	fazer uma cópia	[fa'zer 'uma 'kɔpja]
to make multiple copies	tirar cópias	[tʃi'rar 'kɔpjas]
to receive a fax	receber um fax	[hese'ber ũ faks]
to send a fax	enviar um fax	[ẽ'vjar ũ faks]

to call (by phone)	fazer uma chamada	[fa'zer 'uma ʃa'mada]
to answer (vt)	responder (vt)	[hespõ'der]
to put through	passar (vt)	[pa'sar]

to arrange, to set up	marcar (vt)	[mar'kar]
to demonstrate (vt)	demonstrar (vt)	[demõs'trar]
to be absent	estar ausente	[is'tar aw'zẽtʃi]
absence	ausência (f)	[aw'zẽsja]

104. Business processes. Part 1

business	negócio (m)	[ne'gɔsju]
occupation	ocupação (f)	[okupa'sãw]
firm	firma, empresa (f)	['firma], [ẽ'preza]
company	companhia (f)	[kõpa'ɲia]
corporation	corporação (f)	[korpora'sãw]
enterprise	empresa (f)	[ẽ'preza]
agency	agência (f)	[a'ʒẽsja]

agreement (contract)	acordo (m)	[a'kordu]
contract	contrato (m)	[kõ'tratu]
deal	acordo (m)	[a'kordu]
order (to place an ~)	pedido (m)	[pe'dʒidu]
terms (of the contract)	termos (m pl)	['termus]

wholesale (adv)	por atacado	[por ata'kadu]
wholesale (adj)	por atacado	[por atak'adu]
wholesale (n)	venda (f) por atacado	['vẽda pur ata'kadu]
retail (adj)	a varejo	[a va'reʒu]
retail (n)	venda (f) a varejo	['vẽda a va'reʒu]

competitor	concorrente (m)	[kõko'hẽtʃi]
competition	concorrência (f)	[kõko'hẽsja]
to compete (vi)	competir (vi)	[kõpe'tʃir]

| partner (associate) | sócio (m) | ['sɔsju] |
| partnership | parceria (f) | [parse'ria] |

crisis	crise (f)	['krizi]
bankruptcy	falência (f)	[fa'lẽsja]
to go bankrupt	entrar em falência	[ẽ'trar ẽ fa'lẽsja]
difficulty	dificuldade (f)	[dʒifikuw'dadʒi]
problem	problema (m)	[prob'lɛma]
catastrophe	catástrofe (f)	[ka'tastrofi]
economy	economia (f)	[ekono'mia]

English	Portuguese	IPA
economic (~ growth)	econômico	[eko'nomiku]
economic recession	recessão (f) econômica	[hesep'sãw eko'nomika]
goal (aim)	objetivo (m)	[obʒe'tʃivu]
task	tarefa (f)	[ta'rɛfa]
to trade (vi)	comerciar (vi, vt)	[komer'sjar]
network (distribution ~)	rede (f), cadeia (f)	['hedʒi], [ka'deja]
inventory (stock)	estoque (m)	[is'tɔki]
range (assortment)	sortimento (m)	[sortʃi'mẽtu]
leader (leading company)	líder (m)	['lider]
large (~ company)	grande	['grãdʒi]
monopoly	monopólio (m)	[mono'pɔlju]
theory	teoria (f)	[teo'ria]
practice	prática (f)	['pratʃika]
experience (in my ~)	experiência (f)	[ispe'rjẽsja]
trend (tendency)	tendência (f)	[tẽ'dẽsja]
development	desenvolvimento (m)	[dʒizẽvowvi'mẽtu]

105. Business processes. Part 2

English	Portuguese	IPA
profit (foregone ~)	rentabilidade (f)	[hẽtabili'dadʒi]
profitable (~ deal)	rentável	[hẽ'tavew]
delegation (group)	delegação (f)	[delega'sãw]
salary	salário, ordenado (m)	[sa'larju], [orde'nadu]
to correct (an error)	corrigir (vt)	[kohi'ʒir]
business trip	viagem (f) de negócios	['vjaʒẽ de ne'gɔsjus]
commission	comissão (f)	[komi'sãw]
to control (vt)	controlar (vt)	[kõtro'lar]
conference	conferência (f)	[kõfe'rẽsja]
license	licença (f)	[li'sẽsa]
reliable (~ partner)	confiável	[kõ'fjavew]
initiative (undertaking)	empreendimento (m)	[ẽprjẽdʒi'mẽtu]
norm (standard)	norma (f)	['nɔrma]
circumstance	circunstância (f)	[sirkũ'stãsja]
duty (of employee)	dever (m)	[de'ver]
organization (company)	empresa (f)	[ẽ'preza]
organization (process)	organização (f)	[organiza'sãw]
organized (adj)	organizado	[organi'zadu]
cancellation	anulação (f)	[anula'sãw]
to cancel (call off)	anular, cancelar (vt)	[anu'lar], [kãse'lar]
report (official ~)	relatório (m)	[hela'tɔrju]
patent	patente (f)	[pa'tẽtʃi]
to patent (obtain patent)	patentear (vt)	[patẽ'tʃjar]

English	Portuguese	Pronunciation
to plan (vt)	planejar (vt)	[plane'ʒar]
bonus (money)	bônus (m)	['bonus]
professional (adj)	profissional	[profisjo'naw]
procedure	procedimento (m)	[prosedʒi'mẽtu]
to examine (contract, etc.)	examinar (vt)	[ezami'nar]
calculation	cálculo (m)	['kawkulu]
reputation	reputação (f)	[reputa'sãw]
risk	risco (m)	['hisku]
to manage, to run	dirigir (vt)	[dʒiri'ʒir]
information (report)	informação (f)	[iforma'sãw]
property	propriedade (f)	[proprje'dadʒi]
union	união (f)	[u'njãw]
life insurance	seguro (m) de vida	[se'guru de 'vida]
to insure (vt)	fazer um seguro	[fa'zer ũ se'guru]
insurance	seguro (m)	[se'guru]
auction (~ sale)	leilão (m)	[lej'lãw]
to notify (inform)	notificar (vt)	[notʃifi'kar]
management (process)	gestão (f)	[ʒes'tãw]
service (~ industry)	serviço (m)	[ser'visu]
forum	fórum (m)	['forũ]
to function (vi)	funcionar (vi)	[fũsjo'nar]
stage (phase)	estágio (m)	[is'taʒu]
legal (~ services)	jurídico, legal	[ʒu'ridʒiku], [le'gaw]
lawyer (legal advisor)	advogado (m)	[adʒivo'gadu]

106. Production. Works

English	Portuguese	Pronunciation
plant	usina (f)	[u'zina]
factory	fábrica (f)	['fabrika]
workshop	oficina (f)	[ɔfi'sina]
works, production site	local (m) de produção	[lo'kaw de produ'sãw]
industry (manufacturing)	indústria (f)	[ĩ'dustrja]
industrial (adj)	industrial	[ĩdus'trjaw]
heavy industry	indústria (f) pesada	[ĩ'dustrja pe'zada]
light industry	indústria (f) ligeira	[ĩ'dustrja li'ʒejra]
products	produção (f)	[produ'sãw]
to produce (vt)	produzir (vt)	[produ'zir]
raw materials	matérias-primas (f pl)	[ma'tɛrjas 'primas]
foreman (construction ~)	chefe (m) de obras	['ʃɛfi de 'ɔbras]
workers team (crew)	equipe (f)	[e'kipi]
worker	operário (m)	[ope'rarju]
working day	dia (m) de trabalho	['dʒia de tra'baʎu]

English	Portuguese	Pronunciation
pause (rest break)	**intervalo** (m)	[ĩter'valu]
meeting	**reunião** (f)	[heu'njãw]
to discuss (vt)	**discutir** (vt)	[dʒisku'tʃir]
plan	**plano** (m)	['planu]
to fulfill the plan	**cumprir o plano**	[kũ'prir u 'planu]
rate of output	**taxa** (f) **de produção**	['taʃa de produ'sãw]
quality	**qualidade** (f)	[kwali'dadʒi]
control (checking)	**controle** (m)	[kõ'troli]
quality control	**controle** (m) **da qualidade**	[kõ'troli da kwali'dadʒi]
workplace safety	**segurança** (f) **no trabalho**	[segu'rãsa nu tra'baʎu]
discipline	**disciplina** (f)	[dʒisi'plina]
violation	**infração** (f)	[ĩfra'sãw]
(of safety rules, etc.)		
to violate (rules)	**violar** (vt)	[vjo'lar]
strike	**greve** (f)	['grɛvi]
striker	**grevista** (m)	[gre'vista]
to be on strike	**estar em greve**	[is'tar ẽ 'grɛvi]
labor union	**sindicato** (m)	[sĩdʒi'katu]
to invent (machine, etc.)	**inventar** (vt)	[ĩvẽ'tar]
invention	**invenção** (f)	[ĩvẽ'sãw]
research	**pesquisa** (f)	[pes'kiza]
to improve (make better)	**melhorar** (vt)	[meʎo'rar]
technology	**tecnologia** (f)	[teknolo'ʒia]
technical drawing	**desenho** (m) **técnico**	[de'zɛɲu 'tɛkniku]
load, cargo	**carga** (f)	['karga]
loader (person)	**carregador** (m)	[kahega'dor]
to load (vehicle, etc.)	**carregar** (vt)	[kahe'gar]
loading (process)	**carregamento** (m)	[kahega'mẽtu]
to unload (vi, vt)	**descarregar** (vt)	[dʒiskahe'gar]
unloading	**descarga** (f)	[dʒis'karga]
transportation	**transporte** (m)	[trãs'pɔrtʃi]
transportation company	**companhia** (f) **de transporte**	[kõpa'ɲia de trãs'pɔrtʃi]
to transport (vt)	**transportar** (vt)	[trãspor'tar]
freight car	**vagão** (m) **de carga**	[va'gãw de 'karga]
tank (e.g., oil ~)	**tanque** (m)	['tãki]
truck	**caminhão** (m)	[kami'ɲãw]
machine tool	**máquina** (f) **operatriz**	['makina opera'triz]
mechanism	**mecanismo** (m)	[meka'nizmu]
industrial waste	**resíduos** (m pl) **industriais**	[he'zidwus ĩdus'trjajs]
packing (process)	**embalagem** (f)	[ẽba'laʒẽ]
to pack (vt)	**embalar** (vt)	[ẽba'lar]

107. Contract. Agreement

contract	contrato (m)	[kõ'tratu]
agreement	acordo (m)	[a'kordu]
addendum	anexo (m)	[a'nɛksu]
to sign a contract	assinar o contrato	[asi'nar u kõ'tratu]
signature	assinatura (f)	[asina'tura]
to sign (vt)	assinar (vt)	[asi'nar]
seal (stamp)	carimbo (m)	[ka'rĩbu]
subject of the contract	objeto (m) do contrato	[ob'ʒɛtu du kõ'tratu]
clause	cláusula (f)	['klawzula]
parties (in contract)	partes (f pl)	['partʃis]
legal address	domicílio (m) legal	[domi'silju le'gaw]
to violate the contract	violar o contrato	[vjo'lar u kõ'tratu]
commitment (obligation)	obrigação (f)	[obriga'sãw]
responsibility	responsabilidade (f)	[hespõsabili'dadʒi]
force majeure	força (f) maior	['forsa ma'jɔr]
dispute	litígio (m), disputa (f)	[li'tʃiʒju], [dʒis'puta]
penalties	multas (f pl)	['muwtas]

108. Import & Export

import	importação (f)	[ĩporta'sãw]
importer	importador (m)	[ĩporta'dor]
to import (vt)	importar (vt)	[ĩpor'tar]
import (as adj.)	de importação	[de ĩporta'sãw]
export (exportation)	exportação (f)	[isporta'sãw]
exporter	exportador (m)	[isporta'dor]
to export (vi, vt)	exportar (vt)	[ispor'tar]
export (as adj.)	de exportação	[de isporta'sãw]
goods (merchandise)	mercadoria (f)	[merkado'ria]
consignment, lot	lote (m)	['lɔtʃi]
weight	peso (m)	['pezu]
volume	volume (m)	[vo'lumi]
cubic meter	metro (m) cúbico	['mɛtru 'kubiku]
manufacturer	produtor (m)	[produ'tor]
transportation company	companhia (f) de transporte	[kõpa'ɲia de trãs'pɔrtʃi]
container	contêiner (m)	[kõ'tejner]
border	fronteira (f)	[frõ'tejra]
customs	alfândega (f)	[aw'fãdʒiga]

customs duty	taxa (f) alfandegária	['taʃa awfãde'garja]
customs officer	funcionário (m) da alfândega	[fũsjo'narju da aw'fãdʒiga]
smuggling	contrabando (m)	[kõtra'bãdu]
contraband (smuggled goods)	contrabando (m)	[kõtra'bãdu]

109. Finances

stock (share)	ação (f)	[a'sãw]
bond (certificate)	obrigação (f)	[obriga'sãw]
promissory note	nota (f) promissória	['nɔta promi'sɔrja]
stock exchange	bolsa (f) de valores	['bowsa de va'lores]
stock price	cotação (m) das ações	[kota'sãw das a'sõjs]
to go down (become cheaper)	tornar-se mais barato	[tor'narsi majs ba'ratu]
to go up (become more expensive)	tornar-se mais caro	[tor'narsi majs 'karu]
share	parte (f)	['partʃi]
controlling interest	participação (f) majoritária	[partʃisipa'sãw maʒori'tarja]
investment	investimento (m)	[ĩvestʃi'mẽtu]
to invest (vt)	investir (vt)	[ĩves'tʃir]
percent	porcentagem (f)	[porsẽ'taʒẽ]
interest (on investment)	juros (m pl)	['ʒurus]
profit	lucro (m)	['lukru]
profitable (adj)	lucrativo	[lukra'tʃivu]
tax	imposto (m)	[ĩ'postu]
currency (foreign ~)	divisa (f)	[dʒi'viza]
national (adj)	nacional	[nasjo'naw]
exchange (currency ~)	câmbio (m)	['kãbju]
accountant	contador (m)	[kõta'dɔr]
accounting	contabilidade (f)	[kõtabili'dadʒi]
bankruptcy	falência (f)	[fa'lẽsja]
collapse, crash	falência, quebra (f)	[fa'lẽsja], ['kɛbra]
ruin	ruína (f)	['hwina]
to be ruined (financially)	estar quebrado	[is'tar ke'bradu]
inflation	inflação (f)	[ĩfla'sãw]
devaluation	desvalorização (f)	[dʒizvaloriza'sãw]
capital	capital (m)	[kapi'taw]
income	rendimento (m)	[hẽdʒi'mẽtu]
turnover	volume (m) de negócios	[vo'lumi de ne'gɔsjus]

English	Portuguese	Pronunciation
resources	recursos (m pl)	[he'kursus]
monetary resources	recursos (m pl) financeiros	[he'kursus finã'sejrus]
overhead	despesas (f pl) gerais	[dʒis'pezas ʒe'rajs]
to reduce (expenses)	reduzir (vt)	[hedu'zir]

110. Marketing

marketing	marketing (m)	['marketʃĩŋ]
market	mercado (m)	[mer'kadu]
market segment	segmento (m) do mercado	[sɛg'mẽtu du mer'kadu]
product	produto (m)	[pru'dutu]
goods (merchandise)	mercadoria (f)	[merkado'ria]
brand	marca (f)	['marka]
trademark	marca (f) registrada	['marka heʒis'trada]
logotype	logotipo (m)	[logo'tʃipu]
logo	logo (m)	['lɔgu]
demand	demanda (f)	[de'mãda]
supply	oferta (f)	[ɔ'fɛrta]
need	necessidade (f)	[nesesi'dadʒi]
consumer	consumidor (m)	[kõsumi'dor]
analysis	análise (f)	[a'nalizi]
to analyze (vt)	analisar (vt)	[anali'zar]
positioning	posicionamento (m)	[pozisjona'mẽtu]
to position (vt)	posicionar (vt)	[pozisjo'nar]
price	preço (m)	['presu]
pricing policy	política (f) de preços	[po'litʃika de 'presus]
price formation	formação (f) de preços	[forma'sãw de 'presus]

111. Advertising

English	Portuguese	Pronunciation
advertising	publicidade (f)	[publisi'dadʒi]
to advertise (vt)	fazer publicidade	[fa'zer publisi'dadʒi]
budget	orçamento (m)	[orsa'mẽtu]
ad, advertisement	anúncio (m)	[a'nũsju]
TV advertising	publicidade (f) televisiva	[publisi'dadʒi televi'ziva]
radio advertising	publicidade (f) na rádio	[publisi'dadʒi na 'hadʒju]
outdoor advertising	publicidade (f) exterior	[publisi'dadʒi iste'rjor]
mass media	comunicação (f) de massa	[komunika'sãw de 'masa]
periodical (n)	periódico (m)	[pe'rjɔdʒiku]
image (public appearance)	imagem (f)	[i'maʒẽ]
slogan	slogan (m)	[iz'lɔgã]

motto (maxim)	mote (m), lema (f)	['mɔtʃi], ['lɛma]
campaign	campanha (f)	[kã'paɲa]
advertising campaign	campanha (f) publicitária	[kã'paɲa publisi'tarja]
target group	grupo (m) alvo	['grupu 'awvu]
business card	cartão (m) de visita	[kar'tãw de vi'zita]
leaflet (promotional ~)	panfleto (m)	[pã'fletu]
brochure (e.g., 12 pages ~)	brochura (f)	[bro'ʃura]
pamphlet	folheto (m)	[fo'ʎetu]
newsletter	boletim (m)	[bole'tʃĩ]
signboard (store sign, etc.)	letreiro (m)	[le'trejru]
poster	pôster (m)	['poster]
billboard	painel (m) publicitário	[paj'nɛw publisi'tarju]

112. Banking

bank	banco (m)	['bãku]
branch (of bank, etc.)	balcão (f)	[baw'kãw]
bank clerk, consultant	consultor (m) bancário	[kõsuw'tor bã'karju]
manager (director)	gerente (m)	[ʒe'rẽtʃi]
bank account	conta (f)	['kõta]
account number	número (m) da conta	['numeru da 'kõta]
checking account	conta (f) corrente	['kõta ko'hẽtʃi]
savings account	conta (f) poupança	['kõta po'pãsa]
to open an account	abrir uma conta	[a'brir 'uma 'kõta]
to close the account	fechar uma conta	[fe'ʃar 'uma 'kõta]
to deposit into the account	depositar na conta	[depozi'tar na 'kõta]
to withdraw (vt)	sacar (vt)	[sa'kar]
deposit	depósito (m)	[de'pɔzitu]
to make a deposit	fazer um depósito	[fa'zer ũ de'pɔzitu]
wire transfer	transferência (f) bancária	[trãsfe'rẽsja bã'karja]
to wire, to transfer	transferir (vt)	[trãsfe'rir]
sum	soma (f)	['sɔma]
How much?	Quanto?	['kwãtu]
signature	assinatura (f)	[asina'tura]
to sign (vt)	assinar (vt)	[asi'nar]
credit card	cartão (m) de crédito	[kar'tãw de 'krɛdʒitu]
code (PIN code)	senha (f)	['sɛɲa]
credit card number	número (m) do cartão de crédito	['numeru du kar'tãw de 'krɛdʒitu]
ATM	caixa (m) eletrônico	['kaɪʃa ele'troniku]

check	cheque (m)	['ʃɛki]
to write a check	passar um cheque	[pa'sar ũ 'ʃɛki]
checkbook	talão (m) de cheques	[ta'lãw de 'ʃɛkis]

loan (bank ~)	empréstimo (m)	[ẽ'prɛstʃimu]
to apply for a loan	pedir um empréstimo	[pe'dʒir ũ ẽ'prɛstʃimu]
to get a loan	obter empréstimo	[ob'ter ẽ'prɛstʃimu]
to give a loan	dar um empréstimo	[dar ũ ẽ'prɛstʃimu]
guarantee	garantia (f)	[garã'tʃia]

113. Telephone. Phone conversation

telephone	telefone (m)	[tele'fɔni]
cell phone	celular (m)	[selu'lar]
answering machine	secretária (f) eletrônica	[sekre'tarja ele'tronika]

| to call (by phone) | fazer uma chamada | [fa'zer 'uma ʃa'mada] |
| phone call | chamada (f) | [ʃa'mada] |

to dial a number	discar um número	[dʒis'kar ũ 'numeru]
Hello!	Alô!	[a'lo]
to ask (vt)	perguntar (vt)	[pergũ'tar]
to answer (vi, vt)	responder (vt)	[hespõ'der]

to hear (vt)	ouvir (vt)	[o'vir]
well (adv)	bem	[bẽj]
not well (adv)	mal	[maw]
noises (interference)	ruído (m)	['hwidu]
receiver	fone (m)	['fɔni]
to pick up (~ the phone)	pegar o telefone	[pe'gar u tele'fɔni]
to hang up (~ the phone)	desligar (vi)	[dʒizli'gar]

busy (engaged)	ocupado	[oku'padu]
to ring (ab. phone)	tocar (vi)	[to'kar]
telephone book	lista (f) telefônica	['lista tele'fonika]

local (adj)	local	[lo'kaw]
local call	chamada (f) local	[ʃa'mada lo'kaw]
long distance (~ call)	de longa distância	['de 'lõgu dʒis'tãsja]
long-distance call	chamada (f) de longa distância	[ʃa'mada de 'lõgu dʒis'tãsja]
international (adj)	internacional	[ĩternasjo'naw]
international call	chamada (f) internacional	[ʃa'mada ĩternasjo'naw]

114. Cell phone

| cell phone | celular (m) | [selu'lar] |
| display | tela (f) | ['tɛla] |

button	botão (m)	[bo'tãw]
SIM card	cartão SIM (m)	[kar'tãw sim]
battery	bateria (f)	[bate'ria]
to be dead (battery)	descarregar-se (vr)	[dʒiskahe'garsi]
charger	carregador (m)	[kahega'dor]
menu	menu (m)	[me'nu]
settings	configurações (f pl)	[kõfigura'sõjs]
tune (melody)	melodia (f)	[melo'dʒia]
to select (vt)	escolher (vt)	[isko'ʎer]
calculator	calculadora (f)	[kawkula'dora]
voice mail	correio (m) de voz	[ko'heju de vɔz]
alarm clock	despertador (m)	[dʒisperta'dor]
contacts	contatos (m pl)	[kõ'tatus]
SMS (text message)	mensagem (f) de texto	[mẽ'saʒẽ de 'testu]
subscriber	assinante (m)	[asi'nãtʃi]

115. Stationery

ballpoint pen	caneta (f)	[ka'neta]
fountain pen	caneta (f) tinteiro	[ka'neta tʃĩ'tejru]
pencil	lápis (m)	['lapis]
highlighter	marcador (m) de texto	[marka'dor de 'testu]
felt-tip pen	caneta (f) hidrográfica	[ka'neta idro'grafika]
notepad	bloco (m) de notas	['blɔku de 'nɔtas]
agenda (diary)	agenda (f)	[a'ʒẽda]
ruler	régua (f)	['hɛgwa]
calculator	calculadora (f)	[kawkula'dora]
eraser	borracha (f)	[bo'haʃa]
thumbtack	alfinete (m)	[awfi'netʃi]
paper clip	clipe (m)	['klipi]
glue	cola (f)	['kɔla]
stapler	grampeador (m)	[grãpja'dor]
hole punch	furador (m) de papel	[fura'dor de pa'pɛw]
pencil sharpener	apontador (m)	[apõta'dor]

116. Various kinds of documents

account (report)	relatório (m)	[hela'tɔrju]
agreement	acordo (m)	[a'kordu]
application form	ficha (f) de inscrição	['fiʃa de ĩskri'sãw]

authentic (adj)	autêntico	[aw'tẽtʃiku]
badge (identity tag)	crachá (m)	[kra'ʃa]
business card	cartão (m) de visita	[kar'tãw de vi'zita]

certificate (~ of quality)	certificado (m)	[sertʃifi'kadu]
check (e.g., draw a ~)	cheque (m)	['ʃɛki]
check (in restaurant)	conta (f)	['kõta]
constitution	constituição (f)	[kõstʃitwi'sãw]

contract (agreement)	contrato (m)	[kõ'tratu]
copy	cópia (f)	['kɔpja]
copy (of contract, etc.)	exemplar (m)	[ezẽ'plar]

customs declaration	declaração (f) alfandegária	[deklara'sãw awfãde'garja]
document	documento (m)	[doku'mẽtu]
driver's license	carteira (f) de motorista	[kar'tejra de moto'rista]
addendum	anexo (m)	[a'nɛksu]
form	questionário (m)	[kestʃjo'narju]
ID card (e.g., FBI ~)	carteira (f) de identidade	[kar'tejra de idẽtʃi'dadʒi]
inquiry (request)	inquérito (m)	[ĩ'kɛritu]
invitation card	convite (m)	[kõ'vitʃi]
invoice	fatura (f)	[fa'tura]

law	lei (f)	[lej]
letter (mail)	carta (f)	['karta]
letterhead	papel (m) timbrado	[pa'pɛw tĩ'bradu]
list (of names, etc.)	lista (f)	['lista]
manuscript	manuscrito (m)	[manus'kritu]
newsletter	boletim (m)	[bole'tʃĩ]
note (short letter)	bilhete (m)	[bi'ʎetʃi]

pass (for worker, visitor)	passe (m)	['pasi]
passport	passaporte (m)	[pasa'pɔrtʃi]
permit	permissão (f)	[permi'sãw]
résumé	currículo (m)	[ku'hikulu]
debt note, IOU	nota (f) promissória	['nɔta promi'sɔrja]
receipt (for purchase)	recibo (m)	[he'sibu]
sales slip, receipt	talão (f)	[ta'lãw]
report (mil.)	relatório (m)	[hela'tɔrju]

to show (ID, etc.)	mostrar (vt)	[mos'trar]
to sign (vt)	assinar (vt)	[asi'nar]
signature	assinatura (f)	[asina'tura]
seal (stamp)	carimbo (m)	[ka'rĩbu]
text	texto (m)	['testu]
ticket (for entry)	ingresso (m)	[ĩ'grɛsu]

to cross out	riscar (vt)	[his'kar]
to fill out (~ a form)	preencher (vt)	[preẽ'ʃer]
waybill (shipping invoice)	carta (f) de porte	['karta de 'pɔrtʃi]
will (testament)	testamento (m)	[testa'mẽtu]

117. Kinds of business

accounting services	serviços (m pl) de contabilidade	[ser'visus de kõtabili'dadʒi]
advertising	publicidade (f)	[publisi'dadʒi]
advertising agency	agência (f) de publicidade	[a'ʒẽsja de publisi'dadʒi]
air-conditioners	ar (m) condicionado	[ar kõdʒisjo'nadu]
airline	companhia (f) aérea	[kõpa'ɲia a'erja]

alcoholic beverages	bebidas (f pl) alcoólicas	[be'bidas aw'kɔlikas]
antiques (antique dealers)	comércio (m) de antiguidades	[ko'mɛrsju de ãtʃigwi'dadʒi]
art gallery (contemporary ~)	galeria (f) de arte	[gale'ria de 'artʃi]
audit services	serviços (m pl) de auditoria	[ser'visus de awdʒito'ria]

banking industry	negócios (m pl) bancários	[ne'gɔsjus bã'karjus]
bar	bar (m)	[bar]
beauty parlor	salão (m) de beleza	[sa'lãw de be'leza]
bookstore	livraria (f)	[livra'ria]
brewery	cervejaria (f)	[serveʒa'ria]
business center	centro (m) de escritórios	['sẽtru de iskri'tɔrjus]
business school	escola (f) de negócios	[is'kɔla de ne'gɔsjus]

casino	cassino (m)	[ka'sinu]
construction	construção (f)	[kõstru'sãw]
consulting	consultoria (f)	[kõsuwto'ria]

dental clinic	clínica (f) dentária	['klinika dẽ'tarja]
design	design (m)	[dʒi'zãjn]
drugstore, pharmacy	drogaria (f)	[droga'ria]
dry cleaners	lavanderia (f)	[lavãde'ria]
employment agency	agência (f) de emprego	[a'ʒẽsja de ẽ'pregu]

financial services	serviços (m pl) financeiros	[ser'visus finã'sejrus]
food products	alimentos (m pl)	[ali'mẽtus]
funeral home	casa (f) funerária	['kaza fune'rarja]
furniture (e.g., house ~)	mobiliário (m)	[mobi'ljarju]
clothing, garment	roupa (f)	['hopa]
hotel	hotel (m)	[o'tɛw]

ice-cream	sorvete (m)	[sor'vetʃi]
industry (manufacturing)	indústria (f)	['dustrja]
insurance	seguro (m)	[se'guru]
Internet	internet (f)	[iter'nɛtʃi]
investments (finance)	investimento (m)	[ĩvestʃi'mẽtu]

jeweler	joalheiro (m)	[ʒoa'ʎejru]
jewelry	joias (f pl)	['ʒɔjas]
laundry (shop)	lavanderia (f)	[lavãde'ria]

English	Portuguese	Pronunciation
legal advisor	assessorias (f pl) jurídicas	[aseso'rias ʒu'ridʒikas]
light industry	indústria (f) ligeira	[ĩ'dustrja li'ʒejra]
magazine	revista (f)	[he'vista]
mail order selling	vendas (f pl) por catálogo	['vẽdas por ka'talogu]
medicine	medicina (f)	[medʒi'sina]
movie theater	cinema (m)	[si'nɛma]
museum	museu (m)	[mu'zew]
news agency	agência (f) de notícias	[a'ʒẽsja de no'tʃisjas]
newspaper	jornal (m)	[ʒor'naw]
nightclub	boate (f)	['bwatʃi]
oil (petroleum)	petróleo (m)	[pe'trɔlju]
courier services	serviços (m pl) de remessa	[ser'visus de he'mɛsa]
pharmaceutics	indústria (f) farmacêutica	[ĩ'dustrja farma'sewtʃiku]
printing (industry)	tipografia (f)	[tʃipogra'fia]
publishing house	editora (f)	[edʒi'tora]
radio (~ station)	rádio (m)	['hadʒju]
real estate	imobiliário (m)	[imobi'ljarju]
restaurant	restaurante (m)	[hestaw'rãtʃi]
security company	empresa (f) de segurança	[ẽ'preza de segu'rãsa]
sports	esporte (m)	[is'pɔrtʃi]
stock exchange	bolsa (f) de valores	['bowsa de va'lores]
store	loja (f)	['lɔʒa]
supermarket	supermercado (m)	[supermer'kadu]
swimming pool (public ~)	piscina (f)	[pi'sina]
tailor shop	alfaiataria (f)	[awfajata'ria]
television	televisão (f)	[televi'zãw]
theater	teatro (m)	['tʃjatru]
trade (commerce)	comércio (m)	[ko'mɛrsju]
transportation	serviços (m pl) de transporte	[ser'visus de trãs'pɔrtʃi]
travel	viagens (f pl)	['vjaʒẽs]
veterinarian	veterinário (m)	[veteri'narju]
warehouse	armazém (m)	[arma'zẽj]
waste collection	recolha (f) do lixo	[he'koʎa du 'liʃu]

Job. Business. Part 2

118. Show. Exhibition

exhibition, show	feira, exposição (f)	['fejra], [ispozi'sãw]
trade show	feira (f) comercial	['fejra komer'sjaw]
participation	participação (f)	[partʃisipa'sãw]
to participate (vi)	participar (vi)	[partʃisi'par]
participant (exhibitor)	participante (m)	[partʃisi'pãtʃi]
director	diretor (m)	[dʒire'tor]
organizers' office	direção (f)	[dʒire'sãw]
organizer	organizador (m)	[organiza'dor]
to organize (vt)	organizar (vt)	[organi'zar]
participation form	ficha (f) de inscrição	['fiʃa de ĩskri'sãw]
to fill out (vt)	preencher (vt)	[preẽ'ʃer]
details	detalhes (m pl)	[de'taʎis]
information	informação (f)	[ĩforma'sãw]
price (cost, rate)	preço (m)	['presu]
including	incluindo	[ĩklw'ĩdu]
to include (vt)	incluir (vt)	[ĩ'klwir]
to pay (vi, vt)	pagar (vt)	[pa'gar]
registration fee	taxa (f) de inscrição	['taʃa de ĩskri'sãw]
entrance	entrada (f)	[ẽ'trada]
pavilion, hall	pavilhão (m), salão (f)	[pavi'ʎãw], [sa'lãw]
to register (vt)	inscrever (vt)	[ĩskre'ver]
badge (identity tag)	crachá (m)	[kra'ʃa]
booth, stand	stand (m)	[stɛnd]
to reserve, to book	reservar (vt)	[hezer'var]
display case	vitrine (f)	[vi'trini]
spotlight	lâmpada (f)	['lãpada]
design	design (m)	[dʒi'zãjn]
to place (put, set)	pôr, colocar (vt)	[por], [kolo'kar]
distributor	distribuidor (m)	[dʒistribwi'dor]
supplier	fornecedor (m)	[fornese'dor]
to supply (vt)	fornecer (vt)	[forne'ser]
country	país (m)	[pa'jis]
foreign (adj)	estrangeiro	[istrã'ʒejru]

English	Portuguese	Pronunciation
product	produto (m)	[pru'dutu]
association	associação (f)	[asosja'sãw]
conference hall	sala (f) de conferência	['sala de kõfe'rẽsja]
congress	congresso (m)	[kõ'grɛsu]
contest (competition)	concurso (m)	[kõ'kursu]
visitor (attendee)	visitante (m)	[vizi'tãtʃi]
to visit (attend)	visitar (vt)	[vizi'tar]
customer	cliente (m)	['kljẽtʃi]

119. Mass Media

English	Portuguese	Pronunciation
newspaper	jornal (m)	[ʒor'naw]
magazine	revista (f)	[he'vista]
press (printed media)	imprensa (f)	[ĩ'prẽsa]
radio	rádio (m)	['hadʒju]
radio station	estação (f) de rádio	[ista'sãw de 'hadʒju]
television	televisão (f)	[televi'zãw]
presenter, host	apresentador (m)	[aprezẽta'dor]
newscaster	locutor (m)	[loku'tor]
commentator	comentarista (m)	[komẽta'rista]
journalist	jornalista (m)	[ʒorna'lista]
correspondent (reporter)	correspondente (m)	[kohespõ'dẽtʃi]
press photographer	repórter (m) fotográfico	[he'pɔrter foto'grafiku]
reporter	repórter (m)	[he'pɔrter]
editor	redator (m)	[heda'tor]
editor-in-chief	redator-chefe (m)	[heda'tor 'ʃɛfi]
to subscribe (to …)	assinar a …	[asi'nar a]
subscription	assinatura (f)	[asina'tura]
subscriber	assinante (m)	[asi'nãtʃi]
to read (vi, vt)	ler (vt)	[ler]
reader	leitor (m)	[lej'tor]
circulation (of newspaper)	tiragem (f)	[tʃi'raʒẽ]
monthly (adj)	mensal	[mẽ'saw]
weekly (adj)	semanal	[sema'naw]
issue (edition)	número (m)	['numeru]
new (~ issue)	recente, novo	[he'sẽtʃi], ['novu]
headline	manchete (f)	[mã'ʃɛtʃi]
short article	pequeno artigo (m)	[pe'kenu ar'tʃigu]
column (regular article)	coluna (f)	[ko'luna]
article	artigo (m)	[ar'tʃigu]
page	página (f)	['paʒina]
reportage, report	reportagem (f)	[hepor'taʒẽ]
event (happening)	evento (m)	[e'vẽtu]

English	Portuguese	Pronunciation
sensation (news)	sensação (f)	[sẽsa'sãw]
scandal	escândalo (m)	[is'kãdalu]
scandalous (adj)	escandaloso	[iskãda'lozu]
great (~ scandal)	grande	['grãdʒi]
show (e.g., cooking ~)	programa (m)	[pro'grama]
interview	entrevista (f)	[ẽtre'vista]
live broadcast	transmissão (f) ao vivo	[trãzmi'sãw aw 'vivu]
channel	canal (m)	[ka'naw]

120. Agriculture

English	Portuguese	Pronunciation
agriculture	agricultura (f)	[agrikuw'tura]
peasant (masc.)	camponês (m)	[kãpo'nes]
peasant (fem.)	camponesa (f)	[kãpo'neza]
farmer	agricultor, fazendeiro (m)	[agrikuw'tor], [fazẽ'dejru]
tractor (farm ~)	trator (m)	[tra'tor]
combine, harvester	colheitadeira (f)	[koʎejta'dejra]
plow	arado (m)	[a'radu]
to plow (vi, vt)	arar (vt)	[a'rar]
plowland	campo (m) lavrado	['kãpu la'vradu]
furrow (in field)	sulco (m)	[suw'ku]
to sow (vi, vt)	semear (vt)	[se'mjar]
seeder	plantadeira (f)	[plãta'dejra]
sowing (process)	semeadura (f)	[semja'dura]
scythe	foice (m)	['fɔjsi]
to mow, to scythe	cortar com foice	[kor'tar kõ 'fɔjsi]
spade (tool)	pá (f)	[pa]
to till (vt)	cavar (vt)	[ka'var]
hoe	enxada (f)	[ẽ'ʃada]
to hoe, to weed	capinar (vt)	[kapi'nar]
weed (plant)	erva (f) daninha	['ɛrva da'niɲa]
watering can	regador (m)	[hega'dor]
to water (plants)	regar (vt)	[he'gar]
watering (act)	rega (f)	['hɛga]
pitchfork	forquilha (f)	[for'kiʎa]
rake	ancinho (m)	[ã'siɲu]
fertilizer	fertilizante (m)	[fertʃili'zãtʃi]
to fertilize (vt)	fertilizar (vt)	[fertʃili'zar]
manure (fertilizer)	estrume, esterco (m)	[is'trumi], [is'terku]
field	campo (m)	['kãpu]

meadow	prado (m)	['pradu]
vegetable garden	horta (f)	['ɔrta]
orchard (e.g., apple ~)	pomar (m)	[po'mar]
to graze (vt)	pastar (vt)	[pas'tar]
herder (herdsman)	pastor (m)	[pas'tor]
pasture	pastagem (f)	[pas'taʒẽ]
cattle breeding	pecuária (f)	[pe'kwarja]
sheep farming	criação (f) de ovelhas	[krja'sãw de o'veʎas]
plantation	plantação (f)	[plãta'sãw]
row (garden bed ~s)	canteiro (m)	[kã'tejru]
hothouse	estufa (f)	[is'tufa]
drought (lack of rain)	seca (f)	['seka]
dry (~ summer)	seco	['seku]
grain	grão (m)	['grãw]
cereal crops	cereais (m pl)	[se'rjajs]
to harvest, to gather	colher (vt)	[ko'ʎer]
miller (person)	moleiro (m)	[mu'lejru]
mill (e.g., gristmill)	moinho (m)	['mwiɲu]
to grind (grain)	moer (vt)	[mwer]
flour	farinha (f)	[fa'riɲa]
straw	palha (f)	['paʎa]

121. Building. Building process

construction site	canteiro (m) de obras	[kã'tejru de 'ɔbras]
to build (vt)	construir (vt)	[kõs'trwir]
construction worker	construtor (m)	[kõstru'tor]
project	projeto (m)	[pro'ʒɛtu]
architect	arquiteto (m)	[arki'tɛtu]
worker	operário (m)	[ope'rarju]
foundation (of a building)	fundação (f)	[fũda'sãw]
roof	telhado (m)	[te'ʎadu]
foundation pile	estaca (f)	[is'taka]
wall	parede (f)	[pa'redʒi]
reinforcing bars	barras (f pl) de reforço	['bahas de he'forsu]
scaffolding	andaime (m)	[ã'dajmi]
concrete	concreto (m)	[kõ'krɛtu]
granite	granito (m)	[gra'nitu]
stone	pedra (f)	['pɛdra]
brick	tijolo (m)	[tʃi'ʒolu]

sand	areia (f)	[a'reja]
cement	cimento (m)	[si'mẽtu]
plaster (for walls)	emboço, reboco (m)	[ẽ'bosu], [he'boku]
to plaster (vt)	emboçar, rebocar (vt)	[ẽbo'sar], [hebo'kar]

paint	tinta (f)	[tʃĩta]
to paint (~ a wall)	pintar (vt)	[pĩ'tar]
barrel	barril (m)	[ba'hiw]

crane	grua (f), guindaste (m)	['grua], [gĩ'dastʃi]
to lift, to hoist (vt)	erguer (vt)	[er'ger]
to lower (vt)	baixar (vt)	[baɪ'ʃar]

bulldozer	buldózer (m)	[buw'dozer]
excavator	escavadora (f)	[iskava'dora]
scoop, bucket	caçamba (f)	[ka'sãba]
to dig (excavate)	escavar (vt)	[iska'var]
hard hat	capacete (m) de proteção	[kapa'setʃi de prote'sãw]

122. Science. Research. Scientists

science	ciência (f)	['sjẽsja]
scientific (adj)	científico	[sjẽ'tʃifiku]
scientist	cientista (m)	[sjẽ'tʃista]
theory	teoria (f)	[teo'ria]

axiom	axioma (m)	[a'sjɔma]
analysis	análise (f)	[a'nalizi]
to analyze (vt)	analisar (vt)	[anali'zar]
argument (strong ~)	argumento (m)	[argu'mẽtu]
substance (matter)	substância (f)	[sub'stãsja]

hypothesis	hipótese (f)	[i'pɔtezi]
dilemma	dilema (m)	[dʒi'lɛma]
dissertation	tese (f)	['tɛzi]
dogma	dogma (m)	['dɔgma]

doctrine	doutrina (f)	[do'trina]
research	pesquisa (f)	[pes'kiza]
to research (vt)	pesquisar (vt)	[peski'zar]
tests (laboratory ~)	testes (m pl)	['tɛstʃis]
laboratory	laboratório (m)	[labora'tɔrju]

method	método (m)	['mɛtodu]
molecule	molécula (f)	[mo'lɛkula]
monitoring	monitoramento (m)	[monitora'mẽtu]
discovery (act, event)	descoberta (f)	[dʒisko'bɛrta]

postulate	postulado (m)	[postu'ladu]
principle	princípio (m)	[prĩ'sipju]

forecast	**prognóstico** (m)	[prog'nɔstʃiku]
to forecast (vt)	**prognosticar** (vt)	[prognostʃi'kar]
synthesis	**síntese** (f)	['sĩtezi]
trend (tendency)	**tendência** (f)	[tẽ'dẽsja]
theorem	**teorema** (m)	[teo'rɛma]
teachings	**ensinamentos** (m pl)	[ẽsina'mẽtus]
fact	**fato** (m)	['fatu]
expedition	**expedição** (f)	[ispedʒi'sãw]
experiment	**experiência** (f)	[ispe'rjẽsja]
academician	**acadêmico** (m)	[aka'demiku]
bachelor (e.g., ~ of Arts)	**bacharel** (m)	[baʃa'rɛw]
doctor (PhD)	**doutor** (m)	[do'tor]
Associate Professor	**professor** (m) **associado**	[profe'sor aso'sjadu]
Master (e.g., ~ of Arts)	**mestrado** (m)	[mes'trado]
professor	**professor** (m)	[profe'sor]

Professions and occupations

123. Job search. Dismissal

job	trabalho (m)	[tra'baʎu]
staff (work force)	equipe (f)	[e'kipi]
personnel	pessoal (m)	[pe'swaw]
career	carreira (f)	[ka'hejra]
prospects (chances)	perspectivas (f pl)	[perspek'tʃivas]
skills (mastery)	habilidades (f pl)	[abili'dadʒis]
selection (screening)	seleção (f)	[sele'sãw]
employment agency	agência (f) de emprego	[a'ʒẽsja de ẽ'pregu]
résumé	currículo (m)	[ku'hikulu]
job interview	entrevista (f) de emprego	[ẽtre'vista de ẽ'pregu]
vacancy, opening	vaga (f)	['vaga]
salary, pay	salário (m)	[sa'larju]
fixed salary	salário (m) fixo	[sa'larju 'fiksu]
pay, compensation	pagamento (m)	[paga'mẽtu]
position (job)	cargo (m)	['kargu]
duty (of employee)	dever (m)	[de'ver]
range of duties	gama (f) de deveres	['gama de de'veris]
busy (I'm ~)	ocupado	[oku'padu]
to fire (dismiss)	despedir, demitir (vt)	[dʒispe'dʒir], [demi'tʃir]
dismissal	demissão (f)	[demi'sãw]
unemployment	desemprego (m)	[dʒizẽ'pregu]
unemployed (n)	desempregado (m)	[dʒizẽpre'gadu]
retirement	aposentadoria (f)	[apozẽtado'ria]
to retire (from job)	aposentar-se (vr)	[apozẽ'tarsi]

124. Business people

director	diretor (m)	[dʒire'tor]
manager (director)	gerente (m)	[ʒe'rẽtʃi]
boss	patrão, chefe (m)	[pa'trãw], ['ʃɛfi]
superior	superior (m)	[supe'rjor]
superiors	superiores (m pl)	[supe'rjores]
president	presidente (m)	[prezi'dẽtʃi]

English	Portuguese	IPA
chairman	chairman, presidente (m)	['tʃɛamen], [prezi'dētʃi]
deputy (substitute)	substituto (m)	[substi'tutu]
assistant	assistente (m)	[asis'tētʃi]
secretary	secretário (m)	[sekre'tarju]
personal assistant	secretário (m) pessoal	[sekre'tarju pe'swaw]
businessman	homem (m) de negócios	['ɔmẽ de ne'gɔsjus]
entrepreneur	empreendedor (m)	[ẽprjẽde'dor]
founder	fundador (m)	[fũda'dor]
to found (vt)	fundar (vt)	[fũ'dar]
incorporator	principiador (m)	[prĩsipja'dor]
partner	parceiro, sócio (m)	[par'sejru], ['sɔsju]
stockholder	acionista (m)	[asjo'nista]
millionaire	milionário (m)	[miljo'narju]
billionaire	bilionário (m)	[biljo'narju]
owner, proprietor	proprietário (m)	[proprje'tarju]
landowner	proprietário (m) de terras	[proprje'tarju de 'tɛhas]
client	cliente (m)	['kljẽtʃi]
regular client	cliente (m) habitual	['kljẽtʃi abi'twaw]
buyer (customer)	comprador (m)	[kõpra'dor]
visitor	visitante (m)	[vizi'tãtʃi]
professional (n)	profissional (m)	[profisjo'naw]
expert	perito (m)	[pe'ritu]
specialist	especialista (m)	[ispesja'lista]
banker	banqueiro (m)	[bã'kejru]
broker	corretor (m)	[kohe'tor]
cashier, teller	caixa (m, f)	['kaɪʃa]
accountant	contador (m)	[kõta'dor]
security guard	guarda (m)	['gwarda]
investor	investidor (m)	[ĩvestʃi'dor]
debtor	devedor (m)	[deve'dor]
creditor	credor (m)	[kre'dor]
borrower	mutuário (m)	[mu'twarju]
importer	importador (m)	[ĩporta'dor]
exporter	exportador (m)	[isporta'dor]
manufacturer	produtor (m)	[produ'tor]
distributor	distribuidor (m)	[dʒistribwi'dor]
middleman	intermediário (m)	[ĩterme'dʒjarju]
consultant	consultor (m)	[kõsuw'tor]
sales representative	representante (m) comercial	[heprezẽ'tãtʃi komer'sjaw]
agent	agente (m)	[a'ʒẽtʃi]
insurance agent	agente (m) de seguros	[a'ʒẽtʃi de se'gurus]

125. Service professions

cook	cozinheiro (m)	[kozi'ɲejru]
chef (kitchen chef)	chefe (m) de cozinha	['ʃɛfi de ko'ziɲa]
baker	padeiro (m)	[pa'dejru]
bartender	barman (m)	[bar'mã]
waiter	garçom (m)	[gar'sõ]
waitress	garçonete (f)	[garso'netʃi]
lawyer, attorney	advogado (m)	[adʒivo'gadu]
lawyer (legal expert)	jurista (m)	[ʒu'rista]
notary public	notário (m)	[no'tarju]
electrician	eletricista (m)	[eletri'sista]
plumber	encanador (m)	[ẽkana'dor]
carpenter	carpinteiro (m)	[karpĩ'tejru]
masseur	massagista (m)	[masa'ʒista]
masseuse	massagista (f)	[masa'ʒista]
doctor	médico (m)	['mɛdʒiku]
taxi driver	taxista (m)	[tak'sista]
driver	condutor, motorista (m)	[kõdu'tor], [moto'rista]
delivery man	entregador (m)	[ẽtrega'dor]
chambermaid	camareira (f)	[kama'rejra]
security guard	guarda (m)	['gwarda]
flight attendant (fem.)	aeromoça (f)	[aero'mosa]
schoolteacher	professor (m)	[profe'sor]
librarian	bibliotecário (m)	[bibljote'karju]
translator	tradutor (m)	[tradu'tor]
interpreter	intérprete (m)	[ĩ'tɛrpretʃi]
guide	guia (m)	['gia]
hairdresser	cabeleireiro (m)	[kabelej'rejru]
mailman	carteiro (m)	[kar'tejru]
salesman (store staff)	vendedor (m)	[vẽde'dor]
gardener	jardineiro (m)	[ʒardʒi'nejru]
domestic servant	criado (m)	['krjadu]
maid (female servant)	criada (f)	['krjada]
cleaner (cleaning lady)	empregada (f) de limpeza	[ẽpre'gada de lĩ'peza]

126. Military professions and ranks

private	soldado (m) raso	[sow'dadu 'hazu]
sergeant	sargento (m)	[sar'ʒẽtu]

lieutenant	tenente (m)	[te'nẽtʃi]
captain	capitão (m)	[kapi'tãw]
major	major (m)	[ma'ʒɔr]
colonel	coronel (m)	[koro'nɛw]
general	general (m)	[ʒene'raw]
marshal	marechal (m)	[mare'ʃaw]
admiral	almirante (m)	[awmi'rãtʃi]
military (n)	militar (m)	[mili'tar]
soldier	soldado (m)	[sow'dadu]
officer	oficial (m)	[ofi'sjaw]
commander	comandante (m)	[komã'dãtʃi]
border guard	guarda (m) de fronteira	['gwarda de frõ'tejra]
radio operator	operador (m) de rádio	[opera'dor de 'hadʒju]
scout (searcher)	explorador (m)	[isplora'dor]
pioneer (sapper)	sapador-mineiro (m)	[sapa'dor-mi'nejru]
marksman	atirador (m)	[atʃira'dor]
navigator	navegador (m)	[navega'dor]

127. Officials. Priests

king	rei (m)	[hej]
queen	rainha (f)	[ha'iɲa]
prince	príncipe (m)	['prĩsipi]
princess	princesa (f)	[prĩ'seza]
czar	czar (m)	['kzar]
czarina	czarina (f)	[kza'rina]
president	presidente (m)	[prezi'dẽtʃi]
Secretary (minister)	ministro (m)	[mi'nistru]
prime minister	primeiro-ministro (m)	[pri'mejru mi'nistru]
senator	senador (m)	[sena'dor]
diplomat	diplomata (m)	[dʒiplo'mata]
consul	cônsul (m)	['kõsuw]
ambassador	embaixador (m)	[ẽbajʃa'dor]
counselor (diplomatic officer)	conselheiro (m)	[kõse'ʎejru]
official, functionary (civil servant)	funcionário (m)	[fũsjo'narju]
prefect	prefeito (m)	[pre'fejtu]
mayor	Presidente (m) da Câmara	[prezi'dẽtʃi da 'kamara]
judge	juiz (m)	[ʒwiz]
prosecutor (e.g., district attorney)	procurador (m)	[prokura'dor]

missionary	missionário (m)	[misjo'narju]
monk	monge (m)	['mõʒi]
abbot	abade (m)	[a'badʒi]
rabbi	rabino (m)	[ha'binu]

vizier	vizir (m)	[vi'zir]
shah	xá (m)	[ʃa]
sheikh	xeique (m)	['ʃɛjki]

128. Agricultural professions

beekeeper	abelheiro (m)	[abi'ʎejru]
herder, shepherd	pastor (m)	[pas'tor]
agronomist	agrônomo (m)	[a'gronomu]
cattle breeder	criador (m) de gado	[krja'dor de 'gadu]
veterinarian	veterinário (m)	[veteri'narju]

farmer	agricultor, fazendeiro (m)	[agrikuw'tor], [fazẽ'dejru]
winemaker	vinicultor (m)	[vinikuw'tor]
zoologist	zoólogo (m)	[zo'ɔlogu]
cowboy	vaqueiro (m)	[va'kejru]

129. Art professions

| actor | ator (m) | [a'tor] |
| actress | atriz (f) | [a'triz] |

| singer (masc.) | cantor (m) | [kã'tor] |
| singer (fem.) | cantora (f) | [kã'tora] |

| dancer (masc.) | bailarino (m) | [bajla'rinu] |
| dancer (fem.) | bailarina (f) | [bajla'rina] |

| performer (masc.) | artista (m) | [ar'tʃista] |
| performer (fem.) | artista (f) | [ar'tʃista] |

musician	músico (m)	['muziku]
pianist	pianista (m)	[pja'nista]
guitar player	guitarrista (m)	[gita'hista]

conductor (orchestra ~)	maestro (m)	[ma'ɛstru]
composer	compositor (m)	[kõpozi'tor]
impresario	empresário (m)	[ẽpre'zarju]

film director	diretor (m) de cinema	[dʒire'tor de si'nɛma]
producer	produtor (m)	[produ'tor]
scriptwriter	roteirista (m)	[hotej'rista]
critic	crítico (m)	['kritʃiku]

writer	escritor (m)	[iskri'tor]
poet	poeta (m)	['pwɛta]
sculptor	escultor (m)	[iskuw'tor]
artist (painter)	pintor (m)	[pĩ'tor]

juggler	malabarista (m)	[malaba'rista]
clown	palhaço (m)	[pa'ʎasu]
acrobat	acrobata (m)	[akro'bata]
magician	ilusionista (m)	[iluzjo'nista]

130. Various professions

doctor	médico (m)	['mɛdʒiku]
nurse	enfermeira (f)	[ẽfer'mejra]
psychiatrist	psiquiatra (m)	[psi'kjatra]
dentist	dentista (m)	[dẽ'tʃista]
surgeon	cirurgião (m)	[sirur'ʒjãw]

astronaut	astronauta (m)	[astro'nawta]
astronomer	astrônomo (m)	[as'tronomu]
pilot	piloto (m)	[pi'lotu]

driver (of taxi, etc.)	motorista (m)	[moto'rista]
engineer (train driver)	maquinista (m)	[maki'nista]
mechanic	mecânico (m)	[me'kaniku]

miner	mineiro (m)	[mi'nejru]
worker	operário (m)	[ope'rarju]
locksmith	serralheiro (m)	[seha'ʎejru]
joiner (carpenter)	marceneiro (m)	[marse'nejru]
turner (lathe operator)	torneiro (m)	[tor'nejru]
construction worker	construtor (m)	[kõstru'tor]
welder	soldador (m)	[sɔwda'dor]

professor (title)	professor (m)	[profe'sor]
architect	arquiteto (m)	[arki'tɛtu]
historian	historiador (m)	[istorja'dor]
scientist	cientista (m)	[sjẽ'tʃista]
physicist	físico (m)	['fiziku]
chemist (scientist)	químico (m)	['kimiku]

archeologist	arqueólogo (m)	[ar'kjɔlogu]
geologist	geólogo (m)	[ʒe'ɔlogu]
researcher (scientist)	pesquisador (m)	[peskiza'dor]

| babysitter | babysitter, babá (f) | [bebi'sitter], [ba'ba] |
| teacher, educator | professor (m) | [profe'sor] |

| editor | redator (m) | [heda'tor] |
| editor-in-chief | redator-chefe (m) | [heda'tor 'ʃɛfi] |

| correspondent | correspondente (m) | [kohespõ'dētʃi] |
| typist (fem.) | datilógrafa (f) | [datʃi'lɔgrafa] |

designer	designer (m)	[dʒi'zajner]
computer expert	perito (m) em informática	[pe'ritu ẽ ĩfur'matika]
programmer	programador (m)	[programa'dor]
engineer (designer)	engenheiro (m)	[ẽʒe'ɲejru]

sailor	marujo (m)	[ma'ruʒu]
seaman	marinheiro (m)	[mari'ɲejru]
rescuer	socorrista (m)	[soko'hista]

fireman	bombeiro (m)	[bõ'bejru]
police officer	polícia (m)	[po'lisja]
watchman	guarda-noturno (m)	['gwarda no'turnu]
detective	detetive (m)	[dete'tʃivi]

customs officer	funcionário (m) da alfândega	[fũsjo'narju da aw'fãdʒiga]
bodyguard	guarda-costas (m)	['gwarda 'kɔstas]
prison guard	guarda (m) prisional	['gwarda prizjo'naw]
inspector	inspetor (m)	[ĩspe'tor]

sportsman	esportista (m)	[ispor'tʃista]
trainer, coach	treinador (m)	[trejna'dor]
butcher	açougueiro (m)	[aso'gejru]
cobbler (shoe repairer)	sapateiro (m)	[sapa'tejru]
merchant	comerciante (m)	[komer'sjãtʃi]
loader (person)	carregador (m)	[kahega'dor]

| fashion designer | estilista (m) | [istʃi'lista] |
| model (fem.) | modelo (f) | [mo'delu] |

131. Occupations. Social status

| schoolboy | estudante (m) | [istu'dãtʃi] |
| student (college ~) | estudante (m) | [istu'dãtʃi] |

philosopher	filósofo (m)	[fi'lɔzofu]
economist	economista (m)	[ekono'mista]
inventor	inventor (m)	[ĩvẽ'tor]

unemployed (n)	desempregado (m)	[dʒizẽpre'gadu]
retiree	aposentado (m)	[apozẽ'tadu]
spy, secret agent	espião (m)	[is'pjãw]

prisoner	preso, prisioneiro (m)	['prezu], [prizjo'nejru]
striker	grevista (m)	[gre'vista]
bureaucrat	burocrata (m)	[buro'krata]
traveler (globetrotter)	viajante (m)	[vja'ʒãtʃi]

gay, homosexual (n)	**homossexual** (m)	[omosek'swaw]
hacker	**hacker** (m)	['haker]
hippie	**hippie** (m, f)	['hɪpɪ]
bandit	**bandido** (m)	[bã'dʒidu]
hit man, killer	**assassino** (m)	[asa'sinu]
drug addict	**drogado** (m)	[dro'gadu]
drug dealer	**traficante** (m)	[trafi'kãtʃi]
prostitute (fem.)	**prostituta** (f)	[prostʃi'tuta]
pimp	**cafetão** (m)	[kafe'tãw]
sorcerer	**bruxo** (m)	['bruʃu]
sorceress (evil ~)	**bruxa** (f)	['bruʃa]
pirate	**pirata** (m)	[pi'rata]
slave	**escravo** (m)	[is'kravu]
samurai	**samurai** (m)	[samu'raj]
savage (primitive)	**selvagem** (m)	[sew'vaʒẽ]

Sports

132. Kinds of sports. Sportspersons

sportsman	esportista (m)	[ispor'tʃista]
kind of sports	tipo (m) de esporte	['tʃipu de is'pɔrtʃi]
basketball	basquete (m)	[bas'kɛtʃi]
basketball player	jogador (m) de basquete	[ʒoga'dor de bas'kɛtʃi]
baseball	beisebol (m)	[bejsi'bɔw]
baseball player	jogador (m) de beisebol	[ʒoga'dor de bejsi'bɔw]
soccer	futebol (m)	[futʃi'bɔw]
soccer player	jogador (m) de futebol	[ʒoga'dor de futʃi'bɔw]
goalkeeper	goleiro (m)	[go'lejru]
hockey	hóquei (m)	['hɔkej]
hockey player	jogador (m) de hóquei	[ʒoga'dor de 'hɔkej]
volleyball	vôlei (m)	['volej]
volleyball player	jogador (m) de vôlei	[ʒoga'dor de 'volej]
boxing	boxe (m)	['bɔksi]
boxer	boxeador (m)	[boksja'dor]
wrestling	luta (f)	['luta]
wrestler	lutador (m)	[luta'dor]
karate	caratê (m)	[kara'te]
karate fighter	carateca (m)	[kara'teka]
judo	judô (m)	[ʒu'do]
judo athlete	judoca (m)	[ʒu'dɔka]
tennis	tênis (m)	['tenis]
tennis player	tenista (m)	[te'nista]
swimming	natação (f)	[nata'sãw]
swimmer	nadador (m)	[nada'dor]
fencing	esgrima (f)	[iz'grima]
fencer	esgrimista (m)	[izgri'mista]
chess	xadrez (m)	[ʃa'drez]
chess player	jogador (m) de xadrez	[ʒoga'dor de ʃa'drez]

English	Portuguese	Pronunciation
alpinism	alpinismo (m)	[awpi'nizmu]
alpinist	alpinista (m)	[awpi'nista]
running	corrida (f)	[ko'hida]
runner	corredor (m)	[kohe'dor]
athletics	atletismo (m)	[atle'tʃizmu]
athlete	atleta (m)	[at'lɛta]
horseback riding	hipismo (m)	[i'pizmu]
horse rider	cavaleiro (m)	[kava'lejru]
figure skating	patinação (f) artística	[patʃina'sãw ar'tʃistʃika]
figure skater (masc.)	patinador (m)	[patʃina'dor]
figure skater (fem.)	patinadora (f)	[patʃina'dora]
powerlifting	halterofilismo (m)	[awterofi'lizmu]
powerlifter	halterofilista (m)	[awterofi'lista]
car racing	corrida (f) de carros	[ko'hida de 'kahos]
racer (driver)	piloto (m)	[pi'lotu]
cycling	ciclismo (m)	[si'klizmu]
cyclist	ciclista (m)	[si'klista]
broad jump	salto (m) em distância	['sawtu ẽ dʒis'tãsja]
pole vault	salto (m) com vara	['sawtu kõ 'vara]
jumper	atleta (m) de saltos	[at'lɛta de 'sawtus]

133. Kinds of sports. Miscellaneous

football	futebol (m) americano	[futʃi'bɔw ameri'kanu]
badminton	badminton (m)	[bad'mĩtɔn]
biathlon	biatlo (m)	[bi'atlu]
billiards	bilhar (m)	[bi'ʎar]
bobsled	bobsled (m)	['bɔbsled]
bodybuilding	musculação (f)	[muskula'sãw]
water polo	polo (m) aquático	['pɔlu a'kwatʃiku]
handball	handebol (m)	[ãde'bɔl]
golf	golfe (m)	['gowfi]
rowing, crew	remo (m)	['hɛmu]
scuba diving	mergulho (m)	[mer'guʎu]
cross-country skiing	corrida (f) de esqui	[ko'hida de is'ki]
table tennis (ping-pong)	tênis (m) de mesa	['tenis de 'meza]
sailing	vela (f)	['vɛla]
rally racing	rali (m)	[ha'li]
rugby	rúgbi (m)	['hugbi]

| snowboarding | snowboard (m) | [snowbɔrd] |
| archery | arco-e-flecha (m) | [ˈarku I ˈflɛʃa] |

134. Gym

| barbell | barra (f) | [ˈbaha] |
| dumbbells | halteres (m pl) | [awˈtɛris] |

training machine	aparelho (m) de musculação	[apaˈreʎu de muskulaˈsãw]
exercise bicycle	bicicleta (f) ergométrica	[bisiˈklɛta ergoˈmɛtrika]
treadmill	esteira (f) de corrida	[isˈtejra de koˈhida]

horizontal bar	barra (f) fixa	[ˈbaha ˈfiksa]
parallel bars	barras (f pl) paralelas	[ˈbahas paraˈlɛlas]
vault (vaulting horse)	cavalo (m)	[kaˈvalu]
mat (exercise ~)	tapete (m) de ginástica	[taˈpetʃi de ʒiˈnastʃika]

jump rope	corda (f) de saltar	[ˈkɔrda de sawˈtar]
aerobics	aeróbica (f)	[aeˈrɔbika]
yoga	ioga, yoga (f)	[ˈjɔga]

135. Hockey

hockey	hóquei (m)	[ˈhɔkej]
hockey player	jogador (m) de hóquei	[ʒogaˈdor de ˈhɔkej]
to play hockey	jogar hóquei	[ʒoˈgar ˈhɔkej]
ice	gelo (m)	[ˈʒelu]

puck	disco (m)	[ˈdʒisku]
hockey stick	taco (m) de hóquei	[ˈtaku de ˈhɔkej]
ice skates	patins (m pl) de gelo	[paˈtʃis de ˈʒelu]
board (ice hockey rink ~)	muro (m)	[ˈmuru]
shot	tiro (m)	[ˈtʃiru]
goaltender	goleiro (m)	[goˈlejru]
goal (score)	gol (m)	[gow]
to score a goal	marcar um gol	[marˈkar ũ gow]

period	tempo (m)	[ˈtẽpu]
second period	segundo tempo (m)	[seˈgũdu ˈtẽpu]
substitutes bench	banco (m) de reservas	[ˈbãku de heˈzɛrvas]

136. Soccer

| soccer | futebol (m) | [futʃiˈbɔw] |
| soccer player | jogador (m) de futebol | [ʒogaˈdor de futʃiˈbɔw] |

English	Portuguese	Pronunciation
to play soccer	jogar futebol	[ʒo'gar futʃi'bɔw]
major league	Time (m) Principal	['tʃimi prĩsi'paw]
soccer club	time (m) de futebol	['tʃimi de futʃi'bɔw]
coach	treinador (m)	[trejna'dor]
owner, proprietor	proprietário (m)	[proprje'tarju]
team	equipe (f)	[e'kipi]
team captain	capitão (m)	[kapi'tãw]
player	jogador (m)	[ʒoga'dor]
substitute	jogador (m) reserva	[ʒoga'dor he'zɛrva]
forward	atacante (m)	[ata'kãtʃi]
center forward	centroavante (m)	[sẽtroa'vãtʃi]
scorer	marcador (m)	[marka'dor]
defender, back	defesa (m)	[de'feza]
midfielder, halfback	meio-campo (m)	['meju-'kãpu]
match	jogo (m), partida (f)	['ʒogu], [par'tʃida]
to meet (vi, vt)	encontrar-se (vr)	[ẽkõ'trarsi]
final	final (m)	[fi'naw]
semi-final	semifinal (f)	[semi'finaw]
championship	campeonato (m)	[kãpjo'natu]
period, half	tempo (m)	['tẽpu]
first period	primeiro tempo (m)	[pri'mejru 'tẽpu]
half-time	intervalo (m)	[ĩter'valu]
goal	goleira (f)	[go'lejra]
goalkeeper	goleiro (m)	[go'lejru]
goalpost	trave (f)	['travi]
crossbar	travessão (m)	[trave'sãw]
net	rede (f)	['hedʒi]
to concede a goal	tomar um gol	[to'mar ũ gow]
ball	bola (f)	['bɔla]
pass	passe (m)	['pasi]
kick	chute (m)	['ʃutʃi]
to kick (~ the ball)	chutar (vt)	[ʃu'tar]
free kick (direct ~)	pontapé (m)	[põta'pɛ]
corner kick	escanteio (m)	[iskã'teju]
attack	ataque (m)	[a'taki]
counterattack	contra-ataque (m)	['kõtra a'taki]
combination	combinação (f)	[kõbina'sãw]
referee	árbitro (m)	['arbitru]
to blow the whistle	apitar (vi)	[api'tar]
whistle (sound)	apito (m)	[a'pitu]
foul, misconduct	falta (f)	['fawta]
to commit a foul	cometer a falta	[kome'ter a 'fawta]
to send off	expulsar (vt)	[ispuw'sar]
yellow card	cartão (m) amarelo	[kar'tãw ama'rɛlu]

red card	cartão (m) vermelho	[kar'tãw ver'meʎu]
disqualification	desqualificação (f)	[deskwalifika'sãw]
to disqualify (vt)	desqualificar (vt)	[dʒiskwalifi'kar]

penalty kick	pênalti (m)	['penawtʃi]
wall	barreira (f)	[ba'hejra]
to score (vi, vt)	marcar (vt)	[mar'kar]
goal (score)	gol (m)	[gow]
to score a goal	marcar um gol	[mar'kar ũ gow]

substitution	substituição (f)	[substʃitwi'sãw]
to replace (a player)	substituir (vt)	[substʃi'twir]
rules	regras (f pl)	['hɛgras]
tactics	tática (f)	['tatʃika]

stadium	estádio (m)	[is'tadʒu]
stand (bleachers)	arquibancadas (f pl)	[arkibã'kadas]
fan, supporter	fã, torcedor (m)	[fã], [torse'dor]
to shout (vi)	gritar (vi)	[gri'tar]

| scoreboard | placar (m) | [pla'kar] |
| score | resultado (m) | [hezuw'tadu] |

| defeat | derrota (f) | [de'hɔta] |
| to lose (not win) | perder (vt) | [per'der] |

| tie | empate (m) | [ẽ'patʃi] |
| to tie (vi) | empatar (vi) | [ẽpa'tar] |

victory	vitória (f)	[vi'tɔrja]
to win (vi, vt)	vencer (vi, vt)	[vẽ'ser]
champion	campeão (m)	[kã'pjãw]
best (adj)	melhor	[me'ʎor]
to congratulate (vt)	felicitar (vt)	[felisi'tar]

commentator	comentarista (m)	[kom̃eta'rista]
to commentate (vt)	comentar (vt)	[komẽ'tar]
broadcast	transmissão (f)	[trãzmi'sãw]

137. Alpine skiing

| skis | esqui (m) | [is'ki] |
| to ski (vi) | esquiar (vi) | [is'kjar] |

| mountain-ski resort | estação (f) de esqui | [ista'sãw de is'ki] |
| ski lift | teleférico (m) | [tele'fɛriku] |

ski poles	bastões (m pl) de esqui	[bas'tõjs de is'ki]
slope	declive (m)	[de'klivi]
slalom	slalom (m)	['slalom]

138. Tennis. Golf

golf	golfe (m)	['gowfi]
golf club	clube (m) de golfe	['klubi de 'gowfi]
golfer	jogador (m) de golfe	[ʒoga'dor de 'gowfi]
hole	buraco (m)	[bu'raku]
club	taco (m)	['taku]
golf trolley	trolley (m)	['trɔlɪ]
tennis	tênis (m)	['tenis]
tennis court	quadra (f) de tênis	['kwadra de 'tenis]
serve	saque (m)	['saki]
to serve (vt)	sacar (vi)	[sa'kar]
racket	raquete (f)	[ha'ketʃi]
net	rede (f)	['hedʒi]
ball	bola (f)	['bɔla]

139. Chess

chess	xadrez (m)	[ʃa'drez]
chessmen	peças (f pl) de xadrez	['pɛsas de ʃa'drez]
chess player	jogador (m) de xadrez	[ʒoga'dor de ʃa'drez]
chessboard	tabuleiro (m) de xadrez	[tabu'lejru de ʃa'drez]
chessman	peça (f)	['pɛsa]
White (white pieces)	brancas (f pl)	['brãkas]
Black (black pieces)	pretas (f pl)	['pretas]
pawn	peão (m)	[pjãw]
bishop	bispo (m)	['bispu]
knight	cavalo (m)	[ka'valu]
rook	torre (f)	['tohi]
queen	dama (f)	['dama]
king	rei (m)	[hej]
move	vez (f)	[vez]
to move (vi, vt)	mover (vt)	[mo'ver]
to sacrifice (vt)	sacrificar (vt)	[sakrifi'kar]
castling	roque (m)	['hɔki]
check	xeque (m)	['ʃɛki]
checkmate	xeque-mate (m)	['ʃɛki-'matʃi]
chess tournament	torneio (m) de xadrez	[tor'neju de ʃa'drez]
Grand Master	grão-mestre (m)	['grãw 'mɛstri]
combination	combinação (f)	[kõbina'sãw]
game (in chess)	partida (f)	[par'tʃida]
checkers	jogo (m) de damas	['ʒogu de 'damas]

140. Boxing

boxing	boxe (m)	['bɔksi]
fight (bout)	combate (m)	[kõ'batʃi]
boxing match	luta (f) de boxe	['luta de 'bɔksi]
round (in boxing)	round (m)	['hãwdʒi]
ring	ringue (m)	['hĩgi]
gong	gongo (m)	['gõgu]
punch	murro, soco (m)	['muhu], ['soku]
knockdown	derrubada (f)	[dehu'bada]
knockout	nocaute (m)	[no'kawtʃi]
to knock out	nocautear (vt)	[nokaw'tʃjar]
boxing glove	luva (f) de boxe	['luva de 'bɔksi]
referee	juiz (m)	[ʒwiz]
lightweight	peso-pena (m)	['pezu 'pena]
middleweight	peso-médio (m)	['pezu 'mɛdiu]
heavyweight	peso-pesado (m)	['pezu pe'zadu]

141. Sports. Miscellaneous

Olympic Games	Jogos (m pl) Olímpicos	['ʒɔgus o'lĩpikus]
winner	vencedor (m)	[vẽse'dor]
to be winning	vencer (vi)	[vẽ'ser]
to win (vi)	vencer (vi, vt)	[vẽ'ser]
leader	líder (m)	['lider]
to lead (vi)	liderar (vt)	[lide'rar]
first place	primeiro lugar (m)	[pri'mejru lu'gar]
second place	segundo lugar (m)	[se'gũdu lu'gar]
third place	terceiro lugar (m)	[ter'sejru lu'gar]
medal	medalha (f)	[me'daʎa]
trophy	troféu (m)	[tro'fɛw]
prize cup (trophy)	taça (f)	['tasa]
prize (in game)	prêmio (m)	['premju]
main prize	prêmio (m) principal	['premju prĩsi'paw]
record	recorde (m)	[he'kɔrdʒi]
to set a record	estabelecer um recorde	[istabele'ser ũ he'kɔrdʒi]
final	final (m)	[fi'naw]
final (adj)	final	[fi'naw]
champion	campeão (m)	[kã'pjãw]
championship	campeonato (m)	[kãpjo'natu]

English	Portuguese	IPA
stadium	estádio (m)	[isˈtadʒu]
stand (bleachers)	arquibancadas (f pl)	[arkibãˈkadas]
fan, supporter	fã, torcedor (m)	[fã], [torseˈdor]
opponent, rival	adversário (m)	[adʒiverˈsarju]
start (start line)	partida (f)	[parˈtʃida]
finish line	linha (f) de chegada	[ˈliɲa de ʃeˈgada]
defeat	derrota (f)	[deˈhɔta]
to lose (not win)	perder (vt)	[perˈder]
referee	árbitro, juiz (m)	[arˈbitru], [ʒwiz]
jury (judges)	júri (m)	[ˈʒuri]
score	resultado (m)	[hezuwˈtadu]
tie	empate (m)	[ẽˈpatʃi]
to tie (vi)	empatar (vi)	[ẽpaˈtar]
point	ponto (m)	[ˈpõtu]
result (final score)	resultado (m) final	[hezuwˈtadu fiˈnaw]
period	tempo (m)	[ˈtẽpu]
half-time	intervalo (m)	[ĩterˈvalu]
doping	doping (m)	[ˈdɔpĩg]
to penalize (vt)	penalizar (vt)	[penaliˈzar]
to disqualify (vt)	desqualificar (vt)	[dʒiskwalifiˈkar]
apparatus	aparelho, aparato (m)	[apaˈreʎu], [apaˈratu]
javelin	dardo (m)	[ˈdardu]
shot (metal ball)	peso (m)	[ˈpezu]
ball (snooker, etc.)	bola (f)	[ˈbɔla]
aim (target)	alvo (m)	[ˈawvu]
target	alvo (m)	[ˈawvu]
to shoot (vi)	disparar, atirar (vi)	[dʒispaˈrar], [atʃiˈrar]
accurate (~ shot)	preciso	[preˈsizu]
trainer, coach	treinador (m)	[trejnaˈdor]
to train (sb)	treinar (vt)	[trejˈnar]
to train (vi)	treinar-se (vr)	[trejˈnarsi]
training	treino (m)	[ˈtrejnu]
gym	academia (f) de ginástica	[akadeˈmia de ʒiˈnastʃika]
exercise (physical)	exercício (m)	[ezerˈsisju]
warm-up (athlete ~)	aquecimento (m)	[akesiˈmẽtu]

Education

142. School

school	**escola** (f)	[isˈkɔla]
principal (headmaster)	**diretor** (m) **de escola**	[dʒireˈtor de isˈkɔla]
pupil (boy)	**aluno** (m)	[aˈlunu]
pupil (girl)	**aluna** (f)	[aˈluna]
schoolboy	**estudante** (m)	[istuˈdãtʃi]
schoolgirl	**estudante** (f)	[istuˈdãtʃi]
to teach (sb)	**ensinar** (vt)	[ẽsiˈnar]
to learn (language, etc.)	**aprender** (vt)	[aprẽˈder]
to learn by heart	**decorar** (vt)	[dekoˈrar]
to learn (~ to count, etc.)	**estudar** (vi)	[istuˈdar]
to be in school	**estar na escola**	[isˈtar na isˈkɔla]
to go to school	**ir à escola**	[ir a isˈkɔla]
alphabet	**alfabeto** (m)	[awfaˈbɛtu]
subject (at school)	**disciplina** (f)	[dʒisiˈplina]
classroom	**sala** (f) **de aula**	[ˈsala de ˈawla]
lesson	**lição, aula** (f)	[liˈsãw], [ˈawla]
recess	**recreio** (m)	[heˈkreju]
school bell	**toque** (m)	[ˈtɔki]
school desk	**classe** (f)	[ˈklasi]
chalkboard	**quadro** (m) **negro**	[ˈkwadru ˈnegru]
grade	**nota** (f)	[ˈnɔta]
good grade	**boa nota** (f)	[ˈboa ˈnɔta]
bad grade	**nota** (f) **baixa**	[ˈnɔta ˈbaɪʃa]
to give a grade	**dar uma nota**	[dar ˈuma ˈnɔta]
mistake, error	**erro** (m)	[ˈehu]
to make mistakes	**errar** (vi)	[eˈhar]
to correct (an error)	**corrigir** (vt)	[kohiˈʒir]
cheat sheet	**cola** (f)	[ˈkɔla]
homework	**dever** (m) **de casa**	[deˈver de ˈkaza]
exercise (in education)	**exercício** (m)	[ezerˈsisju]
to be present	**estar presente**	[isˈtar preˈzẽtʃi]
to be absent	**estar ausente**	[isˈtar awˈzẽtʃi]
to miss school	**faltar às aulas**	[fawˈtar as ˈawlas]

English	Portuguese	IPA
to punish (vt)	punir (vt)	[pu'nir]
punishment	punição (f)	[puni'sãw]
conduct (behavior)	comportamento (m)	[kõporta'mẽtu]
report card	boletim (m) escolar	[bole'tʃĩ isko'lar]
pencil	lápis (m)	['lapis]
eraser	borracha (f)	[bo'haʃa]
chalk	giz (m)	[ʒiz]
pencil case	porta-lápis (m)	['pɔrta-'lapis]
schoolbag	mala, pasta, mochila (f)	['mala], ['pasta], [mo'ʃila]
pen	caneta (f)	[ka'neta]
school notebook	caderno (m)	[ka'dɛrnu]
textbook	livro (m) didático	['livru dʒi'datʃiku]
drafting compass	compasso (m)	[kõ'pasu]
to make technical drawings	traçar (vt)	[tra'sar]
technical drawing	desenho (m) técnico	[de'zɛɲu 'tɛkniku]
poem	poesia (f)	[poe'zia]
by heart (adv)	de cor	[de kɔr]
to learn by heart	decorar (vt)	[deko'rar]
school vacation	férias (f pl)	['fɛrjas]
to be on vacation	estar de férias	[is'tar de 'fɛrjas]
to spend one's vacation	passar as férias	[pa'sar as 'fɛrjas]
test (written math ~)	teste (m), prova (f)	['tɛstʃi], ['prɔva]
essay (composition)	redação (f)	[heda'sãw]
dictation	ditado (m)	[dʒi'tadu]
exam (examination)	exame (m), prova (f)	[e'zami], ['prɔva]
to take an exam	fazer prova	[fa'zer 'prɔva]
experiment (e.g., chemistry ~)	experiência (f)	[ispe'rjẽsja]

143. College. University

English	Portuguese	IPA
academy	academia (f)	[akade'mia]
university	universidade (f)	[universi'dadʒi]
faculty (e.g., ~ of Medicine)	faculdade (f)	[fakuw'dadʒi]
student (masc.)	estudante (m)	[istu'dãtʃi]
student (fem.)	estudante (f)	[istu'dãtʃi]
lecturer (teacher)	professor (m)	[profe'sor]
lecture hall, room	auditório (m)	[awdʒi'tɔrju]
graduate	graduado (m)	[gra'dwadu]
diploma	diploma (m)	[dʒip'lɔma]

dissertation	tese (f)	['tɛzi]
study (report)	estudo (m)	[is'tudu]
laboratory	laboratório (m)	[labora'tɔrju]
lecture	palestra (f)	[pa'lɛstra]
coursemate	colega (m) de curso	[ko'lɛga de 'kursu]
scholarship	bolsa (f) de estudos	['bowsa de is'tudus]
academic degree	grau (m) acadêmico	['graw aka'demiku]

144. Sciences. Disciplines

mathematics	matemática (f)	[mate'matʃika]
algebra	álgebra (f)	['awʒebra]
geometry	geometria (f)	[ʒeome'tria]
astronomy	astronomia (f)	[astrono'mia]
biology	biologia (f)	[bjolo'ʒia]
geography	geografia (f)	[ʒeogra'fia]
geology	geologia (f)	[ʒeolo'ʒia]
history	história (f)	[is'tɔrja]
medicine	medicina (f)	[medʒi'sina]
pedagogy	pedagogia (f)	[pedago'ʒia]
law	direito (m)	[dʒi'rejtu]
physics	física (f)	['fizika]
chemistry	química (f)	['kimika]
philosophy	filosofia (f)	[filozo'fia]
psychology	psicologia (f)	[psikolo'ʒia]

145. Writing system. Orthography

grammar	gramática (f)	[gra'matʃika]
vocabulary	vocabulário (m)	[vokabu'larju]
phonetics	fonética (f)	[fo'nɛtʃika]
noun	substantivo (m)	[substã'tʃivu]
adjective	adjetivo (m)	[adʒe'tʃivu]
verb	verbo (m)	['vɛrbu]
adverb	advérbio (m)	[adʒi'vɛrbju]
pronoun	pronome (m)	[pro'nɔmi]
interjection	interjeição (f)	[iterʒej'sãw]
preposition	preposição (f)	[prepozi'sãw]
root	raiz (f)	[ha'iz]
ending	terminação (f)	[termina'sãw]
prefix	prefixo (m)	[pre'fiksu]

| syllable | sílaba (f) | ['silaba] |
| suffix | sufixo (m) | [su'fiksu] |

| stress mark | acento (m) | [a'sẽtu] |
| apostrophe | apóstrofo (m) | [a'pɔstrofu] |

period, dot	ponto (m)	['põtu]
comma	vírgula (f)	['virgula]
semicolon	ponto e vírgula (m)	['põtu e 'virgula]
colon	dois pontos (m pl)	['dojs 'põtus]
ellipsis	reticências (f pl)	[hetʃi'sẽsjas]

| question mark | ponto (m) de interrogação | ['põtu de ĩtehoga'sãw] |
| exclamation point | ponto (m) de exclamação | ['põtu de isklama'sãw] |

quotation marks	aspas (f pl)	['aspas]
in quotation marks	entre aspas	[ẽtri 'aspas]
parenthesis	parênteses (m pl)	[pa'rẽtezis]
in parenthesis	entre parênteses	[ẽtri pa'rẽtezis]

hyphen	hífen (m)	['ifẽ]
dash	travessão (m)	[trave'sãw]
space (between words)	espaço (m)	[is'pasu]

| letter | letra (f) | ['letra] |
| capital letter | letra (f) maiúscula | ['letra ma'juskula] |

| vowel (n) | vogal (f) | [vo'gaw] |
| consonant (n) | consoante (f) | [kõso'ãtʃi] |

sentence	frase (f)	['frazi]
subject	sujeito (m)	[su'ʒejtu]
predicate	predicado (m)	[predʒi'kadu]

line	linha (f)	['liɲa]
on a new line	em uma nova linha	[ẽ 'uma 'nɔva 'liɲa]
paragraph	parágrafo (m)	[pa'ragrafu]

word	palavra (f)	[pa'lavra]
group of words	grupo (m) de palavras	['grupu de pa'lavras]
expression	expressão (f)	[ispre'sãw]
synonym	sinônimo (m)	[si'nonimu]
antonym	antônimo (m)	[ã'tonimu]

rule	regra (f)	['hɛgra]
exception	exceção (f)	[ese'sãw]
correct (adj)	correto	[ko'hɛtu]

conjugation	conjugação (f)	[kõʒuga'sãw]
declension	declinação (f)	[deklina'sãw]
nominal case	caso (m)	['kazu]
question	pergunta (f)	[per'gũta]

146. Foreign languages

language	**língua** (f)	['lĩgwa]
foreign (adj)	**estrangeiro**	[istrã'ʒejru]
foreign language	**língua** (f) **estrangeira**	['lĩgwa istrã'ʒejra]
to study (vt)	**estudar** (vt)	[istu'dar]
to learn (language, etc.)	**aprender** (vt)	[aprẽ'der]

to read (vi, vt)	**ler** (vt)	[ler]
to speak (vi, vt)	**falar** (vi)	[fa'lar]
to understand (vt)	**entender** (vt)	[ẽtẽ'der]
to write (vt)	**escrever** (vt)	[iskre'ver]

fast (adv)	**rapidamente**	[hapida'mẽtʃi]
slowly (adv)	**lentamente**	[lẽta'mẽtʃi]
fluently (adv)	**fluentemente**	[fluẽte'mẽtʃi]

rules	**regras** (f pl)	['hɛgras]
grammar	**gramática** (f)	[gra'matʃika]
vocabulary	**vocabulário** (m)	[vokabu'larju]
phonetics	**fonética** (f)	[fo'nɛtʃika]

textbook	**livro** (m) **didático**	['livru dʒi'datʃiku]
dictionary	**dicionário** (m)	[dʒisjo'narju]
teach-yourself book	**manual** (m) **autodidático**	[ma'nwaw awtɔdʒi'datʃiku]
phrasebook	**guia** (m) **de conversação**	['gia de kõversa'sãw]

cassette, tape	**fita** (f) **cassete**	['fita ka'sɛtʃi]
videotape	**videoteipe** (m)	[vidʒju'tejpi]
CD, compact disc	**CD, disco** (m) **compacto**	['sede], ['dʒisku kõ'paktu]
DVD	**DVD** (m)	[deve'de]

alphabet	**alfabeto** (m)	[awfa'bɛtu]
to spell (vt)	**soletrar** (vt)	[sole'trar]
pronunciation	**pronúncia** (f)	[pro'nũsja]

accent	**sotaque** (m)	[so'taki]
with an accent	**com sotaque**	[kõ so'taki]
without an accent	**sem sotaque**	[sẽ so'taki]

word	**palavra** (f)	[pa'lavra]
meaning	**sentido** (m)	[sẽ'tʃidu]

course (e.g., a French ~)	**curso** (m)	['kursu]
to sign up	**inscrever-se** (vr)	[ĩskre'verse]
teacher	**professor** (m)	[profe'sor]
translation (process)	**tradução** (f)	[tradu'sãw]

translation (text, etc.)	tradução (f)	[tradu'sãw]
translator	tradutor (m)	[tradu'tor]
interpreter	intérprete (m)	[ĩ'tɛrpretʃi]
polyglot	poliglota (m)	[pɔli'glɔta]
memory	memória (f)	[me'mɔrja]

147. Fairy tale characters

Santa Claus	Papai Noel (m)	[pa'paj nɔ'ɛl]
Cinderella	Cinderela (f)	[sĩde'rɛla]
mermaid	sereia (f)	[se'reja]
Neptune	Netuno (m)	[ne'tunu]
magician, wizard	bruxo, feiticeiro (m)	['bruʃu], [fejtʃi'sejru]
fairy	fada (f)	['fada]
magic (adj)	mágico	['maʒiku]
magic wand	varinha (f) mágica	[va'riɲa 'maʒika]
fairy tale	conto (m) de fadas	['kõtu de 'fadas]
miracle	milagre (m)	[mi'lagri]
dwarf	anão (m)	[a'nãw]
to turn into ...	transformar-se em ...	[trãsfor'marsi ẽ]
ghost	fantasma (m)	[fã'tazma]
phantom	fantasma (m)	[fã'tazma]
monster	monstro (m)	['mõstru]
dragon	dragão (m)	[dra'gãw]
giant	gigante (m)	[ʒi'gãtʃi]

148. Zodiac Signs

Aries	Áries (f)	['aris]
Taurus	Touro (m)	['toru]
Gemini	Gêmeos (m pl)	['ʒemjus]
Cancer	Câncer (m)	['kãser]
Leo	Leão (m)	[le'ãw]
Virgo	Virgem (f)	['virʒẽ]
Libra	Libra (f)	['libra]
Scorpio	Escorpião (m)	[iskorpi'ãw]
Sagittarius	Sagitário (m)	[saʒi'tarju]
Capricorn	Capricórnio (m)	[kapri'kɔrnju]
Aquarius	Aquário (m)	[a'kwarju]
Pisces	Peixes (pl)	['pejʃis]
character	caráter (m)	[ka'rater]
character traits	traços (m pl) do caráter	['trasus du ka'rater]

behavior	**comportamento** (m)	[kõporta'mẽtu]
to tell fortunes	**prever a sorte**	[pre'ver a 'sɔrtʃi]
fortune-teller	**adivinha** (f)	[adʒi'viɲa]
horoscope	**horóscopo** (m)	[o'rɔskopu]

Arts

149. Theater

theater	teatro (m)	['tʃjatru]
opera	ópera (f)	['ɔpera]
operetta	opereta (f)	[ope'reta]
ballet	balé (m)	[ba'lɛ]
theater poster	cartaz (m)	[kar'taz]
troupe	companhia (f)	[kõpa'ɲia
(theatrical company)	de teatro	de 'tʃjatru]
tour	turnê (f)	[tur'ne]
to be on tour	estar em turnê	[is'tar ẽ tur'ne]
to rehearse (vi, vt)	ensaiar (vt)	[ẽsa'jar]
rehearsal	ensaio (m)	[ẽ'saju]
repertoire	repertório (m)	[heper'tɔrju]
performance	apresentação (f)	[aprezẽta'sãw]
theatrical show	espetáculo (m)	[ispe'takulu]
play	peça (f)	['pɛsa]
ticket	entrada (m)	[ẽ'trada]
box office (ticket booth)	bilheteira (f)	[biʎe'tejra]
lobby, foyer	hall (m)	[hɔw]
coat check (cloakroom)	vestiário (m)	[ves'tʃjarju]
coat check tag	senha (f) numerada	['sɛɲa nume'rada]
binoculars	binóculo (m)	[bi'nɔkulu]
usher	lanterninha (m, f)	[lãter'niɲa]
orchestra seats	plateia (f)	[pla'tɛja]
balcony	balcão (m)	[baw'kãw]
dress circle	primeiro balcão (m)	[pri'mejru baw'kãw]
box	camarote (m)	[kama'rɔtʃi]
row	fila (f)	['fila]
seat	assento (m)	[a'sẽtu]
audience	público (m)	['publiku]
spectator	espectador (m)	[ispekta'dor]
to clap (vi, vt)	aplaudir (vt)	[aplaw'dʒir]
applause	aplauso (m)	[a'plawzu]
ovation	ovação (f)	[ova'sãw]
stage	palco (m)	['pawku]
curtain	cortina (f)	[kor'tʃina]
scenery	cenário (m)	[se'narju]

backstage	bastidores (m pl)	[bastʃi'doris]
scene (e.g., the last ~)	cena (f)	['sɛna]
act	ato (m)	['atu]
intermission	intervalo (m)	[ĩter'valu]

150. Cinema

| actor | ator (m) | [a'tor] |
| actress | atriz (f) | [a'triz] |

movies (industry)	cinema (m)	[si'nɛma]
movie	filme (m)	['fiwmi]
episode	episódio (m)	[epi'zɔdʒu]

detective movie	filme (m) policial	['fiwmi poli'sjaw]
action movie	filme (m) de ação	['fiwmi de a'sãw]
adventure movie	filme (m) de aventuras	['fiwmi de avẽ'turas]
sci-fi movie	filme (m) de ficção científica	['fiwmi de fik'sãw sjẽ'tʃifika]
horror movie	filme (m) de horror	['fiwmi de o'hor]

comedy movie	comédia (f)	[ko'mɛdʒja]
melodrama	melodrama (m)	[melo'drama]
drama	drama (m)	['drama]

fictional movie	filme (m) de ficção	['fiwmi de fik'sãw]
documentary	documentário (m)	[dokumẽ'tarju]
cartoon	desenho (m) animado	[de'zɛɲu ani'madu]
silent movies	cinema (m) mudo	[si'nɛma 'mudu]

role (part)	papel (m)	[pa'pɛw]
leading role	papel (m) principal	[pa'pɛw prĩsi'paw]
to play (vi, vt)	representar (vt)	[heprezẽ'tar]

movie star	estrela (f) de cinema	[is'trela de si'nɛma]
well-known (adj)	conhecido	[koɲe'sidu]
famous (adj)	famoso	[fa'mozu]
popular (adj)	popular	[popu'lar]

script (screenplay)	roteiro (m)	[ho'tejru]
scriptwriter	roteirista (m)	[hotej'rista]
movie director	diretor (m) de cinema	[dʒire'tor de si'nɛma]
producer	produtor (m)	[produ'tor]
assistant	assistente (m)	[asis'tẽtʃi]
cameraman	diretor (m) de fotografia	[dʒire'tor de fotogra'fia]
stuntman	dublê (m)	[du'ble]
double (stand-in)	dublê (m) de corpo	[du'ble de korpu]

| to shoot a movie | filmar (vt) | [fiw'mar] |
| audition, screen test | audição (f) | [awdʒi'sãw] |

shooting	filmagem (f)	[fiw'maʒẽ]
movie crew	equipe (f) de filmagem	[e'kipi de fiw'maʒẽ]
movie set	set (m) de filmagem	['sɛtʃi de fiw'maʒẽ]
camera	câmera (f)	['kamera]
movie theater	cinema (m)	[si'nɛma]
screen (e.g., big ~)	tela (f)	['tɛla]
to show a movie	exibir um filme	[ezi'bir ũ 'fiwmi]
soundtrack	trilha (f) sonora	['triʎa so'nɔra]
special effects	efeitos (m pl) especiais	[e'fejtus ispe'sjajs]
subtitles	legendas (f pl)	[le'ʒẽdas]
credits	crédito (m)	['krɛdʒitu]
translation	tradução (f)	[tradu'sãw]

151. Painting

art	arte (f)	['artʃi]
fine arts	belas-artes (f pl)	[bɛlaz 'artʃis]
art gallery	galeria (f) de arte	[gale'ria de 'artʃi]
art exhibition	exibição (f) de arte	[ezibi'sãw de 'artʃi]
painting (art)	pintura (f)	[pĩ'tura]
graphic art	arte (f) gráfica	['artʃis 'grafikas]
abstract art	arte (f) abstrata	['artʃi abs'trata]
impressionism	impressionismo (m)	[ĩpresjo'nizmu]
picture (painting)	pintura (f), quadro (m)	[pĩ'tura], ['kwadru]
drawing	desenho (m)	[de'zɛɲu]
poster	pôster (m)	['poster]
illustration (picture)	ilustração (f)	[ilustra'sãw]
miniature	miniatura (f)	[minja'tura]
copy (of painting, etc.)	cópia (f)	['kɔpja]
reproduction	reprodução (f)	[heprodu'sãw]
mosaic	mosaico (m)	[mo'zajku]
stained glass window	vitral (m)	[vi'traw]
fresco	afresco (m)	[a'fresku]
engraving	gravura (f)	[gra'vura]
bust (sculpture)	busto (m)	['bustu]
sculpture	escultura (f)	[iskuw'tura]
statue	estátua (f)	[is'tatwa]
plaster of Paris	gesso (m)	['ʒesu]
plaster (as adj)	em gesso	[ẽ 'ʒesu]
portrait	retrato (m)	[he'tratu]
self-portrait	autorretrato (m)	[awtohe'tratu]
landscape painting	paisagem (f)	[paj'zaʒẽ]

still life	natureza (f) morta	[natu'reza 'mɔrta]
caricature	caricatura (f)	[karika'tura]
sketch	esboço (m)	[iz'bosu]
paint	tinta (f)	[tʃĩta]
watercolor paint	aquarela (f)	[akwa'rɛla]
oil (paint)	tinta (f) a óleo	[tʃĩta a 'ɔlju]
pencil	lápis (m)	['lapis]
India ink	tinta (f) nanquim	[tʃĩta nã'kĩ]
charcoal	carvão (m)	[kar'vãw]
to draw (vi, vt)	desenhar (vt)	[deze'ɲar]
to paint (vi, vt)	pintar (vt)	[pĩ'tar]
to pose (vi)	posar (vi)	[po'zar]
artist's model (masc.)	modelo (m)	[mo'delu]
artist's model (fem.)	modelo (f)	[mo'delu]
artist (painter)	pintor (m)	[pĩ'tor]
work of art	obra (f)	['ɔbra]
masterpiece	obra-prima (f)	['ɔbra 'prima]
studio (artist's workroom)	estúdio (m)	[is'tudʒu]
canvas (cloth)	tela (f)	['tɛla]
easel	cavalete (m)	[kava'letʃi]
palette	paleta (f)	[pa'leta]
frame (picture ~, etc.)	moldura (f)	[mow'dura]
restoration	restauração (f)	[hestawra'sãw]
to restore (vt)	restaurar (vt)	[hestaw'rar]

152. Literature & Poetry

literature	literatura (f)	[litera'tura]
author (writer)	autor (m)	[aw'tor]
pseudonym	pseudônimo (m)	[psew'donimu]
book	livro (m)	['livru]
volume	volume (m)	[vo'lumi]
table of contents	índice (m)	['indʒisi]
page	página (f)	['paʒina]
main character	protagonista (m)	[protago'nista]
autograph	autógrafo (m)	[aw'tografu]
short story	conto (m)	['kõtu]
story (novella)	novela (f)	[no'vɛla]
novel	romance (m)	[ho'mãsi]
work (writing)	obra (f)	['ɔbra]
fable	fábula (m)	['fabula]
detective novel	romance (m) policial	[ho'mãsi poli'sjaw]

poem (verse)	verso (m)	['vɛrsu]
poetry	poesia (f)	[poe'zia]
poem (epic, ballad)	poema (m)	['pwema]
poet	poeta (m)	['pwɛta]

fiction	ficção (f)	[fik'sãw]
science fiction	ficção (f) científica	[fik'sãw sjẽ'tʃifika]
adventures	aventuras (f pl)	[avẽ'turas]
educational literature	literatura (f) didática	[litera'tura dʒi'datʃika]
children's literature	literatura (f) infantil	[litera'tura ĩfã'tʃiw]

153. Circus

circus	circo (m)	['sirku]
traveling circus	circo (m) ambulante	['sirku ãbu'lãtʃi]
program	programa (m)	[pro'grama]
performance	apresentação (f)	[aprezẽta'sãw]

| act (circus ~) | número (m) | ['numeru] |
| circus ring | picadeiro (f) | [pika'dejru] |

| pantomime (act) | pantomima (f) | [pãto'mima] |
| clown | palhaço (m) | [pa'ʎasu] |

acrobat	acrobata (m)	[akro'bata]
acrobatics	acrobacia (f)	[akroba'sia]
gymnast	ginasta (m)	[ʒi'nasta]
acrobatic gymnastics	ginástica (f)	[ʒi'nastʃika]
somersault	salto (m) mortal	['sawtu mor'taw]
athlete (strongman)	homem (m) forte	['omẽ 'fortʃi]
tamer (e.g., lion ~)	domador (m)	[doma'dor]
rider (circus horse ~)	cavaleiro (m) equilibrista	[kava'lejru ekili'brista]
assistant	assistente (m)	[asis'tẽtʃi]

stunt	truque (m)	['truki]
magic trick	truque (m) de mágica	['truki de 'maʒika]
conjurer, magician	ilusionista (m)	[iluzjo'nista]

juggler	malabarista (m)	[malaba'rista]
to juggle (vi, vt)	fazer malabarismos	[fa'zer malaba'rizmus]
animal trainer	adestrador (m)	[adestra'dor]
animal training	adestramento (m)	[adestra'mẽtu]
to train (animals)	adestrar (vt)	[ades'trar]

154. Music. Pop music

| music | música (f) | ['muzika] |
| musician | músico (m) | ['muziku] |

musical instrument	**instrumento** (m) **musical**	[ĩstru'mẽtu muzi'kaw]
to play ...	**tocar** ...	[to'kar]
guitar	**guitarra** (f)	[gi'taha]
violin	**violino** (m)	[vjo'linu]
cello	**violoncelo** (m)	[vjolõ'sɛlu]
double bass	**contrabaixo** (m)	[kõtra'baɪʃu]
harp	**harpa** (f)	['arpa]
piano	**piano** (m)	['pjanu]
grand piano	**piano** (m) **de cauda**	['pjanu de 'kawda]
organ	**órgão** (m)	['ɔrgãw]
wind instruments	**instrumentos** (m pl) **de sopro**	[ĩstru'mẽtus de 'sopru]
oboe	**oboé** (m)	[o'bwɛ]
saxophone	**saxofone** (m)	[sakso'fɔni]
clarinet	**clarinete** (m)	[klari'netʃi]
flute	**flauta** (f)	['flawta]
trumpet	**trompete** (m)	[trõ'pɛte]
accordion	**acordeão** (m)	[akor'dʒjãw]
drum	**tambor** (m)	[tã'bor]
duo	**dueto** (m)	['dwetu]
trio	**trio** (m)	['triu]
quartet	**quarteto** (m)	[kwar'tetu]
choir	**coro** (m)	['koru]
orchestra	**orquestra** (f)	[or'kɛstra]
pop music	**música** (f) **pop**	['muzika 'pɔpi]
rock music	**música** (f) **rock**	['muzika 'hɔki]
rock group	**grupo** (m) **de rock**	['grupu de 'hɔki]
jazz	**jazz** (m)	[dʒɛz]
idol	**ídolo** (m)	['idolu]
admirer, fan	**fã, admirador** (m)	[fã], [adʒimira'dor]
concert	**concerto** (m)	[kõ'sertu]
symphony	**sinfonia** (f)	[sĩfo'nia]
composition	**composição** (f)	[kõpozi'sãw]
to compose (write)	**compor** (vt)	[kõ'por]
singing (n)	**canto** (m)	['kãtu]
song	**canção** (f)	[kã'sãw]
tune (melody)	**melodia** (f)	[melo'dʒia]
rhythm	**ritmo** (m)	['hitʃmu]
blues	**blues** (m)	[bluz]
sheet music	**notas** (f pl)	['nɔtas]
baton	**batuta** (f)	[ba'tuta]
bow	**arco** (m)	['arku]

string	**corda** (f)	['kɔrda]
case (e.g., guitar ~)	**estojo** (m)	[is'toʒu]

Rest. Entertainment. Travel

155. Trip. Travel

tourism, travel	**turismo** (m)	[tu'rizmu]
tourist	**turista** (m)	[tu'rista]
trip, voyage	**viagem** (f)	['vjaʒẽ]
adventure	**aventura** (f)	[avẽ'tura]
trip, journey	**viagem** (f)	['vjaʒẽ]
vacation	**férias** (f pl)	['fɛrjas]
to be on vacation	**estar de férias**	[is'tar de 'fɛrjas]
rest	**descanso** (m)	[dʒis'kãsu]
train	**trem** (m)	[trẽj]
by train	**de trem**	[de trẽj]
airplane	**avião** (m)	[a'vjãw]
by airplane	**de avião**	[de a'vjãw]
by car	**de carro**	[de 'kaho]
by ship	**de navio**	[de na'viu]
luggage	**bagagem** (f)	[ba'gaʒẽ]
suitcase	**mala** (f)	['mala]
luggage cart	**carrinho** (m)	[ka'hiɲu]
passport	**passaporte** (m)	[pasa'pɔrtʃi]
visa	**visto** (m)	['vistu]
ticket	**passagem** (f)	[pa'saʒẽ]
air ticket	**passagem** (f) **aérea**	[pa'saʒẽ a'erja]
guidebook	**guia** (m) **de viagem**	['gia de vi'aʒẽ]
map (tourist ~)	**mapa** (m)	['mapa]
area (rural ~)	**área** (f)	['arja]
place, site	**lugar** (m)	[lu'gar]
exotica (n)	**exotismo** (m)	[ezo'tʃizmu]
exotic (adj)	**exótico**	[e'zɔtʃiku]
amazing (adj)	**surpreendente**	[surprjẽ'dẽtʃi]
group	**grupo** (m)	['grupu]
excursion, sightseeing tour	**excursão** (f)	[iskur'sãw]
guide (person)	**guia** (m)	['gia]

156. Hotel

hotel	hotel (m)	[o'tɛw]
motel	motel (m)	[mo'tɛw]
three-star (~ hotel)	três estrelas	['tres is'trelas]
five-star	cinco estrelas	['sĩku is'trelas]
to stay (in a hotel, etc.)	ficar (vi, vt)	[fi'kar]
room	quarto (m)	['kwartu]
single room	quarto (m) individual	['kwartu ĩdʒivi'dwaw]
double room	quarto (m) duplo	['kwartu 'duplu]
to book a room	reservar um quarto	[hezer'var ũ 'kwartu]
half board	meia pensão (f)	['meja pẽ'sãw]
full board	pensão (f) completa	[pẽ'sãw kõ'plɛta]
with bath	com banheira	[kõ ba'ɲejra]
with shower	com chuveiro	[kõ ʃu'vejru]
satellite television	televisão (m) por satélite	[televi'zãw por sa'tɛlitʃi]
air-conditioner	ar (m) condicionado	[ar kõdʒisjo'nadu]
towel	toalha (f)	[to'aʎa]
key	chave (f)	['ʃavi]
administrator	administrador (m)	[adʒiministra'dor]
chambermaid	camareira (f)	[kama'rejra]
porter, bellboy	bagageiro (m)	[baga'ʒejru]
doorman	porteiro (m)	[por'tejru]
restaurant	restaurante (m)	[hestaw'rãtʃi]
pub, bar	bar (m)	[bar]
breakfast	café (m) da manhã	[ka'fɛ da ma'ɲã]
dinner	jantar (m)	[ʒã'tar]
buffet	bufê (m)	[bu'fe]
lobby	saguão (m)	[sa'gwãw]
elevator	elevador (m)	[eleva'dor]
DO NOT DISTURB	NÃO PERTURBE	['nãw per'turbi]
NO SMOKING	PROIBIDO FUMAR!	[proi'bidu fu'mar]

157. Books. Reading

book	livro (m)	['livru]
author	autor (m)	[aw'tor]
writer	escritor (m)	[iskri'tor]
to write (~ a book)	escrever (vt)	[iskre'ver]
reader	leitor (m)	[lej'tor]
to read (vi, vt)	ler (vt)	[ler]

reading (activity)	leitura (f)	[lej'tura]
silently (to oneself)	para si	['para si]
aloud (adv)	em voz alta	[ẽ vɔz 'awta]
to publish (vt)	publicar (vt)	[publi'kar]
publishing (process)	publicação (f)	[publika'sãw]
publisher	editor (m)	[edʒi'tor]
publishing house	editora (f)	[edʒi'tora]
to come out (be released)	sair (vi)	[sa'ir]
release (of a book)	lançamento (m)	[lãsa'mẽtu]
print run	tiragem (f)	[tʃi'raʒẽ]
bookstore	livraria (f)	[livra'ria]
library	biblioteca (f)	[bibljo'tɛka]
story (novella)	novela (f)	[no'vɛla]
short story	conto (m)	['kõtu]
novel	romance (m)	[ho'mãsi]
detective novel	romance (m) policial	[ho'mãsi poli'sjaw]
memoirs	memórias (f pl)	[me'mɔrias]
legend	lenda (f)	['lẽda]
myth	mito (m)	['mitu]
poetry, poems	poesia (f)	[poe'zia]
autobiography	autobiografia (f)	[awtobjogra'fia]
selected works	obras (f pl) escolhidas	['ɔbraʃ isko'ʎidas]
science fiction	ficção (f) científica	[fik'sãw sjë'tʃifika]
title	título (m)	['tʃitulu]
introduction	introdução (f)	[ĩtrodu'sãw]
title page	folha (f) de rosto	['foʎa de 'hostu]
chapter	capítulo (m)	[ka'pitulu]
extract	excerto (m)	[e'sɛrtu]
episode	episódio (m)	[epi'zɔdʒu]
plot (storyline)	enredo (m)	[ẽ'hedu]
contents	conteúdo (m)	[kõte'udu]
table of contents	índice (m)	['ĩdʒisi]
main character	protagonista (m)	[protago'nista]
volume	volume (m)	[vo'lumi]
cover	capa (f)	['kapa]
binding	encadernação (f)	[ẽkaderna'sãw]
bookmark	marcador (m) de página	[marka'dor de 'paʒina]
page	página (f)	['paʒina]
to page through	folhear (vt)	[fo'ʎjar]
margins	margem (f)	['marʒẽ]
annotation (marginal note, etc.)	anotação (f)	[anota'sãw]

footnote	nota (f) de rodapé	['nɔta de hoda'pɛ]
text	texto (m)	['testu]
type, font	fonte (f)	['fõtʃi]
misprint, typo	falha (f) de impressão	['faʎa de impre'sãw]
translation	tradução (f)	[tradu'sãw]
to translate (vt)	traduzir (vt)	[tradu'zir]
original (n)	original (m)	[oriʒi'naw]
famous (adj)	famoso	[fa'mozu]
unknown (not famous)	desconhecido	[dʒiskoɲe'sidu]
interesting (adj)	interessante	[ĩtere'sãtʃi]
bestseller	best-seller (m)	[bɛst'sɛler]
dictionary	dicionário (m)	[dʒisjo'narju]
textbook	livro (m) didático	['livru dʒi'datʃiku]
encyclopedia	enciclopédia (f)	[ẽsiklo'pɛdʒja]

158. Hunting. Fishing

hunting	caça (f)	['kasa]
to hunt (vi, vt)	caçar (vi)	[ka'sar]
hunter	caçador (m)	[kasa'dor]
to shoot (vi)	disparar, atirar (vi)	[dʒispa'rar], [atʃi'rar]
rifle	rifle (m)	['hifli]
bullet (shell)	cartucho (m)	[kar'tuʃu]
shot (lead balls)	chumbo (m) de caça	['ʃũbu de 'kasa]
steel trap	armadilha (f)	[arma'dʒiʎa]
snare (for birds, etc.)	armadilha (f)	[arma'dʒiʎa]
to fall into the steel trap	cair na armadilha	[ka'ir na arma'dʒiʎa]
to lay a steel trap	pôr a armadilha	['por a arma'dʒiʎa]
poacher	caçador (m) furtivo	[kasa'dor fur'tʃivu]
game (in hunting)	caça (f)	['kasa]
hound dog	cão (m) de caça	['kãw de 'kasa]
safari	safári (m)	[sa'fari]
mounted animal	animal (m) empalhado	[ani'maw ẽpa'ʎadu]
fisherman, angler	pescador (m)	[peska'dor]
fishing (angling)	pesca (f)	['pɛska]
to fish (vi)	pescar (vt)	[pes'kar]
fishing rod	vara (f) de pesca	['vara de 'pɛska]
fishing line	linha (f) de pesca	['liɲa de 'pɛska]
hook	anzol (m)	[ã'zow]
float, bobber	boia (f), flutuador (m)	['bɔja], [flutwa'dor]
bait	isca (f)	['iska]
to cast a line	lançar a linha	[lã'sar a 'liɲa]

to bite (ab. fish)	morder (vt)	[mor'der]
catch (of fish)	pesca (f)	['pɛska]
ice-hole	buraco (m) no gelo	[bu'raku nu 'ʒelu]
fishing net	rede (f)	['hedʒi]
boat	barco (m)	['barku]
to net (to fish with a net)	pescar com rede	[pes'kar kõ 'hedʒi]
to cast[throw] the net	lançar a rede	[lã'sar a 'hedʒi]
to haul the net in	puxar a rede	[pu'ʃar a 'hedʒi]
to fall into the net	cair na rede	[ka'ir na 'hedʒi]
whaler (person)	baleeiro (m)	[bale'ejro]
whaleboat	baleeira (f)	[bale'ejra]
harpoon	arpão (m)	[ar'pãw]

159. Games. Billiards

billiards	bilhar (m)	[bi'ʎar]
billiard room, hall	sala (f) de bilhar	['sala de bi'ʎar]
ball (snooker, etc.)	bola (f) de bilhar	['bɔla de bi'ʎar]
to pocket a ball	embolsar uma bola	[ẽbow'sar 'uma 'bɔla]
cue	taco (m)	['taku]
pocket	caçapa (f)	[ka'sapa]

160. Games. Playing cards

diamonds	ouros (m pl)	['orus]
spades	espadas (f pl)	[is'padas]
hearts	copas (f pl)	['kɔpas]
clubs	paus (m pl)	['paws]
ace	ás (m)	[ajs]
king	rei (m)	[hej]
queen	dama (f), rainha (f)	['dama], [ha'iɲa]
jack, knave	valete (m)	[va'lɛtʃi]
playing card	carta (f) de jogar	['karta de ʒo'gar]
cards	cartas (f pl)	['kartas]
trump	trunfo (m)	['trũfu]
deck of cards	baralho (m)	[ba'raʎu]
point	ponto (m)	['põtu]
to deal (vi, vt)	dar, distribuir (vt)	[dar], [dʒistri'bwir]
to shuffle (cards)	embaralhar (vt)	[ẽbara'ʎar]
lead, turn (n)	vez, jogada (f)	[vez], [ʒo'gada]
cardsharp	trapaceiro (m)	[trapa'sejru]

161. Casino. Roulette

casino	cassino (m)	[ka'sinu]
roulette (game)	roleta (f)	[ho'leta]
bet	aposta (f)	[a'pɔsta]
to place bets	apostar (vt)	[apos'tar]
red	vermelho (m)	[ver'meʎu]
black	preto (m)	['pretu]
to bet on red	apostar no vermelho	[apos'tar nu ver'meʎu]
to bet on black	apostar no preto	[apos'tar nu 'pretu]
croupier (dealer)	croupier (m, f)	[kru'pje]
rules (of game)	regras (f pl) do jogo	['hɛgras du 'ʒogu]
chip	ficha (f)	['fiʃa]
to win (vi, vt)	ganhar (vi, vt)	[ga'ɲar]
win (winnings)	ganho (m)	['gaɲu]
to lose (~ 100 dollars)	perder (vt)	[per'der]
loss (losses)	perda (f)	['perda]
player	jogador (m)	[ʒoga'dor]
blackjack (card game)	blackjack, vinte-e-um (m)	[blɛk'ʒɛk], ['vĩtʃi-ɛ-ũ]
craps (dice game)	jogo (m) de dados	['ʒogu de 'dadus]
dice (a pair of ~)	dados (m pl)	['dadus]
slot machine	caça-níqueis (m)	['kasa 'nikews]

162. Rest. Games. Miscellaneous

to stroll (vi, vt)	passear (vi)	[pa'sjar]
stroll (leisurely walk)	passeio (m)	[pa'seju]
car ride	viagem (f) de carro	['vjaʒẽ de 'kaho]
adventure	aventura (f)	[avẽ'tura]
picnic	piquenique (m)	[piki'niki]
game (chess, etc.)	jogo (m)	['ʒogu]
player	jogador (m)	[ʒoga'dor]
game (one ~ of chess)	partida (f)	[par'tʃida]
collector (e.g., philatelist)	colecionador (m)	[kolesjona'dor]
to collect (stamps, etc.)	colecionar (vt)	[kolesjo'nar]
collection	coleção (f)	[kole'sãw]
crossword puzzle	palavras (f pl) cruzadas	[pa'lavras kru'zadas]
racetrack (horse racing venue)	hipódromo (m)	[i'pɔdromu]
disco (discotheque)	discoteca (f)	[dʒisko'tɛka]
sauna	sauna (f)	['sawna]

lottery	**loteria** (f)	[lote'ria]
camping trip	**campismo** (m)	[kã'pizmu]
camp	**acampamento** (m)	[akãpa'mẽtu]
tent (for camping)	**barraca** (f)	[ba'haka]
compass	**bússola** (f)	['busola]
camper	**campista** (m)	[kã'pista]
to watch (movie, etc.)	**ver** (vt), **assistir à ...**	[ver], [asis'tʃir a]
viewer	**telespectador** (m)	[telespekta'dor]
TV show (TV program)	**programa** (m) **de TV**	[pro'grama de te've]

163. Photography

camera (photo)	**máquina** (f) **fotográfica**	['makina foto'grafika]
photo, picture	**foto, fotografia** (f)	['fɔtu], [fotogra'fia]
photographer	**fotógrafo** (m)	[fo'tɔgrafu]
photo studio	**estúdio** (m) **fotográfico**	[is'tudʒu foto'grafiku]
photo album	**álbum** (m) **de fotografias**	['awbũ de fotogra'fias]
camera lens	**lente** (f) **fotográfica**	['lẽtʃi foto'grafika]
telephoto lens	**lente** (f) **teleobjetiva**	['lẽtʃi teleobʒe'tʃiva]
filter	**filtro** (m)	['fiwtru]
lens	**lente** (f)	['lẽtʃi]
optics (high-quality ~)	**ótica** (f)	['ɔtʃika]
diaphragm (aperture)	**abertura** (f)	[aber'tura]
exposure time (shutter speed)	**exposição** (f)	[ispozi'sãw]
viewfinder	**visor** (m)	[vi'zor]
digital camera	**câmera** (f) **digital**	['kamera dʒiʒi'taw]
tripod	**tripé** (m)	[tri'pɛ]
flash	**flash** (m)	[flaʃ]
to photograph (vt)	**fotografar** (vt)	[fotogra'far]
to take pictures	**tirar fotos**	[tʃi'rar 'fɔtus]
to have one's picture taken	**fotografar-se** (vr)	[fotogra'farse]
focus	**foco** (m)	['fɔku]
to focus	**focar** (vt)	[fo'kar]
sharp, in focus (adj)	**nítido**	['nitʃidu]
sharpness	**nítidez** (f)	[nitʃi'dez]
contrast	**contraste** (m)	[kõ'trastʃi]
contrast (as adj)	**contrastante**	[kõtras'tãtʃi]
picture (photo)	**retrato** (m)	[he'tratu]
negative (n)	**negativo** (m)	[nega'tʃivu]
film (a roll of ~)	**filme** (m)	['fiwmi]

164. Beach. Swimming

beach	**praia** (f)	['praja]
sand	**areia** (f)	[a'reja]
deserted (beach)	**deserto**	[de'zɛrtu]
suntan	**bronzeado** (m)	[brõ'zjadu]
to get a tan	**bronzear-se** (vr)	[brõ'zjarsi]
tan (adj)	**bronzeado**	[brõ'zjadu]
sunscreen	**protetor** (m) **solar**	[prute'tor so'lar]
bikini	**biquíni** (m)	[bi'kini]
bathing suit	**maiô** (m)	[ma'jo]
swim trunks	**calção** (m) **de banho**	[kaw'sãw de 'baɲu]
swimming pool	**piscina** (f)	[pi'sina]
to swim (vi)	**nadar** (vi)	[na'dar]
shower	**chuveiro** (m), **ducha** (f)	[ʃu'vejru], ['duʃa]
to change (one's clothes)	**mudar, trocar** (vt)	[mu'dar], [tro'kar]
towel	**toalha** (f)	[to'aʎa]
boat	**barco** (m)	['barku]
motorboat	**lancha** (f)	['lãʃa]
water ski	**esqui** (m) **aquático**	[is'ki a'kwatʃiku]
paddle boat	**barco** (m) **de pedais**	['barku de pe'dajs]
surfing	**surfe** (m)	['surfi]
surfer	**surfista** (m)	[sur'fista]
scuba set	**equipamento** (m) **de mergulho**	[ekipa'mẽtu de mer'guʎu]
flippers (swim fins)	**pé** (m pl) **de pato**	[pɛ de 'patu]
mask (diving ~)	**máscara** (f)	['maskara]
diver	**mergulhador** (m)	[merguʎa'dor]
to dive (vi)	**mergulhar** (vi)	[mergu'ʎar]
underwater (adv)	**debaixo d'água**	[de'baɪʃu 'dagwa]
beach umbrella	**guarda-sol** (m)	['gwarda 'sɔw]
sunbed (lounger)	**espreguiçadeira** (f)	[ispregisa'dejra]
sunglasses	**óculos** (m pl) **de sol**	['ɔkulus de 'sɔw]
air mattress	**colchão** (m) **de ar**	[kow'ʃãw de 'ar]
to play (amuse oneself)	**brincar** (vi)	[brĩ'kar]
to go for a swim	**ir nadar**	[ir na'dar]
beach ball	**bola** (f) **de praia**	['bɔla de 'praja]
to inflate (vt)	**encher** (vt)	[ẽ'ʃer]

inflatable, air (adj)	**inflável**	[ĩ'flavew]
wave	**onda** (f)	['õda]
buoy (line of ~s)	**boia** (f)	['bɔja]
to drown (ab. person)	**afogar-se** (vr)	[afo'garse]

to save, to rescue	**salvar** (vt)	[saw'var]
life vest	**colete** (m) **salva-vidas**	[ko'letʃi 'sawva 'vidas]
to observe, to watch	**observar** (vt)	[obser'var]
lifeguard	**salva-vidas** (m)	[sawva-'vidas]

TECHNICAL EQUIPMENT. TRANSPORTATION

Technical equipment

165. Computer

computer	computador (m)	[kõputa'dor]
notebook, laptop	computador (m) portátil	[kõputa'dɔr por'tatʃiw]
to turn on	ligar (vt)	[li'gar]
to turn off	desligar (vt)	[dʒizli'gar]
keyboard	teclado (m)	[tɛk'ladu]
key	tecla (f)	['tɛkla]
mouse	mouse (m)	['mawz]
mouse pad	tapete (m) para mouse	[ta'petʃi 'para 'mawz]
button	botão (m)	[bo'tãw]
cursor	cursor (m)	[kur'sor]
monitor	monitor (m)	[moni'tor]
screen	tela (f)	['tɛla]
hard disk	disco (m) rígido	['dʒisku 'hiʒidu]
hard disk capacity	capacidade (f) do disco rígido	[kapasi'dadʒi du 'dʒisku 'hiʒidu]
memory	memória (f)	[me'mɔrja]
random access memory	memória RAM (f)	[me'mɔrja ram]
file	arquivo (m)	[ar'kivu]
folder	pasta (f)	['pasta]
to open (vt)	abrir (vt)	[a'brir]
to close (vt)	fechar (vt)	[fe'ʃar]
to save (vt)	salvar (vt)	[saw'var]
to delete (vt)	deletar (vt)	[dele'tar]
to copy (vt)	copiar (vt)	[ko'pjar]
to sort (vt)	ordenar (vt)	[orde'nar]
to transfer (copy)	copiar (vt)	[ko'pjar]
program	programa (m)	[pro'grama]
software	software (m)	[sof'twer]
programmer	programador (m)	[programa'dor]
to program (vt)	programar (vt)	[progra'mar]
hacker	hacker (m)	['haker]

password	senha (f)	['sɛɲa]
virus	vírus (m)	['virus]
to find, to detect	detectar (vt)	[detek'tar]

| byte | byte (m) | ['bajtʃi] |
| megabyte | megabyte (m) | [mega'bajtʃi] |

| data | dados (m pl) | ['dadus] |
| database | base (f) de dados | ['bazi de 'dadus] |

cable (USB, etc.)	cabo (m)	['kabu]
to disconnect (vt)	desconectar (vt)	[dezkonek'tar]
to connect (sth to sth)	conectar (vt)	[konek'tar]

166. Internet. E-mail

Internet	internet (f)	[iter'nɛtʃi]
browser	browser (m)	['brawzer]
search engine	motor (m) de busca	[mo'tor de 'buska]
provider	provedor (m)	[prove'dor]

webmaster	webmaster (m)	[web'master]
website	website (m)	[websajt]
webpage	página web (f)	['paɣina webi]

| address (e-mail ~) | endereço (m) | [ẽde'resu] |
| address book | livro (m) de endereços | ['livru de ẽde'resus] |

mailbox	caixa (f) de correio	['kaɪʃa de ko'heju]
mail	correio (m)	[ko'heju]
full (adj)	cheia	['ʃeja]

| message | mensagem (f) | [mẽ'saʒẽ] |
| incoming messages | mensagens (f pl) recebidas | [mẽ'saʒẽs hese'bidas] |

outgoing messages	mensagens (f pl) enviadas	[mẽ'saʒẽs ẽ'vjadas]
sender	remetente (m)	[heme'tẽtʃi]
to send (vt)	enviar (vt)	[ẽ'vjar]
sending (of mail)	envio (m)	[ẽ'viu]

| receiver | destinatário (m) | [destʃina'tarju] |
| to receive (vt) | receber (vt) | [hese'ber] |

| correspondence | correspondência (f) | [kohespõ'dẽsja] |
| to correspond (vi) | corresponder-se (vr) | [kohespõ'dersi] |

file	arquivo (m)	[ar'kivu]
to download (vt)	fazer o download, baixar (vt)	[fa'zer u dawn'load], [baj'ʃar]
to create (vt)	criar (vt)	[krjar]

| to delete (vt) | deletar (vt) | [dele'tar] |
| deleted (adj) | deletado | [dele'tadu] |

connection (ADSL, etc.)	conexão (f)	[konek'sãw]
speed	velocidade (f)	[velosi'dadʒi]
modem	modem (m)	['modẽ]
access	acesso (m)	[a'sɛsu]
port (e.g., input ~)	porta (f)	['pɔrta]

| connection (make a ~) | conexão (f) | [konek'sãw] |
| to connect to … (vi) | conectar (vi) | [konek'tar] |

| to select (vt) | escolher (vt) | [isko'ʎer] |
| to search (for …) | buscar (vt) | [bus'kar] |

167. Electricity

electricity	eletricidade (f)	[eletrisi'dadʒi]
electric, electrical (adj)	elétrico	[e'lɛtriku]
electric power plant	planta (f) elétrica	['plãta e'lɛtrika]
energy	energia (f)	[ener'ʒia]
electric power	energia (f) elétrica	[ener'ʒia e'lɛtrika]

light bulb	lâmpada (f)	['lãpada]
flashlight	lanterna (f)	[lã'tɛrna]
street light	poste (m) de iluminação	['pɔstʃi de ilumina'sãw]

light	luz (f)	[luz]
to turn on	ligar (vt)	[li'gar]
to turn off	desligar (vt)	[dʒizli'gar]
to turn off the light	apagar a luz	[apa'gar a luz]

to burn out (vi)	queimar (vi)	[kej'mar]
short circuit	curto-circuito (m)	['kurtu sir'kwitu]
broken wire	ruptura (f)	[hup'tura]
contact (electrical ~)	contato (m)	[kõ'tatu]

light switch	interruptor (m)	[ĩtehup'tor]
wall socket	tomada (f)	[to'mada]
plug	plugue (m)	['plugi]
extension cord	extensão (f)	[istẽ'sãw]

fuse	fusível (m)	[fu'zivew]
cable, wire	fio, cabo (m)	['fiu], ['kabu]
wiring	instalação (f) elétrica	[ĩstala'sãw e'lɛtrika]

ampere	ampère (m)	[ã'pɛri]
amperage	amperagem (f)	[ãpe'raʒẽ]
volt	volt (m)	['vɔwtʃi]
voltage	voltagem (f)	[vow'taʒẽ]

electrical device	**aparelho** (m) **elétrico**	[apaˈreʎu eˈlɛtriku]
indicator	**indicador** (m)	[ĩdʒikaˈdor]
electrician	**eletricista** (m)	[eletriˈsista]
to solder (vt)	**soldar** (vt)	[sowˈdar]
soldering iron	**soldador** (m)	[sɔwdaˈdor]
electric current	**corrente** (f) **elétrica**	[koˈhẽtʃi eˈlɛtrika]

168. Tools

tool, instrument	**ferramenta** (f)	[fehaˈmẽta]
tools	**ferramentas** (f pl)	[fehaˈmẽtas]
equipment (factory ~)	**equipamento** (m)	[ekipaˈmẽtu]
hammer	**martelo** (m)	[marˈtɛlu]
screwdriver	**chave** (f) **de fenda**	[ˈʃavi de ˈfẽda]
ax	**machado** (m)	[maˈʃadu]
saw	**serra** (f)	[ˈsɛha]
to saw (vt)	**serrar** (vt)	[seˈhar]
plane (tool)	**plaina** (f)	[ˈplajna]
to plane (vt)	**aplainar** (vt)	[aplajˈnar]
soldering iron	**soldador** (m)	[sɔwdaˈdor]
to solder (vt)	**soldar** (vt)	[sowˈdar]
file (tool)	**lima** (f)	[ˈlima]
carpenter pincers	**tenaz** (f)	[teˈnajz]
lineman's pliers	**alicate** (m)	[aliˈkatʃi]
chisel	**formão** (m)	[forˈmãw]
drill bit	**broca** (f)	[ˈbrɔka]
electric drill	**furadeira** (f) **elétrica**	[furaˈdejra eˈlɛtrika]
to drill (vi, vt)	**furar** (vt)	[fuˈrar]
knife	**faca** (f)	[ˈfaka]
blade	**lâmina** (f)	[ˈlamina]
sharp (blade, etc.)	**afiado**	[aˈfjadu]
dull, blunt (adj)	**cego**	[ˈsɛgu]
to get blunt (dull)	**embotar-se** (vr)	[ẽboˈtarsi]
to sharpen (vt)	**afiar, amolar** (vt)	[aˈfjar], [amoˈlar]
bolt	**parafuso** (m)	[paraˈfuzu]
nut	**porca** (f)	[ˈpɔrka]
thread (of a screw)	**rosca** (f)	[ˈhoska]
wood screw	**parafuso** (m)	[paraˈfuzu]
nail	**prego** (m)	[ˈprɛgu]
nailhead	**cabeça** (f) **do prego**	[kaˈbesa du ˈprɛgu]
ruler (for measuring)	**régua** (f)	[ˈhɛgwa]

English	Portuguese	Pronunciation
tape measure	fita (f) métrica	['fita 'mɛtrika]
spirit level	nível (m)	['nivew]
magnifying glass	lupa (f)	['lupa]
measuring instrument	medidor (m)	[medʒi'dor]
to measure (vt)	medir (vt)	[me'dʒir]
scale (of thermometer, etc.)	escala (f)	[is'kala]
readings	indicação (f), registro (m)	[indʒika'sãw], [he'ʒistru]
compressor	compressor (m)	[kõpre'sor]
microscope	microscópio (m)	[mikro'skɔpju]
pump (e.g., water ~)	bomba (f)	['bõba]
robot	robô (m)	[ho'bo]
laser	laser (m)	['lɛjzer]
wrench	chave (f) de boca	['ʃavi de 'boka]
adhesive tape	fita (f) adesiva	['fita ade'ziva]
glue	cola (f)	['kɔla]
sandpaper	lixa (f)	['liʃa]
spring	mola (f)	['mɔla]
magnet	ímã (m)	['imã]
gloves	luva (f)	['luva]
rope	corda (f)	['kɔrda]
cord	corda (f)	['kɔrda]
wire (e.g., telephone ~)	fio (m)	['fiu]
cable	cabo (m)	['kabu]
sledgehammer	marreta (f)	[ma'hɛta]
prybar	pé de cabra (m)	[pɛ de 'kabra]
ladder	escada (f) de mão	[is'kada de 'mãw]
stepladder	escada (m)	[is'kada]
to screw (tighten)	enroscar (vt)	[ẽhos'kar]
to unscrew (lid, filter, etc.)	desenroscar (vt)	[dezẽhos'kar]
to tighten (e.g., with a clamp)	apertar (vt)	[aper'tar]
to glue, to stick	colar (vt)	[ko'lar]
to cut (vt)	cortar (vt)	[kor'tar]
malfunction (fault)	falha (f)	['faʎa]
repair (mending)	conserto (m)	[kõ'sɛrtu]
to repair, to fix (vt)	consertar, reparar (vt)	[kõser'tar], [hepa'rar]
to adjust (machine, etc.)	regular, ajustar (vt)	[hegu'lar], [aʒus'tar]
to check (to examine)	verificar (vt)	[verifi'kar]
checking	verificação (f)	[verifika'sãw]
readings	indicação (f), registro (m)	[indʒika'sãw], [he'ʒistru]
reliable, solid (machine)	seguro	[se'guru]

complex (adj)	**complicado**	[kõpli'kadu]
to rust (get rusted)	**enferrujar** (vi)	[ẽfehu'ʒar]
rusty, rusted (adj)	**enferrujado**	[ẽfehu'ʒadu]
rust	**ferrugem** (f)	[fe'huʒẽ]

T&P Books. Brazilian Portuguese vocabulary for English speakers - 9000 words

Transportation

169. Airplane

English	Portuguese	Pronunciation
airplane	avião (m)	[a'vjãw]
air ticket	passagem (f) aérea	[pa'saʒẽ a'ɛrja]
airline	companhia (f) aérea	[kõpa'ɲia a'ɛrja]
airport	aeroporto (m)	[aero'portu]
supersonic (adj)	supersônico	[super'soniku]
captain	comandante (m) do avião	[komã'dãtʃi du a'vjãw]
crew	tripulação (f)	[tripula'sãw]
pilot	piloto (m)	[pi'lotu]
flight attendant (fem.)	aeromoça (f)	[aero'mosa]
navigator	copiloto (m)	[kopi'lotu]
wings	asas (f pl)	['azas]
tail	cauda (f)	['kawda]
cockpit	cabine (f)	[ka'bini]
engine	motor (m)	[mo'tor]
undercarriage (landing gear)	trem (m) de pouso	[trẽj de 'pozu]
turbine	turbina (f)	[tur'bina]
propeller	hélice (f)	['ɛlisi]
black box	caixa-preta (f)	['kaɪʃa 'preta]
yoke (control column)	coluna (f) de controle	[ko'luna de kõ'troli]
fuel	combustível (m)	[kõbus'tʃivew]
safety card	instruções (f pl) de segurança	[ĩstru'sõjs de segu'rãsa]
oxygen mask	máscara (f) de oxigênio	['maskara de oksi'ʒenju]
uniform	uniforme (m)	[uni'fɔrmi]
life vest	colete (m) salva-vidas	[ko'letʃi 'sawva 'vidas]
parachute	paraquedas (m)	[para'kɛdas]
takeoff	decolagem (f)	[deko'laʒẽ]
to take off (vi)	descolar (vi)	[dʒisko'lar]
runway	pista (f) de decolagem	['pista de deko'laʒẽ]
visibility	visibilidade (f)	[vizibili'dadʒi]
flight (act of flying)	voo (m)	['vou]
altitude	altura (f)	[aw'tura]
air pocket	poço (m) de ar	['posu de 'ar]
seat	assento (m)	[a'sẽtu]
headphones	fone (m) de ouvido	['fɔni de o'vidu]

folding tray (tray table)	**mesa** (f) **retrátil**	['meza he'tratʃiw]
airplane window	**janela** (f)	[ʒa'nɛla]
aisle	**corredor** (m)	[kohe'dor]

170. Train

train	**trem** (m)	[trẽj]
commuter train	**trem** (m) **elétrico**	[trẽj e'lɛtriku]
express train	**trem** (m)	[trẽj]
diesel locomotive	**locomotiva** (f) **diesel**	[lokomo'tʃiva 'dʒizew]
steam locomotive	**locomotiva** (f) **a vapor**	[lokomo'tʃiva a va'por]
passenger car	**vagão** (f) **de passageiros**	[va'gãw de pasa'ʒejrus]
dining car	**vagão-restaurante** (m)	[va'gãw-hestaw'rãtʃi]
rails	**carris** (m pl)	[ka'his]
railroad	**estrada** (f) **de ferro**	[is'trada de 'fɛhu]
railway tie	**travessa** (f)	[tra'vɛsa]
platform (railway ~)	**plataforma** (f)	[plata'fɔrma]
track (~ 1, 2, etc.)	**linha** (f)	['liɲa]
semaphore	**semáforo** (m)	[se'maforu]
station	**estação** (f)	[ista'sãw]
engineer (train driver)	**maquinista** (m)	[maki'nista]
porter (of luggage)	**bagageiro** (m)	[baga'ʒejru]
car attendant	**hospedeiro, -a** (m, f)	[ospe'dejru, -a]
passenger	**passageiro** (m)	[pasa'ʒejru]
conductor (ticket inspector)	**revisor** (m)	[hevi'zor]
corridor (in train)	**corredor** (m)	[kohe'dor]
emergency brake	**freio** (m) **de emergência**	['freju de imer'ʒẽsja]
compartment	**compartimento** (m)	[kõpartʃi'mẽtu]
berth	**cama** (f)	['kama]
upper berth	**cama** (f) **de cima**	['kama de 'sima]
lower berth	**cama** (f) **de baixo**	['kama de 'baɪʃu]
bed linen, bedding	**roupa** (f) **de cama**	['hopa de 'kama]
ticket	**passagem** (f)	[pa'saʒẽ]
schedule	**horário** (m)	[o'rarju]
information display	**painel** (m) **de informação**	[paj'nɛw de ĩforma'sãw]
to leave, to depart	**partir** (vt)	[par'tʃir]
departure (of train)	**partida** (f)	[par'tʃida]
to arrive (ab. train)	**chegar** (vi)	[ʃe'gar]
arrival	**chegada** (f)	[ʃe'gada]
to arrive by train	**chegar de trem**	[ʃe'gar de trẽj]
to get on the train	**pegar o trem**	[pe'gar u trẽj]

to get off the train	descer de trem	[de'ser de trẽj]
train wreck	acidente (m) ferroviário	[asi'dẽtʃi feho'vjarju]
to derail (vi)	descarrilar (vi)	[dʒiskahi'ʎar]
steam locomotive	locomotiva (f) a vapor	[lokomo'tʃiva a va'por]
stoker, fireman	foguista (m)	[fo'gista]
firebox	fornalha (f)	[for'naʎa]
coal	carvão (m)	[kar'vãw]

171. Ship

ship	navio (m)	[na'viu]
vessel	embarcação (f)	[ẽbarka'sãw]
steamship	barco (m) a vapor	['barku a va'por]
riverboat	barco (m) fluvial	['barku flu'vjaw]
cruise ship	transatlântico (m)	[trãzat'lãtʃiku]
cruiser	cruzeiro (m)	[kru'zejru]
yacht	iate (m)	['jatʃi]
tugboat	rebocador (m)	[heboka'dor]
barge	barcaça (f)	[bar'kasa]
ferry	ferry (m), balsa (f)	['fɛʀi], ['balsa]
sailing ship	veleiro (m)	[ve'lejru]
brigantine	bergantim (m)	[behgã'tʃĩ]
ice breaker	quebra-gelo (m)	['kɛbra 'ʒelu]
submarine	submarino (m)	[subma'rinu]
boat (flat-bottomed ~)	bote, barco (m)	['bɔtʃi], ['barku]
dinghy (lifeboat)	baleeira (f)	[bale'ejra]
lifeboat	bote (m) salva-vidas	['bɔtʃi 'sawva 'vidas]
motorboat	lancha (f)	['lãʃa]
captain	capitão (m)	[kapi'tãw]
seaman	marinheiro (m)	[mari'ɲejru]
sailor	marujo (m)	[ma'ruʒu]
crew	tripulação (f)	[tripula'sãw]
boatswain	contramestre (m)	[kõtra'mɛstri]
ship's boy	grumete (m)	[gru'mɛtʃi]
cook	cozinheiro (m) de bordo	[kozi'ɲejru de 'bordu]
ship's doctor	médico (m) de bordo	['mɛdʒiku de 'bordu]
deck	convés (m)	[kõ'vɛs]
mast	mastro (m)	['mastru]
sail	vela (f)	['vɛla]
hold	porão (m)	[po'rãw]
bow (prow)	proa (f)	['proa]

stern	**popa** (f)	['popa]
oar	**remo** (m)	['hɛmu]
screw propeller	**hélice** (f)	['ɛlisi]
cabin	**cabine** (m)	[ka'bini]
wardroom	**sala** (f) **dos oficiais**	['sala dus ofi'sjajs]
engine room	**sala** (f) **das máquinas**	['sala das 'makinas]
bridge	**ponte** (m) **de comando**	['põtʃi de ko'mãdu]
radio room	**sala** (f) **de comunicações**	['sala de komunika'sõjs]
wave (radio)	**onda** (f)	['õda]
logbook	**diário** (m) **de bordo**	['dʒjarju de 'bɔrdu]
spyglass	**luneta** (f)	[lu'neta]
bell	**sino** (m)	['sinu]
flag	**bandeira** (f)	[bã'dejra]
hawser (mooring ~)	**cabo** (m)	['kabu]
knot (bowline, etc.)	**nó** (m)	[nɔ]
deckrails	**corrimão** (m)	[kohi'mãw]
gangway	**prancha** (f) **de embarque**	['prãʃa de ẽ'barki]
anchor	**âncora** (f)	['ãkora]
to weigh anchor	**recolher a âncora**	[heko'ʎer a 'ãkora]
to drop anchor	**jogar a âncora**	[ʒo'gar a 'ãkora]
anchor chain	**amarra** (f)	[a'maha]
port (harbor)	**porto** (m)	['portu]
quay, wharf	**cais, amarradouro** (m)	[kajs], [amaha'doru]
to berth (moor)	**atracar** (vi)	[atra'kar]
to cast off	**desatracar** (vi)	[dʒizatra'kar]
trip, voyage	**viagem** (f)	['vjaʒẽ]
cruise (sea trip)	**cruzeiro** (m)	[kru'zejru]
course (route)	**rumo** (m)	['humu]
route (itinerary)	**itinerário** (m)	[itʃine'rarju]
fairway (safe water channel)	**canal** (m) **de navegação**	[ka'naw de navega'sãw]
shallows	**banco** (m) **de areia**	['bãku de a'reja]
to run aground	**encalhar** (vt)	[ẽka'ʎar]
storm	**tempestade** (f)	[tẽpes'tadʒi]
signal	**sinal** (m)	[si'naw]
to sink (vi)	**afundar-se** (vr)	[afũ'darse]
Man overboard!	**Homem ao mar!**	['ɔmẽ aw mah]
SOS (distress signal)	**SOS**	[ɛseo'ɛsi]
ring buoy	**boia** (f) **salva-vidas**	['bɔja 'sawva 'vidas]

172. Airport

airport	aeroporto (m)	[aero'portu]
airplane	avião (m)	[a'vjãw]
airline	companhia (f) aérea	[kõpa'nia a'erja]
air traffic controller	controlador (m) de tráfego aéreo	[kõtrola'dor de 'trafegu a'erju]
departure	partida (f)	[par'tʃida]
arrival	chegada (f)	[ʃe'gada]
to arrive (by plane)	chegar (vi)	[ʃe'gar]
departure time	hora (f) de partida	['ɔra de par'tʃida]
arrival time	hora (f) de chegada	['ɔra de ʃe'gada]
to be delayed	estar atrasado	[is'tar atra'zadu]
flight delay	atraso (m) de voo	[a'trazu de 'vou]
information board	painel (m) de informação	[paj'nɛw de ĩforma'sãw]
information	informação (f)	[ĩforma'sãw]
to announce (vt)	anunciar (vt)	[anũ'sjar]
flight (e.g., next ~)	voo (m)	['vou]
customs	alfândega (f)	[aw'fãdʒiga]
customs officer	funcionário (m) da alfândega	[fũsjo'narju da aw'fãdʒiga]
customs declaration	declaração (f) alfandegária	[deklara'sãw awfãde'garja]
to fill out (vt)	preencher (vt)	[preẽ'ʃer]
to fill out the declaration	preencher a declaração	[preẽ'ʃer a deklara'sãw]
passport control	controle (m) de passaporte	[kõ'troli de pasa'portʃi]
luggage	bagagem (f)	[ba'gaʒẽ]
hand luggage	bagagem (f) de mão	[ba'gaʒẽ de 'mãw]
luggage cart	carrinho (m)	[ka'hiɲu]
landing	pouso (m)	['pozu]
landing strip	pista (f) de pouso	['pista de 'pozu]
to land (vi)	aterrissar (vi)	[atehi'sar]
airstair (passenger stair)	escada (f) de avião	[is'kada de a'vjãw]
check-in	check-in (m)	[ʃɛ'kin]
check-in counter	balcão (m) do check-in	[baw'kãw du ʃɛ'kin]
to check-in (vi)	fazer o check-in	[fa'zer u ʃɛ'kin]
boarding pass	cartão (m) de embarque	[kar'tãw de ẽ'barki]
departure gate	portão (m) de embarque	[por'tãw de ẽ'barki]
transit	trânsito (m)	['trãzitu]
to wait (vt)	esperar (vt)	[ispe'rar]

departure lounge	**sala** (f) **de espera**	['sala de is'pɛra]
to see off	**despedir-se de ...**	[dʒispe'dʒirsi de]
to say goodbye	**despedir-se** (vr)	[dʒispe'dʒirsi]

173. Bicycle. Motorcycle

bicycle	**bicicleta** (f)	[bisi'klɛta]
scooter	**lambreta** (f)	[lã'breta]
motorcycle, bike	**moto** (f)	['mɔtu]
to go by bicycle	**ir de bicicleta**	[ir de bisi'klɛta]
handlebars	**guidão** (m)	[gi'dãw]
pedal	**pedal** (m)	[pe'daw]
brakes	**freios** (m pl)	['frejus]
bicycle seat (saddle)	**banco, selim** (m)	['bãku], [se'lĩ]
pump	**bomba** (f)	['bõba]
luggage rack	**bagageiro** (m) **de teto**	[baga'ʒejru de tɛtu]
front lamp	**lanterna** (f)	[lã'tɛrna]
helmet	**capacete** (m)	[kapa'setʃi]
wheel	**roda** (f)	['hɔda]
fender	**para-choque** (m)	[para'ʃɔki]
rim	**aro** (m)	['aru]
spoke	**raio** (m)	['haju]

Cars

174. Types of cars

automobile, car	carro, automóvel (m)	['kaho], [awto'mɔvew]
sports car	carro (m) esportivo	['kaho ispor'tʃivu]
limousine	limusine (f)	[limu'zini]
off-road vehicle	todo o terreno (m)	['todu u te'hɛnu]
convertible (n)	conversível (m)	[kõver'sivew]
minibus	minibus (m)	['minibus]
ambulance	ambulância (f)	[ãbu'lãsja]
snowplow	limpa-neve (m)	['lĩpa 'nɛvi]
truck	caminhão (m)	[kami'ɲãw]
tanker truck	caminhão-tanque (m)	[kami'ɲãw-'tãki]
van (small truck)	perua, van (f)	[pe'rua], [van]
road tractor (trailer truck)	caminhão-trator (m)	[kami'ɲãw-tra'tor]
trailer	reboque (m)	[he'bɔki]
comfortable (adj)	confortável	[kõfor'tavew]
used (adj)	usado	[u'zadu]

175. Cars. Bodywork

hood	capô (m)	[ka'po]
fender	para-choque (m)	[para'ʃɔki]
roof	teto (m)	['tɛtu]
windshield	para-brisa (m)	[para'briza]
rear-view mirror	retrovisor (m)	[hetrovi'zor]
windshield washer	esguicho (m)	[iʃ'giʃu]
windshield wipers	limpadores (m) de para-brisas	[lĩpa'dores de para'brizas]
side window	vidro (m) lateral	['vidru late'raw]
window lift (power window)	elevador (m) do vidro	[eleva'dor du 'vidru]
antenna	antena (f)	[ã'tɛna]
sunroof	teto (m) solar	['tɛtu so'lar]
bumper	para-choque (m)	[para'ʃɔki]
trunk	porta-malas (f)	[pɔrta-'malas]
roof luggage rack	bagageira (f)	[baga'ʒejra]

door	**porta** (f)	['pɔrta]
door handle	**maçaneta** (f)	[masa'neta]
door lock	**fechadura** (f)	[feʃa'dura]
license plate	**placa** (f)	['plaka]
muffler	**silenciador** (m)	[silẽsja'dor]
gas tank	**tanque** (m) **de gasolina**	['tãki de gazo'lina]
tailpipe	**tubo** (m) **de exaustão**	['tubu de ezaw'stãw]
gas, accelerator	**acelerador** (m)	[aselera'dor]
pedal	**pedal** (m)	[pe'daw]
gas pedal	**pedal** (m) **do acelerador**	[pe'daw du aselera'dor]
brake	**freio** (m)	['freju]
brake pedal	**pedal** (m) **do freio**	[pe'daw du 'freju]
to brake (use the brake)	**frear** (vt)	[fre'ar]
parking brake	**freio** (m) **de mão**	['freju de mãw]
clutch	**embreagem** (f)	[ẽb'rjaʒẽ]
clutch pedal	**pedal** (m) **da embreagem**	[pe'daw da ẽb'rjaʒẽ]
clutch disc	**disco** (m) **de embreagem**	['dʒisku de ẽb'rjaʒẽ]
shock absorber	**amortecedor** (m)	[amortese'dor]
wheel	**roda** (f)	['hɔda]
spare tire	**pneu** (m) **estepe**	['pnew is'tɛpi]
tire	**pneu** (m)	['pnew]
hubcap	**calota** (f)	[ka'lɔta]
driving wheels	**rodas** (f pl) **motrizes**	['hɔdas muo'trizis]
front-wheel drive (as adj)	**de tração dianteira**	[de tra'sãw dʒjã'tejra]
rear-wheel drive (as adj)	**de tração traseira**	[de tra'sãw tra'zejra]
all-wheel drive (as adj)	**de tração às 4 rodas**	[de tra'sãw as 'kwatru 'hɔdas]
gearbox	**caixa** (f) **de mudanças**	['kaɪʃa de mu'dãsas]
automatic (adj)	**automático**	[awto'matʃiku]
mechanical (adj)	**mecânico**	[me'kaniku]
gear shift	**alavanca** (f) **de câmbio**	[ala'vãka de 'kãbju]
headlight	**farol** (m)	[fa'rɔw]
headlights	**faróis** (m pl)	[fa'rɔis]
low beam	**farol** (m) **baixo**	[fa'rɔw 'baɪʃu]
high beam	**farol** (m) **alto**	[fa'rɔw 'altu]
brake light	**luzes** (f pl) **de parada**	['luzes de pa'rada]
parking lights	**luzes** (f pl) **de posição**	['luzes de pozi'sãw]
hazard lights	**luzes** (f pl) **de emergência**	['luzes de emer'ʒẽsia]
fog lights	**faróis** (m pl) **de neblina**	[fa'rɔis de ne'blina]
turn signal	**pisca-pisca** (m)	[piska-'piska]
back-up light	**luz** (f) **de marcha ré**	[luz de 'marʃa hɛ]

176. Cars. Passenger compartment

car inside (interior)	interior (m) do carro	[ĩte'rjor du 'kaho]
leather (as adj)	de couro	[de 'koru]
velour (as adj)	de veludo	[de ve'ludu]
upholstery	estofamento (m)	[istofa'mẽtu]
instrument (gage)	indicador (m)	[ĩdʒika'dor]
dashboard	painel (m)	[paj'nɛw]
speedometer	velocímetro (m)	[velo'simetru]
needle (pointer)	ponteiro (m)	[põ'tejru]
odometer	hodômetro, odômetro (m)	[o'dometru]
indicator (sensor)	indicador (m)	[ĩdʒika'dor]
level	nível (m)	['nivew]
warning light	luz (f) de aviso	[luz de a'vizu]
steering wheel	volante (m)	[vo'lãtʃi]
horn	buzina (f)	[bu'zina]
button	botão (m)	[bo'tãw]
switch	interruptor (m)	[ĩtehup'tor]
seat	assento (m)	[a'sẽtu]
backrest	costas (f pl) do assento	['kɔstas du a'sẽtu]
headrest	cabeceira (f)	[kabe'sejra]
seat belt	cinto (m) de segurança	['sĩtu de segu'rãsa]
to fasten the belt	apertar o cinto	[aper'tar u 'sĩtu]
adjustment (of seats)	ajuste (m)	[a'ʒustʃi]
airbag	airbag (m)	[ɛr'bɛgi]
air-conditioner	ar (m) condicionado	[ar kõdʒisjo'nadu]
radio	rádio (m)	['hadʒju]
CD player	leitor (m) de CD	[lej'tor de 'sede]
to turn on	ligar (vt)	[li'gar]
antenna	antena (f)	[ã'tɛna]
glove box	porta-luvas (m)	['pɔrta-'luvas]
ashtray	cinzeiro (m)	[sĩ'zejru]

177. Cars. Engine

engine, motor	motor (m)	[mo'tor]
diesel (as adj)	a diesel	[a 'dʒizew]
gasoline (as adj)	a gasolina	[a gazo'lina]
engine volume	cilindrada (f)	[silĩ'drada]
power	potência (f)	[po'tẽsja]
horsepower	cavalo (m) de potência	[ka'valu de po'tẽsja]
piston	pistão (m)	[pis'tãw]

cylinder	cilindro (m)	[si'lĩdru]
valve	válvula (f)	['vawvula]
injector	injetor (m)	[ĩʒɛ'tor]
generator (alternator)	gerador (m)	[ʒera'dor]
carburetor	carburador (m)	[karbura'dor]
motor oil	óleo (m) de motor	['ɔlju de mo'tor]
radiator	radiador (m)	[hadʒja'dor]
coolant	líquido (m) de arrefecimento	['likidu de ahefesi'mẽtu]
cooling fan	ventilador (m)	[vẽtʃila'dor]
battery (accumulator)	bateria (f)	[bate'ria]
starter	dispositivo (m) de arranque	[dʒispozi'tʃivu de a'hãki]
ignition	ignição (f)	[igni'sãw]
spark plug	vela (f) de ignição	['vɛla de igni'sãw]
terminal (of battery)	terminal (m)	[termi'naw]
positive terminal	terminal (m) positivo	[termi'naw pozi'tʃivu]
negative terminal	terminal (m) negativo	[termi'naw nega'tʃivu]
fuse	fusível (m)	[fu'zivew]
air filter	filtro (m) de ar	['fiwtru de ar]
oil filter	filtro (m) de óleo	['fiwtru de 'ɔlju]
fuel filter	filtro (m) de combustível	['fiwtru de kõbus'tʃivew]

178. Cars. Crash. Repair

car crash	acidente (m) de carro	[asi'dẽtʃi de 'kaho]
traffic accident	acidente (m) rodoviário	[asi'dẽtʃi hodo'vjarju]
to crash (into the wall, etc.)	bater ...	[ba'ter]
to get smashed up	sofrer um acidente	[so'frer ũ asi'dẽtʃi]
damage	dano (m)	['danu]
intact (unscathed)	intato	[ĩ'tatu]
breakdown	pane (f)	['pani]
to break down (vi)	avariar (vi)	[ava'rjar]
towrope	cabo (m) de reboque	['kabu de he'bɔki]
puncture	furo (m)	['furu]
to be flat	estar furado	[is'tar fu'radu]
to pump up	encher (vt)	[ẽ'ʃer]
pressure	pressão (f)	[pre'sãw]
to check (to examine)	verificar (vt)	[verifi'kar]
repair	reparo (m)	[he'paru]
auto repair shop	oficina (f) automotiva	[ɔfi'sina awtɔmo'tʃiva]

spare part	peça (f) de reposição	['pɛsa de hepozi'sãw]
part	peça (f)	['pɛsa]
bolt (with nut)	parafuso (m)	[para'fuzu]
screw (fastener)	parafuso (m)	[para'fuzu]
nut	porca (f)	['pɔrka]
washer	arruela (f)	[a'hwɛla]
bearing (e.g., ball ~)	rolamento (m)	[hola'mẽtu]
tube	tubo (m)	['tubu]
gasket (head ~)	junta, gaxeta (f)	['ʒũta], [ga'ʃɛta]
cable, wire	fio, cabo (m)	['fiu], ['kabu]
jack	macaco (m)	[ma'kaku]
wrench	chave (f) de boca	['ʃavi de 'bɔka]
hammer	martelo (m)	[mar'tɛlu]
pump	bomba (f)	['bõba]
screwdriver	chave (f) de fenda	['ʃavi de 'fẽda]
fire extinguisher	extintor (m)	[istĩ'tor]
warning triangle	triângulo (m) de emergência	['trjãgulu de imer'ʒẽsja]
to stall (vi)	morrer (vi)	[mo'her]
stall (n)	paragem (f)	[pa'raʒẽ]
to be broken	estar quebrado	[is'tar ke'bradu]
to overheat (vi)	superaquecer-se (vr)	[superake'sersi]
to be clogged up	entupir-se (vr)	[ẽtu'pirsi]
to freeze up (pipes, etc.)	congelar-se (vr)	[kõʒe'larsi]
to burst (vi, ab. tube)	rebentar (vi)	[hebẽ'tar]
pressure	pressão (f)	[pre'sãw]
level	nível (m)	['nivew]
slack (~ belt)	frouxo	['froʃu]
dent	batida (f)	[ba'tʃida]
knocking noise (engine)	ruído (m)	['hwidu]
crack	fissura (f)	[fi'sura]
scratch	arranhão (m)	[aha'ɲãw]

179. Cars. Road

road	estrada (f)	[is'trada]
highway	autoestrada (f)	[awtois'trada]
freeway	rodovia (f)	[hodo'via]
direction (way)	direção (f)	[dʒire'sãw]
distance	distância (f)	[dʒis'tãsja]
bridge	ponte (f)	['põtʃi]
parking lot	parque (m) de estacionamento	['parki de istasjona'mẽtu]
square	praça (f)	['prasa]

interchange	nó (m) rodoviário	[nɔ hodo'vjarju]
tunnel	túnel (m)	['tunew]
gas station	posto (m) de gasolina	['postu de gazo'lina]
parking lot	parque (m) de estacionamento	['parki de istasjona'mẽtu]
gas pump (fuel dispenser)	bomba (f) de gasolina	['bõba de gazo'lina]
auto repair shop	oficina (f) automotiva	[ɔfi'sina awtɔmo'tʃiva]
to get gas (to fill up)	abastecer (vt)	[abaste'ser]
fuel	combustível (m)	[kõbus'tʃivew]
jerrycan	galão (m) de gasolina	[ga'lãw de gazo'lina]
asphalt	asfalto (m)	[as'fawtu]
road markings	marcação (f) de estradas	[marka'sãw de is'tradas]
curb	meio-fio (m)	['meju-'fiu]
guardrail	guard-rail (m)	[gward-'hejl]
ditch	valeta (f)	[va'leta]
roadside (shoulder)	acostamento (m)	[akosta'mẽtu]
lamppost	poste (m) de luz	['postʃi de luz]
to drive (a car)	dirigir (vt)	[dʒiri'ʒir]
to turn (e.g., ~ left)	virar (vi)	[vi'rar]
to make a U-turn	dar retorno	[dar he'tornu]
reverse (~ gear)	ré (f)	[hɛ]
to honk (vi)	buzinar (vi)	[buzi'nar]
honk (sound)	buzina (f)	[bu'zina]
to get stuck (in the mud, etc.)	atolar-se (vr)	[ato'larsi]
to spin the wheels	patinar (vi)	[patʃi'nar]
to cut, to turn off (vt)	desligar (vt)	[dʒizli'gar]
speed	velocidade (f)	[velosi'dadʒi]
to exceed the speed limit	exceder a velocidade	[ese'der a velosi'dadʒi]
to give a ticket	multar (vt)	[muw'tar]
traffic lights	semáforo (m)	[se'maforu]
driver's license	carteira (f) de motorista	[kar'tejra de moto'rista]
grade crossing	passagem (f) de nível	[pa'saʒẽ de 'nivew]
intersection	cruzamento (m)	[kruza'mẽtu]
crosswalk	faixa (f)	['fajʃa]
bend, curve	curva (f)	['kurva]
pedestrian zone	zona (f) de pedestres	['zɔna de pe'dɛstris]

180. Traffic signs

rules of the road	código (m) de trânsito	['kɔdʒigu de 'trãzitu]
road sign (traffic sign)	sinal (m) de trânsito	[si'naw de 'trãzitu]
passing (overtaking)	ultrapassagem (f)	[uwtrapa'saʒẽ]
curve	curva (f)	['kurva]

U-turn	retorno (m)	[he'tornu]
traffic circle	rotatória (f)	['hota'tɔrja]
No entry	sentido proibido	[sẽ'tʃidu proi'bidu]
No vehicles allowed	trânsito proibido	['trãzitu proi'bidu]
No passing	proibido de ultrapassar	[proi'bidu de uwtrapa'sar]
No parking	estacionamento proibido	[istasjona'mẽtu proi'bidu]
No stopping	paragem proibida	[pa'raʒẽ proi'bida]
dangerous bend	curva (f) perigosa	['kurva peri'gɔza]
steep descent	descida (f) perigosa	[de'sida peri'gɔza]
one-way traffic	trânsito de sentido único	['trãzitu de sẽ'tʃidu 'uniku]
crosswalk	faixa (f)	['fajʃa]
slippery road	pavimento (m) escorregadio	[pavi'mẽtu iskohega'dʒiu]
YIELD	conceder passagem	[kõse'der pa'saʒẽ]

PEOPLE. LIFE EVENTS

Life events

181. Holidays. Event

celebration, holiday	**festa** (f)	['fɛsta]
national day	**feriado** (m) **nacional**	[fe'rjadu nasjo'naw]
public holiday	**feriado** (m)	[fe'rjadu]
to commemorate (vt)	**festejar** (vt)	[feste'ʒar]
event (happening)	**evento** (m)	[e'vẽtu]
event (organized activity)	**evento** (m)	[e'vẽtu]
banquet (party)	**banquete** (m)	[bã'ketʃi]
reception (formal party)	**recepção** (f)	[hesep'sãw]
feast	**festim** (m)	[fes'tʃi]
anniversary	**aniversário** (m)	[aniver'sarju]
jubilee	**jubileu** (m)	[ʒubi'lew]
to celebrate (vt)	**celebrar** (vt)	[sele'brar]
New Year	**Ano** (m) **Novo**	['anu 'novu]
Happy New Year!	**Feliz Ano Novo!**	[fe'liz 'anu 'novu]
Santa Claus	**Papai Noel** (m)	[pa'paj nɔ'ɛl]
Christmas	**Natal** (m)	[na'taw]
Merry Christmas!	**Feliz Natal!**	[fe'liz na'taw]
Christmas tree	**árvore** (f) **de Natal**	['arvori de na'taw]
fireworks (fireworks show)	**fogos** (m pl) **de artifício**	['fogus de artʃi'fisju]
wedding	**casamento** (m)	[kaza'mẽtu]
groom	**noivo** (m)	['nojvu]
bride	**noiva** (f)	['nojva]
to invite (vt)	**convidar** (vt)	[kõvi'dar]
invitation card	**convite** (m)	[kõ'vitʃi]
guest	**convidado** (m)	[kõvi'dadu]
to visit (~ your parents, etc.)	**visitar** (vt)	[vizi'tar]
to meet the guests	**receber os convidados**	[hese'ber us kõvi'dadus]
gift, present	**presente** (m)	[pre'zẽtʃi]
to give (sth as present)	**oferecer, dar** (vt)	[ofere'ser], [dar]
to receive gifts	**receber presentes**	[hese'ber pre'zẽtʃis]

bouquet (of flowers)	buquê (m) de flores	[bu'ke de 'flɔris]
congratulations	felicitações (f pl)	[felisita'sõjs]
to congratulate (vt)	felicitar (vt)	[felisi'tar]
greeting card	cartão (m) de parabéns	[kar'tãw de para'bẽjs]
to send a postcard	enviar um cartão postal	[ẽ'vjar ũ kart'ãw pos'taw]
to get a postcard	receber um cartão postal	[hese'ber ũ kart'ãw pos'taw]
toast	brinde (m)	['brĩdʒi]
to offer (a drink, etc.)	oferecer (vt)	[ofere'ser]
champagne	champanhe (m)	[ʃã'paɲi]
to enjoy oneself	divertir-se (vr)	[dʒiver'tʃirsi]
merriment (gaiety)	diversão (f)	[dʒiver'sãw]
joy (emotion)	alegria (f)	[ale'gria]
dance	dança (f)	['dãsa]
to dance (vi, vt)	dançar (vi)	[dã'sar]
waltz	valsa (f)	['vawsa]
tango	tango (m)	['tãgu]

182. Funerals. Burial

cemetery	cemitério (m)	[semi'tɛrju]
grave, tomb	sepultura (f), túmulo (m)	[sepuw'tura], ['tumulu]
cross	cruz (f)	[kruz]
gravestone	lápide (f)	['lapidʒi]
fence	cerca (f)	['serka]
chapel	capela (f)	[ka'pɛla]
death	morte (f)	['mɔrtʃi]
to die (vi)	morrer (vi)	[mo'her]
the deceased	defunto (m)	[de'fũtu]
mourning	luto (m)	['lutu]
to bury (vt)	enterrar, sepultar (vt)	[ẽte'har], [sepuw'tar]
funeral home	casa (f) funerária	['kaza fune'raria]
funeral	funeral (m)	[fune'raw]
wreath	coroa (f) de flores	[ko'roa de 'flɔris]
casket, coffin	caixão (m)	[kaɪ'ʃãw]
hearse	carro (m) funerário	['kaho fune'rarju]
shroud	mortalha (f)	[mor'taʎa]
funeral procession	procissão (f) funerária	[prosi'sãw fune'rarja]
funerary urn	urna (f) funerária	['urna fune'rarja]
crematory	crematório (m)	[krema'tɔrju]
obituary	obituário (m), necrologia (f)	[obi'twarju], [nekrolo'ʒia]

| to cry (weep) | chorar (vi) | [ʃo'rar] |
| to sob (vi) | soluçar (vi) | [solu'sar] |

183. War. Soldiers

platoon	pelotão (m)	[pelo'tãw]
company	companhia (f)	[kõpa'ɲia]
regiment	regimento (m)	[heʒi'mẽtu]
army	exército (m)	[e'zɛrsitu]
division	divisão (f)	[dʒivi'zãw]

| section, squad | esquadrão (m) | [iskwa'drãw] |
| host (army) | hoste (f) | ['ɔste] |

| soldier | soldado (m) | [sow'dadu] |
| officer | oficial (m) | [ofi'sjaw] |

private	soldado (m) raso	[sow'dadu 'hazu]
sergeant	sargento (m)	[sar'ʒẽtu]
lieutenant	tenente (m)	[te'nẽtʃi]
captain	capitão (m)	[kapi'tãw]
major	major (m)	[ma'ʒɔr]
colonel	coronel (m)	[koro'nɛw]
general	general (m)	[ʒene'raw]

sailor	marujo (m)	[ma'ruʒu]
captain	capitão (m)	[kapi'tãw]
boatswain	contramestre (m)	[kõtra'mɛstri]

artilleryman	artilheiro (m)	[artʃi'ʎejru]
paratrooper	soldado (m) paraquedista	[sow'dadu parake'dʒista]
pilot	piloto (m)	[pi'lotu]
navigator	navegador (m)	[navega'dor]
mechanic	mecânico (m)	[me'kaniku]

pioneer (sapper)	sapador-mineiro (m)	[sapa'dor-mi'nejru]
parachutist	paraquedista (m)	[parake'dʒista]
reconnaissance scout	explorador (m)	[isplora'dor]
sniper	atirador (m) de tocaia	[atʃira'dor de to'kaja]

patrol (group)	patrulha (f)	[pa'truʎa]
to patrol (vt)	patrulhar (vt)	[patru'ʎar]
sentry, guard	sentinela (f)	[sẽtʃi'nɛla]

warrior	guerreiro (m)	[ge'hejru]
patriot	patriota (m)	[pa'trjɔta]
hero	herói (m)	[e'rɔj]
heroine	heroína (f)	[ero'ina]
traitor	traidor (m)	[traj'dor]
to betray (vt)	trair (vt)	[tra'ir]

| deserter | desertor (m) | [dezer'tor] |
| to desert (vi) | desertar (vt) | [deser'tar] |

mercenary	mercenário (m)	[merse'narju]
recruit	recruta (m)	[he'kruta]
volunteer	voluntário (m)	[volũ'tarju]

dead (n)	morto (m)	['mortu]
wounded (n)	ferido (m)	[fe'ridu]
prisoner of war	prisioneiro (m) de guerra	[prizjo'nejru de 'gɛha]

184. War. Military actions. Part 1

war	guerra (f)	['gɛha]
to be at war	guerrear (vt)	[ge'hjar]
civil war	guerra (f) civil	['gɛha si'viw]

treacherously (adv)	perfidamente	[perfida'mẽtʃi]
declaration of war	declaração (f) de guerra	[deklara'sãw de 'gɛha]
to declare (~ war)	declarar guerra	[dekla'rar 'gɛha]
aggression	agressão (f)	[agre'sãw]
to attack (invade)	atacar (vt)	[ata'kar]

to invade (vt)	invadir (vt)	[ĩva'dʒir]
invader	invasor (m)	[ĩva'zor]
conqueror	conquistador (m)	[kõkista'dor]

defense	defesa (f)	[de'feza]
to defend (a country, etc.)	defender (vt)	[defẽ'der]
to defend (against ...)	defender-se (vr)	[defẽ'dersi]

enemy	inimigo (m)	[ini'migu]
foe, adversary	adversário (m)	[adʒiver'sarju]
enemy (as adj)	inimigo	[ini'migu]

| strategy | estratégia (f) | [istra'tɛʒa] |
| tactics | tática (f) | ['tatʃika] |

order	ordem (f)	['ordẽ]
command (order)	comando (m)	[ko'mãdu]
to order (vt)	ordenar (vt)	[orde'nar]
mission	missão (f)	[mi'sãw]
secret (adj)	secreto	[se'krɛtu]

| battle | batalha (f) | [ba'taʎa] |
| combat | combate (m) | [kõ'batʃi] |

attack	ataque (m)	[a'taki]
charge (assault)	assalto (m)	[a'sawtu]
to storm (vt)	assaltar (vt)	[asaw'tar]

siege (to be under ~)	assédio, sítio (m)	[a'sɛdʒu], ['sitʃju]
offensive (n)	ofensiva (f)	[ɔfẽ'siva]
to go on the offensive	tomar à ofensiva	[to'mar a ofẽ'siva]

retreat	retirada (f)	[hetʃi'rada]
to retreat (vi)	retirar-se (vr)	[hetʃi'rarse]
encirclement	cerco (m)	['serku]
to encircle (vt)	cercar (vt)	[ser'kar]

bombing (by aircraft)	bombardeio (m)	[bõbar'deju]
to drop a bomb	lançar uma bomba	[lã'sar 'uma 'bõba]
to bomb (vt)	bombardear (vt)	[bõbar'dʒjar]
explosion	explosão (f)	[isplo'zãw]

shot	tiro (m)	['tʃiru]
to fire (~ a shot)	dar um tiro	[dar ũ 'tʃiru]
firing (burst of ~)	tiroteio (m)	[tʃiro'teju]

to aim (to point a weapon)	apontar para ...	[apõ'tar 'para]
to point (a gun)	apontar (vt)	[apõ'tar]
to hit (the target)	acertar (vt)	[aser'tar]

to sink (~ a ship)	afundar (vt)	[afũ'dar]
hole (in a ship)	brecha (f)	['brɛʃa]
to founder, to sink (vi)	afundar-se (vr)	[afũ'darse]

front (war ~)	frente (m)	['frẽtʃi]
evacuation	evacuação (f)	[evakwa'sãw]
to evacuate (vt)	evacuar (vt)	[eva'kwar]

trench	trincheira (f)	[trĩ'ʃejra]
barbwire	arame (m) enfarpado	[a'rami ẽfar'padu]
barrier (anti tank ~)	barreira (f) anti-tanque	[ba'hejra ãtʃi-'tãki]
watchtower	torre (f) de vigia	['tohi de vi'ʒia]

military hospital	hospital (m) militar	[ospi'taw mili'tar]
to wound (vt)	ferir (vt)	[fe'rir]
wound	ferida (f)	[fe'rida]
wounded (n)	ferido (m)	[fe'ridu]
to be wounded	ficar ferido	[fi'kar fe'ridu]
serious (wound)	grave	['gravi]

185. War. Military actions. Part 2

captivity	cativeiro (m)	[katʃi'vejru]
to take captive	capturar (vt)	[kaptu'rar]
to be held captive	estar em cativeiro	[is'tar ẽ katʃi'vejru]
to be taken captive	ser aprisionado	[ser aprizjo'nadu]
concentration camp	campo (m) de concentração	['kãpu de kõsẽtra'sãw]

English	Portuguese	Pronunciation
prisoner of war	prisioneiro (m) de guerra	[prizjo'nejru de 'gɛha]
to escape (vi)	escapar (vi)	[iska'par]
to betray (vt)	trair (vt)	[tra'ir]
betrayer	traidor (m)	[traj'dor]
betrayal	traição (f)	[traj'sãw]
to execute (by firing squad)	fuzilar, executar (vt)	[fuzi'lar], [ezeku'tar]
execution (by firing squad)	fuzilamento (m)	[fuzila'mẽtu]
equipment (military gear)	equipamento (m)	[ekipa'mẽtu]
shoulder board	insígnia (f) de ombro	[ĩ'signia de 'õbru]
gas mask	máscara (f) de gás	['maskara de gajs]
field radio	rádio (m)	['hadʒju]
cipher, code	cifra (f), código (m)	['sifra], ['kɔdʒigu]
secrecy	conspiração (f)	[kõspira'sãw]
password	senha (f)	['sɛɲa]
land mine	mina (f)	['mina]
to mine (road, etc.)	minar (vt)	[mi'nar]
minefield	campo (m) minado	['kãpu mi'nadu]
air-raid warning	alarme (m) aéreo	[a'larmi a'erju]
alarm (alert signal)	alarme (m)	[a'larmi]
signal	sinal (m)	[si'naw]
signal flare	sinalizador (m)	[sinaliza'dor]
headquarters	quartel-general (m)	[kwar'tɛw ʒene'raw]
reconnaissance	reconhecimento (m)	[hekoɲesi'mẽtu]
situation	situação (f)	[sitwa'sãw]
report	relatório (m)	[hela'tɔrju]
ambush	emboscada (f)	[ẽbos'kada]
reinforcement (of army)	reforço (m)	[he'forsu]
target	alvo (m)	['awvu]
proving ground	campo (m) de tiro	['kãpu de 'tʃiru]
military exercise	manobras (f pl)	[ma'nɔbras]
panic	pânico (m)	['paniku]
devastation	devastação (f)	[devasta'sãw]
destruction, ruins	ruínas (f pl)	['hwinas]
to destroy (vt)	destruir (vt)	[dʒis'trwir]
to survive (vi, vt)	sobreviver (vi)	[sobrivi'ver]
to disarm (vt)	desarmar (vt)	[dʒizar'mar]
to handle (~ a gun)	manusear (vt)	[manu'zjar]
Attention!	Sentido!	[sẽ'tʃidu]
At ease!	Descansar!	[dʒiskã'sar]
feat, act of courage	façanha (f)	[fa'saɲa]

oath (vow)	**juramento** (m)	[ʒura'mẽtu]
to swear (an oath)	**jurar** (vi)	[ʒu'rar]
decoration (medal, etc.)	**condecoração** (f)	[kõdekora'sãw]
to award (give medal to)	**condecorar** (vt)	[kõdeko'rar]
medal	**medalha** (f)	[me'daʎa]
order (e.g., ~ of Merit)	**ordem** (f)	['ordẽ]
victory	**vitória** (f)	[vi'tɔrja]
defeat	**derrota** (f)	[de'hɔta]
armistice	**armistício** (m)	[armis'tʃisju]
standard (battle flag)	**bandeira** (f)	[bã'dejra]
glory (honor, fame)	**glória** (f)	['glɔrja]
parade	**parada** (f)	[pa'rada]
to march (on parade)	**marchar** (vi)	[mar'ʃar]

186. Weapons

weapons	**arma** (f)	['arma]
firearms	**arma** (f) **de fogo**	['arma de 'fogu]
cold weapons (knives, etc.)	**arma** (f) **branca**	['arma 'brãka]
chemical weapons	**arma** (f) **química**	['arma 'kimika]
nuclear (adj)	**nuclear**	[nu'kljar]
nuclear weapons	**arma** (f) **nuclear**	['arma nu'kljar]
bomb	**bomba** (f)	['bõba]
atomic bomb	**bomba** (f) **atômica**	['bõba a'tomika]
pistol (gun)	**pistola** (f)	[pis'tɔla]
rifle	**rifle** (m)	['hifli]
submachine gun	**semi-automática** (f)	[semi-awto'matʃika]
machine gun	**metralhadora** (f)	[metraʎa'dora]
muzzle	**boca** (f)	['boka]
barrel	**cano** (m)	['kanu]
caliber	**calibre** (m)	[ka'libri]
trigger	**gatilho** (m)	[ga'tʃiʎu]
sight (aiming device)	**mira** (f)	['mira]
magazine	**carregador** (m)	[kahega'dor]
butt (shoulder stock)	**coronha** (f)	[ko'rɔɲa]
hand grenade	**granada** (f) **de mão**	[gra'nada de mãw]
explosive	**explosivo** (m)	[isplo'zivu]
bullet	**bala** (f)	['bala]
cartridge	**cartucho** (m)	[kar'tuʃu]

| charge | carga (f) | ['karga] |
| ammunition | munições (f pl) | [muni'sõjs] |

bomber (aircraft)	bombardeiro (m)	[bõbar'dejru]
fighter	avião (m) de caça	[a'vjãw de 'kasa]
helicopter	helicóptero (m)	[eli'kɔpteru]

anti-aircraft gun	canhão (m) antiaéreo	[ka'ɲãw ãtʃja'ɛrju]
tank	tanque (m)	['tãki]
tank gun	canhão (m)	[ka'ɲãw]

artillery	artilharia (f)	[artʃiʎa'ria]
gun (cannon, howitzer)	canhão (m)	[ka'ɲãw]
to lay (a gun)	fazer a pontaria	[fa'zer a põta'ria]

shell (projectile)	projétil (m)	[pro'ʒɛtʃiw]
mortar bomb	granada (f) de morteiro	[gra'nada de mor'tejru]
mortar	morteiro (m)	[mor'tejru]
splinter (shell fragment)	estilhaço (m)	[istʃi'ʎasu]

submarine	submarino (m)	[subma'rinu]
torpedo	torpedo (m)	[tor'pedu]
missile	míssil (m)	['misiw]

to load (gun)	carregar (vt)	[kahe'gar]
to shoot (vi)	disparar, atirar (vi)	[dʒispa'rar], [atʃi'rar]
to point at (the cannon)	apontar para ...	[apõ'tar 'para]
bayonet	baioneta (f)	[bajo'neta]

rapier	espada (f)	[is'pada]
saber (e.g., cavalry ~)	sabre (m)	['sabri]
spear (weapon)	lança (f)	['lãsa]
bow	arco (m)	['arku]
arrow	flecha (f)	['flɛʃa]
musket	mosquete (m)	[mos'ketʃi]
crossbow	besta (f)	['besta]

187. Ancient people

primitive (prehistoric)	primitivo	[primi'tʃivu]
prehistoric (adj)	pré-histórico	[prɛ-is'tɔriku]
ancient (~ civilization)	antigo	[ã'tʃigu]

Stone Age	Idade (f) da Pedra	[i'dadʒi da 'pɛdra]
Bronze Age	Idade (f) do Bronze	[i'dadʒi du 'brõzi]
Ice Age	Era (f) do Gelo	['ɛra du 'ʒelu]

tribe	tribo (f)	['tribu]
cannibal	canibal (m)	[kani'baw]
hunter	caçador (m)	[kasa'dor]

| to hunt (vi, vt) | caçar (vi) | [ka'sar] |
| mammoth | mamute (m) | [ma'mutʃi] |

cave	caverna (f)	[ka'vɛrna]
fire	fogo (m)	['fogu]
campfire	fogueira (f)	[fo'gejra]
cave painting	pintura (f) rupestre	[pĩ'tura hu'pɛstri]

tool (e.g., stone ax)	ferramenta (f)	[feha'mẽta]
spear	lança (f)	['lãsa]
stone ax	machado (m) de pedra	[ma'ʃadu de 'pɛdra]
to be at war	guerrear (vt)	[ɡe'hjar]
to domesticate (vt)	domesticar (vt)	[domestʃi'kar]

idol	ídolo (m)	['idolu]
to worship (vt)	adorar, venerar (vt)	[ado'rar], [vene'rar]
superstition	superstição (f)	[superstʃi'sãw]
rite	ritual (m)	[hi'twaw]

evolution	evolução (f)	[evolu'sãw]
development	desenvolvimento (m)	[dʒizẽvowvi'mẽtu]
disappearance (extinction)	extinção (f)	[istʃi'sãw]
to adapt oneself	adaptar-se (vr)	[adap'tarse]

archeology	arqueologia (f)	[arkjolo'ʒia]
archeologist	arqueólogo (m)	[ar'kjɔlogu]
archeological (adj)	arqueológico	[arkjo'lɔʒiku]

excavation site	escavação (f)	[iskava'sãw]
excavations	escavações (f pl)	[iskava'sõjs]
find (object)	achado (m)	[a'ʃadu]
fragment	fragmento (m)	[frag'mẽtu]

188. Middle Ages

people (ethnic group)	povo (m)	['povu]
peoples	povos (m pl)	['pɔvus]
tribe	tribo (f)	['tribu]
tribes	tribos (f pl)	['tribus]

barbarians	bárbaros (pl)	['barbarus]
Gauls	gauleses (pl)	[gaw'lezes]
Goths	godos (pl)	['godus]
Slavs	eslavos (pl)	[iʃ'lavus]
Vikings	viquingues (pl)	['vikĩgis]

Romans	romanos (pl)	[ho'manus]
Roman (adj)	romano	[ho'manu]
Byzantines	bizantinos (pl)	[bizã'tʃinus]
Byzantium	Bizâncio	[bi'zãsju]

English	Portuguese	IPA
Byzantine (adj)	bizantino	[bizã'tʃinu]
emperor	imperador (m)	[ĩpera'dor]
leader, chief (tribal ~)	líder (m)	['lider]
powerful (~ king)	poderoso	[pode'rozu]
king	rei (m)	[hej]
ruler (sovereign)	governante (m)	[gover'nãtʃi]
knight	cavaleiro (m)	[kava'lejru]
feudal lord	senhor feudal (m)	[se'ɲor few'daw]
feudal (adj)	feudal	[few'daw]
vassal	vassalo (m)	[va'salu]
duke	duque (m)	['duki]
earl	conde (m)	['kõdʒi]
baron	barão (m)	[ba'rãw]
bishop	bispo (m)	['bispu]
armor	armadura (f)	[arma'dura]
shield	escudo (m)	[is'kudu]
sword	espada (f)	[is'pada]
visor	viseira (f)	[vi'zejra]
chainmail	cota (f) de malha	['kɔta de 'maʎa]
Crusade	cruzada (f)	[kru'zada]
crusader	cruzado (m)	[kru'zadu]
territory	território (m)	[tehi'tɔrju]
to attack (invade)	atacar (vt)	[ata'kar]
to conquer (vt)	conquistar (vt)	[kõkis'tar]
to occupy (invade)	ocupar, invadir (vt)	[oku'parsi], [ĩva'dʒir]
siege (to be under ~)	assédio, sítio (m)	[a'sɛdʒu], ['sitʃu]
besieged (adj)	sitiado	[si'tʃadu]
to besiege (vt)	assediar, sitiar (vt)	[ase'dʒjar], [si'tʃjar]
inquisition	inquisição (f)	[ĩkizi'sãw]
inquisitor	inquisidor (m)	[ĩkizi'dor]
torture	tortura (f)	[tor'tura]
cruel (adj)	cruel	[kru'ɛw]
heretic	herege (m)	[e'reʒi]
heresy	heresia (f)	[ere'zia]
seafaring	navegação (f) marítima	[navega'sãu ma'ritʃima]
pirate	pirata (m)	[pi'rata]
piracy	pirataria (f)	[pirata'ria]
boarding (attack)	abordagem (f)	[abor'daʒẽ]
loot, booty	presa (f), butim (m)	['preza], [bu'tʃĩ]
treasures	tesouros (m pl)	[te'zorus]
discovery	descobrimento (m)	[dʒiskobri'mẽtu]
to discover (new land, etc.)	descobrir (vt)	[dʒisko'brir]
expedition	expedição (f)	[ispedʒi'sãw]

musketeer	mosqueteiro (m)	[moske'tejru]
cardinal	cardeal (m)	[kar'dʒjaw]
heraldry	heráldica (f)	[e'rawdʒika]
heraldic (adj)	heráldico	[e'rawdʒiku]

189. Leader. Chief. Authorities

king	rei (m)	[hej]
queen	rainha (f)	[ha'iɲa]
royal (adj)	real	[he'aw]
kingdom	reino (m)	['hejnu]

| prince | príncipe (m) | ['prĩsipi] |
| princess | princesa (f) | [prĩ'seza] |

president	presidente (m)	[prezi'dẽtʃi]
vice-president	vice-presidente (m)	['visi-prezi'dẽtʃi]
senator	senador (m)	[sena'dor]
monarch	monarca (m)	[mo'narka]
ruler (sovereign)	governante (m)	[gover'nãtʃi]
dictator	ditador (m)	[dʒita'dor]
tyrant	tirano (m)	[tʃi'ranu]
magnate	magnata (m)	[mag'nata]

director	diretor (m)	[dʒire'tor]
chief	chefe (m)	['ʃɛfi]
manager (director)	gerente (m)	[ʒe'rẽtʃi]
boss	patrão (m)	[pa'trãw]
owner	dono (m)	['donu]
head (~ of delegation)	chefe (m)	['ʃɛfi]
authorities	autoridades (f pl)	[awtori'dadʒis]
superiors	superiores (m pl)	[supe'rjores]

governor	governador (m)	[governa'dor]
consul	cônsul (m)	['kõsuw]
diplomat	diplomata (m)	[dʒiplo'mata]
mayor	Presidente (m) da Câmara	[prezi'dẽtʃi da 'kamara]
sheriff	xerife (m)	[ʃe'rifi]

emperor	imperador (m)	[ĩpera'dor]
tsar, czar	czar (m)	['kzar]
pharaoh	faraó (m)	[fara'ɔ]
khan	cã, khan (m)	[kã]

190. Road. Way. Directions

| road | estrada (f) | [is'trada] |
| way (direction) | via (f) | ['via] |

English	Portuguese	Pronunciation
freeway	rodovia (f)	[hodo'via]
highway	autoestrada (f)	[awtois'trada]
interstate	estrada (f) nacional	[is'trada nasjo'naw]
main road	estrada (f) principal	[is'trada prĩsi'paw]
dirt road	estrada (f) de terra	[is'trada de 'tɛha]
pathway	trilha (f)	['triʎa]
footpath (troddenpath)	vereda (f)	[ve'reda]
Where?	Onde?	['õdʒi]
Where (to)?	Para onde?	['para 'õdʒi]
From where?	De onde?	[de 'õdʒi]
direction (way)	direção (f)	[dʒire'sãw]
to point (~ the way)	indicar (vt)	[ĩdʒi'kar]
to the left	para a esquerda	['para a is'kerda]
to the right	para a direita	['para a dʒi'rejta]
straight ahead (adv)	em frente	[ẽ 'frẽtʃi]
back (e.g., to turn ~)	para trás	['para trajs]
bend, curve	curva (f)	['kurva]
to turn (e.g., ~ left)	virar (vi)	[vi'rar]
to make a U-turn	dar retorno	[dar he'tornu]
to be visible (mountains, castle, etc.)	estar visível	[is'tar vi'zivew]
to appear (come into view)	aparecer (vi)	[apare'ser]
stop, halt (e.g., during a trip)	paragem (f)	[pa'raʒẽ]
to rest, to pause (vi)	descansar (vi)	[dʒiskã'sar]
rest (pause)	descanso, repouso (m)	[dʒis'kãsu], [he'pozu]
to lose one's way	perder-se (vr)	[per'dersi]
to lead to … (ab. road)	conduzir a …	[kõdu'zir a]
to come out (e.g., on the highway)	chegar a …	[ʃe'gar a]
stretch (of road)	trecho (m)	['treʃu]
asphalt	asfalto (m)	[as'fawtu]
curb	meio-fio (m)	['meju-'fiu]
ditch	valeta (f)	[va'leta]
manhole	tampa (f) de esgoto	['tãpa de iz'gotu]
roadside (shoulder)	acostamento (m)	[akosta'mẽtu]
pit, pothole	buraco (m)	[bu'raku]
to go (on foot)	ir (vi)	[ir]
to pass (overtake)	ultrapassar (vt)	[uwtrapa'sar]
step (footstep)	passo (m)	['pasu]
on foot (adv)	a pé	[a pɛ]

to block (road)	bloquear (vt)	[blo'kjar]
boom gate	cancela (f)	[kã'sɛla]
dead end	beco (m) sem saída	['beku sẽ sa'ida]

191. Breaking the law. Criminals. Part 1

bandit	bandido (m)	[bã'dʒidu]
crime	crime (m)	['krimi]
criminal (person)	criminoso (m)	[krimi'nozu]
thief	ladrão (m)	[la'drãw]
to steal (vi, vt)	roubar (vt)	[ho'bar]
stealing (larceny)	furto (m)	['furtu]
theft	furto (m)	['furtu]
to kidnap (vt)	raptar, sequestrar (vt)	[hap'tar], [sekwes'trar]
kidnapping	sequestro (m)	[se'kwɛstru]
kidnapper	sequestrador (m)	[sekwestra'dor]
ransom	resgate (m)	[hez'gatʃi]
to demand ransom	pedir resgate	[pe'dʒir hez'gatʃi]
to rob (vt)	roubar (vt)	[ho'bar]
robbery	assalto, roubo (m)	[a'sawtu], ['hobu]
robber	assaltante (m)	[asaw'tãtʃi]
to extort (vt)	extorquir (vt)	[istor'kir]
extortionist	extorsionário (m)	[istorsjo'narju]
extortion	extorsão (f)	[istor'sãw]
to murder, to kill	matar, assassinar (vt)	[ma'tar], [asasi'nar]
murder	homicídio (m)	[omi'sidʒju]
murderer	homicida, assassino (m)	[ɔmi'sida], [asa'sinu]
gunshot	tiro (m)	['tʃiru]
to fire (~ a shot)	dar um tiro	[dar ũ 'tʃiru]
to shoot to death	matar a tiro	[ma'tar a 'tʃiru]
to shoot (vi)	disparar, atirar (vi)	[dʒispa'rar], [atʃi'rar]
shooting	tiroteio (m)	[tʃiro'teju]
incident (fight, etc.)	incidente (m)	[ĩsi'dẽtʃi]
fight, brawl	briga (f)	['briga]
Help!	Socorro!	[so'kohu]
victim	vítima (f)	['vitʃima]
to damage (vt)	danificar (vt)	[danifi'kar]
damage	dano (m)	['danu]
dead body, corpse	cadáver (m)	[ka'daver]
grave (~ crime)	grave	['gravi]
to attack (vt)	atacar (vt)	[ata'kar]

to beat (to hit)	bater (vt)	[ba'ter]
to beat up	espancar (vt)	[ispã'kar]
to take (rob of sth)	tirar (vt)	[tʃi'rar]
to stab to death	esfaquear (vt)	[isfaki'ar]
to maim (vt)	mutilar (vt)	[mutʃi'lar]
to wound (vt)	ferir (vt)	[fe'rir]
blackmail	chantagem (f)	[ʃã'taʒẽ]
to blackmail (vt)	chantagear (vt)	[ʃãta'ʒjar]
blackmailer	chantagista (m)	[ʃãta'ʒista]
protection racket	extorsão (f)	[istor'sãw]
racketeer	extorsionário (m)	[istorsjo'narju]
gangster	gângster (m)	['gãŋster]
mafia, Mob	máfia (f)	['mafja]
pickpocket	punguista (m)	[pũ'gista]
burglar	assaltante, ladrão (m)	[asaw'tãtʃi], [la'drãw]
smuggling	contrabando (m)	[kõtra'bãdu]
smuggler	contrabandista (m)	[kõtrabã'dʒista]
forgery	falsificação (f)	[fawsifika'sãw]
to forge (counterfeit)	falsificar (vt)	[fawsifi'kar]
fake (forged)	falsificado	[fawsifi'kadu]

192. Breaking the law. Criminals. Part 2

rape	estupro (m)	[is'tupru]
to rape (vt)	estuprar (vt)	[istu'prar]
rapist	estuprador (m)	[istupra'dor]
maniac	maníaco (m)	[ma'niaku]
prostitute (fem.)	prostituta (f)	[prostʃi'tuta]
prostitution	prostituição (f)	[prostʃitwi'sãw]
pimp	cafetão (m)	[kafe'tãw]
drug addict	drogado (m)	[dro'gadu]
drug dealer	traficante (m)	[trafi'kãtʃi]
to blow up (bomb)	explodir (vt)	[isplo'dʒir]
explosion	explosão (f)	[isplo'zãw]
to set fire	incendiar (vt)	[ĩsẽ'dʒjar]
arsonist	incendiário (m)	[ĩsẽ'dʒjarju]
terrorism	terrorismo (m)	[teho'rizmu]
terrorist	terrorista (m)	[teho'rista]
hostage	refém (m)	[he'fẽ]
to swindle (deceive)	enganar (vt)	[ẽga'nar]
swindle, deception	engano (m)	[ẽ'gãnu]

swindler	vigarista (m)	[viga'rista]
to bribe (vt)	subornar (vt)	[subor'nar]
bribery	suborno (m)	[su'bornu]
bribe	suborno (m)	[su'bornu]
poison	veneno (m)	[ve'nɛnu]
to poison (vt)	envenenar (vt)	[ẽvene'nar]
to poison oneself	envenenar-se (vr)	[ẽvene'narsi]
suicide (act)	suicídio (m)	[swi'sidʒju]
suicide (person)	suicida (m)	[swi'sida]
to threaten (vt)	ameaçar (vt)	[amea'sar]
threat	ameaça (f)	[ame'asa]
to make an attempt	atentar contra a vida de ...	[atẽ'tar 'kõtra a 'vida de]
attempt (attack)	atentado (m)	[atẽ'tadu]
to steal (a car)	roubar (vt)	[ho'bar]
to hijack (a plane)	sequestrar (vt)	[sekwes'trar]
revenge	vingança (f)	[vĩ'gãsa]
to avenge (get revenge)	vingar (vt)	[vĩ'gar]
to torture (vt)	torturar (vt)	[tortu'rar]
torture	tortura (f)	[tor'tura]
to torment (vt)	atormentar (vt)	[atormẽ'tar]
pirate	pirata (m)	[pi'rata]
hooligan	desordeiro (m)	[dʒizor'dejru]
armed (adj)	armado	[ar'madu]
violence	violência (f)	[vjo'lẽsja]
illegal (unlawful)	ilegal	[ile'gaw]
spying (espionage)	espionagem (f)	[ispio'naʒẽ]
to spy (vi)	espionar (vi)	[ispjo'nar]

193. Police. Law. Part 1

justice	justiça (f)	[ʒus'tʃisa]
court (see you in ~)	tribunal (m)	[tribu'naw]
judge	juiz (m)	[ʒwiz]
jurors	jurados (m pl)	[ʒu'radus]
jury trial	tribunal (m) do júri	[tribu'naw du 'ʒuri]
to judge, to try (vt)	julgar (vt)	[ʒuw'gar]
lawyer, attorney	advogado (m)	[adʒivo'gadu]
defendant	réu (m)	['hɛw]
dock	banco (m) dos réus	['bãku dus hɛws]

English	Portuguese	Pronunciation
charge	acusação (f)	[akuza'sãw]
accused	acusado (m)	[aku'zadu]
sentence	sentença (f)	[sẽ'tẽsa]
to sentence (vt)	sentenciar (vt)	[sẽtẽ'sjar]
guilty (culprit)	culpado (m)	[kuw'padu]
to punish (vt)	punir (vt)	[pu'nir]
punishment	punição (f)	[puni'sãw]
fine (penalty)	multa (f)	['muwta]
life imprisonment	prisão (f) perpétua	[pri'zãw per'pɛtwa]
death penalty	pena (f) de morte	['pena de 'mɔrtʃi]
electric chair	cadeira (f) elétrica	[ka'dejra e'lɛtrika]
gallows	forca (f)	['fɔrka]
to execute (vt)	executar (vt)	[ezeku'tar]
execution	execução (f)	[ezeku'sãw]
prison, jail	prisão (f)	[pri'zãw]
cell	cela (f) de prisão	['sɛla de pri'zãw]
escort (convoy)	escolta (f)	[is'kɔwta]
prison guard	guarda (m) prisional	['gwarda prizjo'naw]
prisoner	preso (m)	['prezu]
handcuffs	algemas (f pl)	[aw'ʒɛmas]
to handcuff (vt)	algemar (vt)	[awʒe'mar]
prison break	fuga, evasão (f)	['fuga], [eva'zãw]
to break out (vi)	fugir (vi)	[fu'ʒir]
to disappear (vi)	desaparecer (vi)	[dʒizapare'ser]
to release (from prison)	soltar, libertar (vt)	[sow'tar], [liber'tar]
amnesty	anistia (f)	[anis'tʃia]
police	polícia (f)	[po'lisja]
police officer	polícia (m)	[po'lisja]
police station	delegacia (f) de polícia	[delega'sia de po'lisja]
billy club	cassetete (m)	[kase'tɛtʃi]
bullhorn	megafone (m)	[mega'fɔni]
patrol car	carro (m) de patrulha	['kaho de pa'truʎa]
siren	sirene (f)	[si'rɛni]
to turn on the siren	ligar a sirene	[li'gar a si'rɛni]
siren call	toque (m) da sirene	['tɔki da si'rɛni]
crime scene	cena (f) do crime	['sɛna du 'krimi]
witness	testemunha (f)	[teste'muɲa]
freedom	liberdade (f)	[liber'dadʒi]
accomplice	cúmplice (m)	['kũplisi]
to flee (vi)	escapar (vi)	[iska'par]
trace (to leave a ~)	traço (m)	['trasu]

194. Police. Law. Part 2

search (investigation)	**procura** (f)	[pro'kura]
to look for …	**procurar** (vt)	[proku'rar]
suspicion	**suspeita** (f)	[sus'pejta]
suspicious (e.g., ~ vehicle)	**suspeito**	[sus'pejtu]
to stop (cause to halt)	**parar** (vt)	[pa'rar]
to detain (keep in custody)	**deter** (vt)	[de'ter]
case (lawsuit)	**caso** (m)	['kazu]
investigation	**investigação** (f)	[ĩvestʃiga'sãw]
detective	**detetive** (m)	[dete'tʃivi]
investigator	**investigador** (m)	[ĩvestʃiga'dor]
hypothesis	**versão** (f)	[ver'sãw]
motive	**motivo** (m)	[mo'tʃivu]
interrogation	**interrogatório** (m)	[ĩtehoga'tɔrju]
to interrogate (vt)	**interrogar** (vt)	[ĩteho'gar]
to question (~ neighbors, etc.)	**questionar** (vt)	[kestʃo'nar]
check (identity ~)	**verificação** (f)	[verifika'sãw]
round-up (raid)	**batida** (f) **policial**	[ba'tʃida poli'sjaw]
search (~ warrant)	**busca** (f)	['buska]
chase (pursuit)	**perseguição** (f)	[persegi'sãw]
to pursue, to chase	**perseguir** (vt)	[perse'gir]
to track (a criminal)	**seguir, rastrear** (vt)	[se'gir], [has'trjar]
arrest	**prisão** (f)	[pri'zãw]
to arrest (sb)	**prender** (vt)	[prẽ'der]
to catch (thief, etc.)	**pegar, capturar** (vt)	[pe'gar], [kaptu'rar]
capture	**captura** (f)	[kap'tura]
document	**documento** (m)	[doku'mẽtu]
proof (evidence)	**prova** (f)	['prɔva]
to prove (vt)	**provar** (vt)	[pro'var]
footprint	**pegada** (f)	[pe'gada]
fingerprints	**impressões** (f pl) **digitais**	[impre'sõjs dʒiʒi'tajs]
piece of evidence	**prova** (f)	['prɔva]
alibi	**álibi** (m)	['alibi]
innocent (not guilty)	**inocente**	[ino'sẽtʃi]
injustice	**injustiça** (f)	[ĩʒus'tʃisa]
unjust, unfair (adj)	**injusto**	[ĩ'ʒustu]
criminal (adj)	**criminal**	[krimi'naw]
to confiscate (vt)	**confiscar** (vt)	[kõfis'kar]
drug (illegal substance)	**droga** (f)	['drɔga]
weapon, gun	**arma** (f)	['arma]
to disarm (vt)	**desarmar** (vt)	[dʒizar'mar]
to order (command)	**ordenar** (vt)	[orde'nar]

to disappear (vi)	**desaparecer** (vi)	[dʒizapareˈser]
law	**lei** (f)	[lej]
legal, lawful (adj)	**legal**	[leˈgaw]
illegal, illicit (adj)	**ilegal**	[ileˈgaw]
responsibility (blame)	**responsabilidade** (f)	[hespõsabiliˈdadʒi]
responsible (adj)	**responsável**	[hespõˈsavew]

NATURE

The Earth. Part 1

195. Outer space

space	espaço, cosmo (m)	[is'pasu], ['kɔzmu]
space (as adj)	espacial, cósmico	[ispa'sjaw], ['kɔzmiku]
outer space	espaço (m) cósmico	[is'pasu 'kɔzmiku]
world	mundo (m)	['mũdu]
universe	universo (m)	[uni'vɛrsu]
galaxy	galáxia (f)	[ga'laksja]
star	estrela (f)	[is'trela]
constellation	constelação (f)	[kõstela'sãw]
planet	planeta (m)	[pla'neta]
satellite	satélite (m)	[sa'tɛlitʃi]
meteorite	meteorito (m)	[meteo'ritu]
comet	cometa (m)	[ko'meta]
asteroid	asteroide (m)	[aste'rɔjdʒi]
orbit	órbita (f)	['ɔrbita]
to revolve (~ around the Earth)	girar (vi)	[ʒi'rar]
atmosphere	atmosfera (f)	[atmos'fɛra]
the Sun	Sol (m)	[sɔw]
solar system	Sistema (m) Solar	[sis'tɛma so'lar]
solar eclipse	eclipse (m) solar	[e'klipsi so'lar]
the Earth	Terra (f)	['tɛha]
the Moon	Lua (f)	['lua]
Mars	Marte (m)	['martʃi]
Venus	Vênus (f)	['venus]
Jupiter	Júpiter (m)	['ʒupiter]
Saturn	Saturno (m)	[sa'turnu]
Mercury	Mercúrio (m)	[mer'kurju]
Uranus	Urano (m)	[u'ranu]
Neptune	Netuno (m)	[ne'tunu]
Pluto	Plutão (m)	[plu'tãw]
Milky Way	Via Láctea (f)	['via 'laktja]

| Great Bear (Ursa Major) | **Ursa Maior** (f) | [ursa ma'jɔr] |
| North Star | **Estrela Polar** (f) | [is'trela po'lar] |

Martian	**marciano** (m)	[mar'sjanu]
extraterrestrial (n)	**extraterrestre** (m)	[estrate'hɛstri]
alien	**alienígena** (m)	[alje'niʒena]
flying saucer	**disco** (m) **voador**	['dʒisku vwa'dor]

spaceship	**nave** (f) **espacial**	['navi ispa'sjaw]
space station	**estação** (f) **orbital**	[eʃta'sãw orbi'taw]
blast-off	**lançamento** (m)	[lãsa'mẽtu]

engine	**motor** (m)	[mo'tor]
nozzle	**bocal** (m)	[bo'kaw]
fuel	**combustível** (m)	[kõbus'tʃivew]

cockpit, flight deck	**cabine** (f)	[ka'bini]
antenna	**antena** (f)	[ã'tɛna]
porthole	**vigia** (f)	[vi'ʒia]
solar panel	**bateria** (f) **solar**	[bate'ria so'lar]
spacesuit	**traje** (m) **espacial**	['traʒi ispa'sjaw]

| weightlessness | **imponderabilidade** (f) | [ĩpõderabili'dadʒi] |
| oxygen | **oxigênio** (m) | [oksi'ʒenju] |

| docking (in space) | **acoplagem** (f) | [ako'plaʒẽ] |
| to dock (vi, vt) | **fazer uma acoplagem** | [fa'zer 'uma ako'plaʒẽ] |

observatory	**observatório** (m)	[observa'tɔrju]
telescope	**telescópio** (m)	[tele'skɔpju]
to observe (vt)	**observar** (vt)	[obser'var]
to explore (vt)	**explorar** (vt)	[isplo'rar]

196. The Earth

the Earth	**Terra** (f)	['tɛha]
the globe (the Earth)	**globo** (m) **terrestre**	['globu te'hɛstri]
planet	**planeta** (m)	[pla'neta]

atmosphere	**atmosfera** (f)	[atmos'fɛra]
geography	**geografia** (f)	[ʒeogra'fia]
nature	**natureza** (f)	[natu'reza]

globe (table ~)	**globo** (m)	['globu]
map	**mapa** (m)	['mapa]
atlas	**atlas** (m)	['atlas]

Europe	**Europa** (f)	[ew'rɔpa]
Asia	**Ásia** (f)	['azja]
Africa	**África** (f)	['afrika]

Australia	**Austrália** (f)	[aws'tralja]
America	**América** (f)	[a'mɛrika]
North America	**América** (f) **do Norte**	[a'mɛrika du 'nɔrtʃi]
South America	**América** (f) **do Sul**	[a'mɛrika du suw]
Antarctica	**Antártida** (f)	[ã'tartʃida]
the Arctic	**Ártico** (m)	['artʃiku]

197. Cardinal directions

north	**norte** (m)	['nɔrtʃi]
to the north	**para norte**	['para 'nɔrtʃi]
in the north	**no norte**	[nu 'nɔrtʃi]
northern (adj)	**do norte**	[du 'nɔrtʃi]
south	**sul** (m)	[suw]
to the south	**para sul**	['para suw]
in the south	**no sul**	[nu suw]
southern (adj)	**do sul**	[du suw]
west	**oeste, ocidente** (m)	['wɛstʃi], [osi'dẽtʃi]
to the west	**para oeste**	['para 'wɛstʃi]
in the west	**no oeste**	[nu 'wɛstʃi]
western (adj)	**ocidental**	[osidẽ'taw]
east	**leste, oriente** (m)	['lɛstʃi], [o'rjẽtʃi]
to the east	**para leste**	['para 'lɛstʃi]
in the east	**no leste**	[nu 'lɛstʃi]
eastern (adj)	**oriental**	[orjẽ'taw]

198. Sea. Ocean

sea	**mar** (m)	[mah]
ocean	**oceano** (m)	[o'sjanu]
gulf (bay)	**golfo** (m)	['gowfu]
straits	**estreito** (m)	[is'trejtu]
land (solid ground)	**terra** (f) **firme**	['tɛha 'firmi]
continent (mainland)	**continente** (m)	[kõtʃi'nẽtʃi]
island	**ilha** (f)	['iʎa]
peninsula	**península** (f)	[pe'nĩsula]
archipelago	**arquipélago** (m)	[arki'pɛlagu]
bay, cove	**baía** (f)	[ba'ia]
harbor	**porto** (m)	['portu]
lagoon	**lagoa** (f)	[la'goa]
cape	**cabo** (m)	['kabu]
atoll	**atol** (m)	[a'tɔw]

reef	recife (m)	[heˈsifi]
coral	coral (m)	[koˈraw]
coral reef	recife (m) de coral	[heˈsifi de koˈraw]

deep (adj)	profundo	[proˈfũdu]
depth (deep water)	profundidade (f)	[profũdʒiˈdadʒi]
abyss	abismo (m)	[aˈbizmu]
trench (e.g., Mariana ~)	fossa (f) oceânica	[ˈfɔsa oˈsjanika]

current (Ocean ~)	corrente (f)	[koˈhẽtʃi]
to surround (bathe)	banhar (vt)	[baˈɲar]

shore	litoral (m)	[litoˈraw]
coast	costa (f)	[ˈkɔsta]

flow (flood tide)	maré (f) alta	[maˈrɛ ˈawta]
ebb (ebb tide)	refluxo (m)	[heˈfluksu]
shoal	restinga (f)	[hesˈtʃĩga]
bottom (~ of the sea)	fundo (m)	[ˈfũdu]
wave	onda (f)	[ˈõda]
crest (~ of a wave)	crista (f) da onda	[ˈkrista da ˈõda]
spume (sea foam)	espuma (f)	[isˈpuma]

storm (sea storm)	tempestade (f)	[tẽpesˈtadʒi]
hurricane	furacão (m)	[furaˈkãw]
tsunami	tsunami (m)	[tsuˈnami]
calm (dead ~)	calmaria (f)	[kawmaˈria]
quiet, calm (adj)	calmo	[ˈkawmu]

pole	polo (m)	[ˈpɔlu]
polar (adj)	polar	[poˈlar]

latitude	latitude (f)	[latʃiˈtudʒi]
longitude	longitude (f)	[lõʒiˈtudʒi]
parallel	paralela (f)	[paraˈlɛla]
equator	equador (m)	[ekwaˈdor]

sky	céu (m)	[sɛw]
horizon	horizonte (m)	[oriˈzõtʃi]
air	ar (m)	[ar]

lighthouse	farol (m)	[faˈrɔw]
to dive (vi)	mergulhar (vi)	[merguˈʎar]
to sink (ab. boat)	afundar-se (vr)	[afũˈdarse]
treasures	tesouros (m pl)	[teˈzorus]

199. Seas' and Oceans' names

Atlantic Ocean	Oceano (m) Atlântico	[oˈsjanu atˈlãtʃiku]
Indian Ocean	Oceano (m) Índico	[oˈsjanu ˈĩdiku]

| Pacific Ocean | Oceano (m) Pacífico | [o'sjanu pa'sifiku] |
| Arctic Ocean | Oceano (m) Ártico | [o'sjanu 'artʃiku] |

Black Sea	Mar (m) Negro	[mah 'negru]
Red Sea	Mar (m) Vermelho	[mah ver'meʎu]
Yellow Sea	Mar (m) Amarelo	[mah ama'rɛlu]
White Sea	Mar (m) Branco	[mah 'brãku]

Caspian Sea	Mar (m) Cáspio	[mah 'kaspju]
Dead Sea	Mar (m) Morto	[mah 'mortu]
Mediterranean Sea	Mar (m) Mediterrâneo	[mah medʒite'hanju]

| Aegean Sea | Mar (m) Egeu | [mah e'ʒew] |
| Adriatic Sea | Mar (m) Adriático | [mah a'drjatʃiku] |

Arabian Sea	Mar (m) Arábico	[mah a'rabiku]
Sea of Japan	Mar (m) do Japão	[mah du ʒa'pãw]
Bering Sea	Mar (m) de Bering	[mah de berĩgi]
South China Sea	Mar (m) da China Meridional	[mah da 'ʃina meridʒjo'naw]

Coral Sea	Mar (m) de Coral	[mah de ko'raw]
Tasman Sea	Mar (m) de Tasman	[mah de tazman]
Caribbean Sea	Mar (m) do Caribe	[mah du ka'ribi]

| Barents Sea | Mar (m) de Barents | [mah de barẽts] |
| Kara Sea | Mar (m) de Kara | [mah de 'kara] |

North Sea	Mar (m) do Norte	[mah du 'nɔrtʃi]
Baltic Sea	Mar (m) Báltico	[mah 'bawtʃiku]
Norwegian Sea	Mar (m) da Noruega	[mah da nor'wɛga]

200. Mountains

mountain	montanha (f)	[mõ'taɲa]
mountain range	cordilheira (f)	[kordʒi'ʎejra]
mountain ridge	serra (f)	['sɛha]

summit, top	cume (m)	['kumi]
peak	pico (m)	['piku]
foot (~ of the mountain)	pé (m)	[pɛ]
slope (mountainside)	declive (m)	[de'klivi]

volcano	vulcão (m)	[vuw'kãw]
active volcano	vulcão (m) ativo	[vuw'kãw a'tʃivu]
dormant volcano	vulcão (m) extinto	[vuw'kãw is'tʃĩtu]

eruption	erupção (f)	[erup'sãw]
crater	cratera (f)	[kra'tɛra]
magma	magma (m)	['magma]

lava	lava (f)	['lava]
molten (~ lava)	fundido	[fũ'dʒidu]
canyon	cânion, desfiladeiro (m)	['kanjon], [dʒisfila'dejru]
gorge	garganta (f)	[gar'gãta]
crevice	fenda (f)	['fẽda]
abyss (chasm)	precipício (m)	[presi'pisju]
pass, col	passo, colo (m)	['pasu], ['kɔlu]
plateau	planalto (m)	[pla'nawtu]
cliff	falésia (f)	[fa'lɛzja]
hill	colina (f)	[ko'lina]
glacier	geleira (f)	[ʒe'lejra]
waterfall	cachoeira (f)	[kaʃ'wejra]
geyser	gêiser (m)	['ʒɛjzer]
lake	lago (m)	['lagu]
plain	planície (f)	[pla'nisi]
landscape	paisagem (f)	[paj'zaʒẽ]
echo	eco (m)	['ɛku]
alpinist	alpinista (m)	[awpi'nista]
rock climber	escalador (m)	[iskala'dor]
to conquer (in climbing)	conquistar (vt)	[kõkis'tar]
climb (an easy ~)	subida, escalada (f)	[su'bida], [iska'lada]

201. Mountains names

The Alps	Alpes (m pl)	['awpis]
Mont Blanc	Monte Branco (m)	['mõtʃi 'brãku]
The Pyrenees	Pirineus (m pl)	[piri'news]
The Carpathians	Cárpatos (m pl)	['karpatus]
The Ural Mountains	Urais (m pl)	[u'rajs]
The Caucasus Mountains	Cáucaso (m)	['kawkazu]
Mount Elbrus	Elbrus (m)	[el'brus]
The Altai Mountains	Altai (m)	[al'taj]
The Tian Shan	Tian Shan (m)	[tjan ʃan]
The Pamir Mountains	Pamir (m)	[pa'mir]
The Himalayas	Himalaia (m)	[ima'laja]
Mount Everest	monte Everest (m)	['mõtʃi eve'rest]
The Andes	Cordilheira (f) dos Andes	[kordʒi'ʎejra dus 'ãdʒis]
Mount Kilimanjaro	Kilimanjaro (m)	[kilimã'ʒaru]

202. Rivers

river	rio (m)	['hiu]
spring (natural source)	fonte, nascente (f)	['fõtʃi], [na'sẽtʃi]
riverbed (river channel)	leito (m) de rio	['lejtu de 'hiu]
basin (river valley)	bacia (f)	[ba'sia]
to flow into ...	desaguar no ...	[dʒiza'gwar nu]
tributary	afluente (m)	[a'flwẽtʃi]
bank (of river)	margem (f)	['marʒẽ]
current (stream)	corrente (f)	[ko'hẽtʃi]
downstream (adv)	rio abaixo	['hiu a'baɪʃu]
upstream (adv)	rio acima	['hiu a'sima]
inundation	inundação (f)	[ĩtrodu'sãw]
flooding	cheia (f)	['ʃeja]
to overflow (vi)	transbordar (vi)	[trãzbor'dar]
to flood (vt)	inundar (vt)	[inũ'dar]
shallow (shoal)	banco (m) de areia	['bãku de a'reja]
rapids	corredeira (f)	[kohe'dejra]
dam	barragem (f)	[ba'haʒẽ]
canal	canal (m)	[ka'naw]
reservoir (artificial lake)	reservatório (m) de água	[hezerva'tɔrju de 'agwa]
sluice, lock	eclusa (f)	[e'kluza]
water body (pond, etc.)	corpo (m) de água	['korpu de 'agwa]
swamp (marshland)	pântano (m)	['pãtanu]
bog, marsh	lamaçal (m)	[lama'saw]
whirlpool	rodamoinho (m)	[hodamo'iɲu]
stream (brook)	riacho (m)	['hjaʃu]
drinking (ab. water)	potável	[po'tavew]
fresh (~ water)	doce	['dosi]
ice	gelo (m)	['ʒelu]
to freeze over (ab. river, etc.)	congelar-se (vr)	[kõʒe'larsi]

203. Rivers' names

Seine	rio Sena (m)	['hiu 'sɛna]
Loire	rio Loire (m)	['hiu lu'ar]
Thames	rio Tâmisa (m)	['hiu 'tamiza]
Rhine	rio Reno (m)	['hiu 'henu]
Danube	rio Danúbio (m)	['hiu da'nubju]

Volga	rio Volga (m)	['hiu 'vɔlga]
Don	rio Don (m)	['hiu dɔn]
Lena	rio Lena (m)	['hiu 'lena]
Yellow River	rio Amarelo (m)	['hiu ama'rɛlu]
Yangtze	rio Yangtzé (m)	['hiu jã'gtzɛ]
Mekong	rio Mekong (m)	['hiu mi'kõg]
Ganges	rio Ganges (m)	['hiu 'gændʒi:z]
Nile River	rio Nilo (m)	['hiu 'nilu]
Congo River	rio Congo (m)	['hiu 'kõgu]
Okavango River	rio Cubango (m)	['hiu ku'bãgu]
Zambezi River	rio Zambeze (m)	['hiu zã'bezi]
Limpopo River	rio Limpopo (m)	['hiu li'popu]
Mississippi River	rio Mississippi (m)	['hiu misi'sipi]

204. Forest

forest, wood	floresta (f), bosque (m)	[flo'rɛsta], ['bɔski]
forest (as adj)	florestal	[flores'taw]
thick forest	mata (f) fechada	['mata fe'ʃada]
grove	arvoredo (m)	[arvo'redu]
forest clearing	clareira (f)	[kla'rejra]
thicket	matagal (m)	[mata'gaw]
scrubland	mato (m), caatinga (f)	['matu], [ka'tʃĩga]
footpath (troddenpath)	trilha, vereda (f)	['triʎa], [ve'reda]
gully	ravina (f)	[ha'vina]
tree	árvore (f)	['arvori]
leaf	folha (f)	['foʎa]
leaves (foliage)	folhagem (f)	[fo'ʎaʒẽ]
fall of leaves	queda (f) das folhas	['kɛda das 'foʎas]
to fall (ab. leaves)	cair (vi)	[ka'ir]
top (of the tree)	topo (m)	['topu]
branch	ramo (m)	['hamu]
bough	galho (m)	['gaʎu]
bud (on shrub, tree)	botão (m)	[bo'tãw]
needle (of pine tree)	agulha (f)	[a'guʎa]
pine cone	pinha (f)	['piɲa]
tree hollow	buraco (m) de árvore	[bu'raku de 'arvori]
nest	ninho (m)	['niɲu]
burrow (animal hole)	toca (f)	['tɔka]
trunk	tronco (m)	['trõku]
root	raiz (f)	[ha'iz]

bark	casca (f) de árvore	['kaska de 'arvori]
moss	musgo (m)	['muzgu]
to uproot (remove trees or tree stumps)	arrancar pela raiz	[ahã'kar 'pɛla ha'iz]
to chop down	cortar (vt)	[kor'tar]
to deforest (vt)	desflorestar (vt)	[dʒisflores'tar]
tree stump	toco, cepo (m)	['toku], ['sepu]
campfire	fogueira (f)	[fo'gejra]
forest fire	incêndio (m) florestal	[ĩ'sẽdʒju flores'taw]
to extinguish (vt)	apagar (vt)	[apa'gar]
forest ranger	guarda-parque (m)	['gwarda 'parki]
protection	proteção (f)	[prote'sãw]
to protect (~ nature)	proteger (vt)	[prote'ʒer]
poacher	caçador (m) furtivo	[kasa'dor fur'tʃivu]
steel trap	armadilha (f)	arma'dʒiʎa]
to gather, to pick (vt)	colher (vt)	[ko'ʎer]
to lose one's way	perder-se (vr)	[per'dersi]

205. Natural resources

natural resources	recursos (m pl) naturais	[he'kursus natu'rajs]
minerals	minerais (m pl)	[mine'rajs]
deposits	depósitos (m pl)	[de'pɔzitus]
field (e.g., oilfield)	jazida (f)	[ʒa'zida]
to mine (extract)	extrair (vt)	[istra'jir]
mining (extraction)	extração (f)	[istra'sãw]
ore	minério (m)	[mi'nɛrju]
mine (e.g., for coal)	mina (f)	['mina]
shaft (mine ~)	poço (m) de mina	['posu de 'mina]
miner	mineiro (m)	[mi'nejru]
gas (natural ~)	gás (m)	[gajs]
gas pipeline	gasoduto (m)	[gazo'dutu]
oil (petroleum)	petróleo (m)	[pe'trɔlju]
oil pipeline	oleoduto (m)	[oljo'dutu]
oil well	poço (m) de petróleo	['posu de pe'trɔlju]
derrick (tower)	torre (f) petrolífera	['tohi petro'lifera]
tanker	petroleiro (m)	[petro'lejru]
sand	areia (f)	[a'reja]
limestone	calcário (m)	[kaw'karju]
gravel	cascalho (m)	[kas'kaʎu]
peat	turfa (f)	['turfa]
clay	argila (f)	[ar'ʒila]

coal	carvão (m)	[kar'vãw]
iron (ore)	ferro (m)	['fɛhu]
gold	ouro (m)	['oru]
silver	prata (f)	['prata]
nickel	níquel (m)	['nikew]
copper	cobre (m)	['kɔbri]

zinc	zinco (m)	['zĩku]
manganese	manganês (m)	[mãga'nes]
mercury	mercúrio (m)	[mer'kurju]
lead	chumbo (m)	['ʃũbu]

mineral	mineral (m)	[mine'raw]
crystal	cristal (m)	[kris'taw]
marble	mármore (m)	['marmori]
uranium	urânio (m)	[u'ranju]

The Earth. Part 2

206. Weather

weather	tempo (m)	['tẽpu]
weather forecast	previsão (f) do tempo	[previ'zãw du 'tẽpu]
temperature	temperatura (f)	[tẽpera'tura]
thermometer	termômetro (m)	[ter'mometru]
barometer	barômetro (m)	[ba'rometru]

humid (adj)	úmido	['umidu]
humidity	umidade (f)	[umi'dadʒi]
heat (extreme ~)	calor (m)	[ka'lor]
hot (torrid)	tórrido	['tɔhidu]
it's hot	está muito calor	[is'ta 'mwĩtu ka'lor]

it's warm	está calor	[is'ta ka'lor]
warm (moderately hot)	quente	['kẽtʃi]

it's cold	está frio	[is'ta 'friu]
cold (adj)	frio	['friu]

sun	sol (m)	[sɔw]
to shine (vi)	brilhar (vi)	[bri'ʎar]
sunny (day)	de sol, ensolarado	[de sɔw], [ẽsola'radu]
to come up (vi)	nascer (vi)	[na'ser]
to set (vi)	pôr-se (vr)	['porsi]

cloud	nuvem (f)	['nuvẽj]
cloudy (adj)	nublado	[nu'bladu]
rain cloud	nuvem (f) preta	['nuvẽj 'preta]
somber (gloomy)	escuro	[is'kuru]

rain	chuva (f)	['ʃuva]
it's raining	está a chover	[is'ta a ʃo'ver]
rainy (~ day, weather)	chuvoso	[ʃu'vozu]
to drizzle (vi)	chuviscar (vi)	[ʃuvis'kar]

pouring rain	chuva (f) torrencial	['ʃuva tohẽ'sjaw]
downpour	aguaceiro (m)	[agwa'sejru]
heavy (e.g., ~ rain)	forte	['fɔrtʃi]
puddle	poça (f)	['posa]
to get wet (in rain)	molhar-se (vr)	[mo'ʎarsi]

fog (mist)	nevoeiro (m)	[nevo'ejru]
foggy	de nevoeiro	[de nevu'ejru]

| snow | neve (f) | ['nɛvi] |
| it's snowing | está nevando | [is'ta ne'vãdu] |

207. Severe weather. Natural disasters

thunderstorm	trovoada (f)	[tro'vwada]
lightning (~ strike)	relâmpago (m)	[he'lãpagu]
to flash (vi)	relampejar (vi)	[helãpe'ʒar]

thunder	trovão (m)	[tro'vãw]
to thunder (vi)	trovejar (vi)	[trove'ʒar]
it's thundering	está trovejando	[is'ta trove'ʒãdu]

| hail | granizo (m) | [gra'nizu] |
| it's hailing | está caindo granizo | [is'ta ka'ĩdu gra'nizu] |

| to flood (vt) | inundar (vt) | [inũ'dar] |
| flood, inundation | inundação (f) | [ĩtrodu'sãw] |

earthquake	terremoto (m)	[tehe'mɔtu]
tremor, shoke	abalo, tremor (m)	[a'balu], [tre'mor]
epicenter	epicentro (m)	[epi'sẽtru]
eruption	erupção (f)	[erup'sãw]
lava	lava (f)	['lava]

twister	tornado (m)	[tor'nadu]
tornado	tornado (m)	[tor'nadu]
typhoon	tufão (m)	[tu'fãw]

hurricane	furacão (m)	[fura'kãw]
storm	tempestade (f)	[tẽpes'tadʒi]
tsunami	tsunami (m)	[tsu'nami]

cyclone	ciclone (m)	[si'klɔni]
bad weather	mau tempo (m)	[maw 'tẽpu]
fire (accident)	incêndio (m)	[ĩ'sẽdʒju]
disaster	catástrofe (f)	[ka'tastrofi]
meteorite	meteorito (m)	[meteo'ritu]

avalanche	avalanche (f)	[ava'lãʃi]
snowslide	deslizamento (m) de neve	[dʒizliza'mẽtu de 'nɛvi]
blizzard	nevasca (f)	[ne'vaska]
snowstorm	tempestade (f) de neve	[tẽpes'tadʒi de 'nɛvi]

208. Noises. Sounds

| silence (quiet) | silêncio (m) | [si'lẽsju] |
| sound | som (m) | [sõ] |

noise	**ruído, barulho** (m)	['hwidu], [ba'ruʎu]
to make noise	**fazer barulho**	[fa'zer ba'ruʎu]
noisy (adj)	**ruidoso, barulhento**	[hwi'dozu], [baru'ʎẽtu]
loudly (to speak, etc.)	**alto**	['awtu]
loud (voice, etc.)	**alto**	['awtu]
constant (e.g., ~ noise)	**constante**	[kõs'tãtʃi]
cry, shout (n)	**grito** (m)	['gritu]
to cry, to shout (vi)	**gritar** (vi)	[gri'tar]
whisper	**sussurro** (m)	[su'suhu]
to whisper (vi, vt)	**sussurrar** (vi, vt)	[susu'har]
barking (dog's ~)	**latido** (m)	[la'tʃidu]
to bark (vi)	**latir** (vi)	[la'tʃir]
groan (of pain, etc.)	**gemido** (m)	[ʒe'midu]
to groan (vi)	**gemer** (vi)	[ʒe'mer]
cough	**tosse** (f)	['tɔsi]
to cough (vi)	**tossir** (vi)	[to'sir]
whistle	**assobio** (m)	[aso'biu]
to whistle (vi)	**assobiar** (vi)	[aso'bjar]
knock (at the door)	**batida** (f)	[ba'tʃida]
to knock (on the door)	**bater** (vi)	[ba'ter]
to crack (vi)	**estalar** (vi)	[ista'lar]
crack (cracking sound)	**estalido, estalo** (m)	[ista'lidu], [is'talu]
siren	**sirene** (f)	[si'rɛni]
whistle (factory ~, etc.)	**apito** (m)	[a'pitu]
to whistle (ab. train)	**apitar** (vi)	[api'tar]
honk (car horn sound)	**buzina** (f)	[bu'zina]
to honk (vi)	**buzinar** (vi)	[buzi'nar]

209. Winter

winter (n)	**inverno** (m)	[ĩ'vɛrnu]
winter (as adj)	**de inverno**	[de ĩ'vɛrnu]
in winter	**no inverno**	[nu ĩ'vɛrnu]
snow	**neve** (f)	['nɛvi]
it's snowing	**está nevando**	[is'ta ne'vãdu]
snowfall	**queda** (f) **de neve**	['kɛda de 'nɛvi]
snowdrift	**amontoado** (m) **de neve**	[amõ'twadu de 'nɛvi]
snowflake	**floco** (m) **de neve**	['flɔku de 'nɛvi]
snowball	**bola** (f) **de neve**	['bɔla de 'nɛvi]
snowman	**boneco** (m) **de neve**	[bo'neku de 'nɛvi]
icicle	**sincelo** (m)	[sĩ'sɛlu]

English	Portuguese	Pronunciation
December	dezembro (m)	[de'zẽbru]
January	janeiro (m)	[ʒa'nejru]
February	fevereiro (m)	[feve'rejru]
frost (severe ~, freezing cold)	gelo (m)	['ʒelu]
frosty (weather, air)	gelado	[ʒe'ladu]
below zero (adv)	abaixo de zero	[a'baɪʃu de 'zɛru]
first frost	primeira geada (f)	[pri'mejra 'ʒjada]
hoarfrost	geada (f) branca	['ʒjada 'brãka]
cold (cold weather)	frio (m)	['friu]
it's cold	está frio	[is'ta 'friu]
fur coat	casaco (m) de pele	[kaz'aku de 'pɛli]
mittens	mitenes (f pl)	[mi'tɛnes]
to get sick	adoecer (vi)	[adoe'ser]
cold (illness)	resfriado (m)	[hes'frjadu]
to catch a cold	ficar resfriado	[fi'kar hes'frjadu]
ice	gelo (m)	['ʒelu]
black ice	gelo (m) na estrada	['ʒelu na is'trada]
to freeze over (ab. river, etc.)	congelar-se (vr)	[kõʒe'larsi]
ice floe	bloco (m) de gelo	['bloku de 'ʒelu]
skis	esqui (m)	[is'ki]
skier	esquiador (m)	[iskja'dor]
to ski (vi)	esquiar (vi)	[is'kjar]
to skate (vi)	patinar (vi)	[patʃi'nar]

Fauna

210. Mammals. Predators

predator	**predador** (m)	[preda'dor]
tiger	**tigre** (m)	['tʃigri]
lion	**leão** (m)	[le'ãw]
wolf	**lobo** (m)	['lobu]
fox	**raposa** (f)	[ha'pozu]
jaguar	**jaguar** (m)	[ʒa'gwar]
leopard	**leopardo** (m)	[ljo'pardu]
cheetah	**chita** (f)	['ʃita]
black panther	**pantera** (f)	[pã'tɛra]
puma	**puma** (m)	['puma]
snow leopard	**leopardo-das-neves** (m)	[ljo'pardu das 'nɛvis]
lynx	**lince** (m)	['lĩsi]
coyote	**coiote** (m)	[ko'jɔtʃi]
jackal	**chacal** (m)	[ʃa'kaw]
hyena	**hiena** (f)	['jena]

211. Wild animals

animal	**animal** (m)	[ani'maw]
beast (animal)	**besta** (f)	['bɛsta]
squirrel	**esquilo** (m)	[is'kilu]
hedgehog	**ouriço** (m)	[o'risu]
hare	**lebre** (f)	['lɛbri]
rabbit	**coelho** (m)	[ko'eʎu]
badger	**texugo** (m)	[te'ʃugu]
raccoon	**guaxinim** (m)	[gwaʃi'nĩ]
hamster	**hamster** (m)	['amster]
marmot	**marmota** (f)	[mah'mɔta]
mole	**toupeira** (f)	[to'pejra]
mouse	**rato** (m)	['hatu]
rat	**ratazana** (f)	[hata'zana]
bat	**morcego** (m)	[mor'segu]
ermine	**arminho** (m)	[ar'miɲu]
sable	**zibelina** (f)	[zibe'lina]

marten	marta (f)	['mahta]
weasel	doninha (f)	[dɔ'niɲa]
mink	visom (m)	[vi'zõ]
beaver	castor (m)	[kas'tor]
otter	lontra (f)	['lõtra]
horse	cavalo (m)	[ka'valu]
moose	alce (m)	['awsi]
deer	veado (m)	['vjadu]
camel	camelo (m)	[ka'melu]
bison	bisão (m)	[bi'zãw]
wisent	auroque (m)	[aw'rɔki]
buffalo	búfalo (m)	['bufalu]
zebra	zebra (f)	['zebra]
antelope	antílope (m)	[ã'tʃilopi]
roe deer	corça (f)	['korsa]
fallow deer	gamo (m)	['gamu]
chamois	camurça (f)	[ka'mursa]
wild boar	javali (m)	[ʒava'li]
whale	baleia (f)	[ba'leja]
seal	foca (f)	['fɔka]
walrus	morsa (f)	['mɔhsa]
fur seal	urso-marinho (m)	['ursu ma'riɲu]
dolphin	golfinho (m)	[gow'fiɲu]
bear	urso (m)	['ursu]
polar bear	urso (m) polar	['ursu po'lar]
panda	panda (m)	['pãda]
monkey	macaco (m)	[ma'kaku]
chimpanzee	chimpanzé (m)	[ʃĩpã'zɛ]
orangutan	orangotango (m)	[orãgu'tãgu]
gorilla	gorila (m)	[go'rila]
macaque	macaco (m)	[ma'kaku]
gibbon	gibão (m)	[ʒi'bãw]
elephant	elefante (m)	[ele'fãtʃi]
rhinoceros	rinoceronte (m)	[hinose'rõtʃi]
giraffe	girafa (f)	[ʒi'rafa]
hippopotamus	hipopótamo (m)	[ipo'pɔtamu]
kangaroo	canguru (m)	[kãgu'ru]
koala (bear)	coala (m)	['kwala]
mongoose	mangusto (m)	[mã'gustu]
chinchilla	chinchila (f)	[ʃĩ'ʃila]
skunk	cangambá (f)	[kã'gãba]
porcupine	porco-espinho (m)	['pɔrku is'piɲu]

212. Domestic animals

cat	gata (f)	['gata]
tomcat	gato (m) macho	['gatu 'maʃu]
dog	cão (m)	['kãw]
horse	cavalo (m)	[ka'valu]
stallion (male horse)	garanhão (m)	[gara'ɲãw]
mare	égua (f)	['ɛgwa]
cow	vaca (f)	['vaka]
bull	touro (m)	['toru]
ox	boi (m)	[boj]
sheep (ewe)	ovelha (f)	[o'veʎa]
ram	carneiro (m)	[kar'nejru]
goat	cabra (f)	['kabra]
billy goat, he-goat	bode (m)	['bɔdʒi]
donkey	burro (m)	['buhu]
mule	mula (f)	['mula]
pig, hog	porco (m)	['porku]
piglet	leitão (m)	[lej'tãw]
rabbit	coelho (m)	[ko'eʎu]
hen (chicken)	galinha (f)	[ga'liɲa]
rooster	galo (m)	['galu]
duck	pata (f)	['pata]
drake	pato (m)	['patu]
goose	ganso (m)	['gãsu]
tom turkey, gobbler	peru (m)	[pe'ru]
turkey (hen)	perua (f)	[pe'rua]
domestic animals	animais (m pl) domésticos	[ani'majs do'mɛstʃikus]
tame (e.g., ~ hamster)	domesticado	[domestʃi'kadu]
to tame (vt)	domesticar (vt)	[domestʃi'kar]
to breed (vt)	criar (vt)	[krjar]
farm	fazenda (f)	[fa'zẽda]
poultry	aves (f pl) domésticas	['avis do'mɛstʃikas]
cattle	gado (m)	['gadu]
herd (cattle)	rebanho (m), manada (f)	[he'baɲu], [ma'nada]
stable	estábulo (m)	[is'tabulu]
pigpen	chiqueiro (m)	[ʃi'kejru]
cowshed	estábulo (m)	[is'tabulu]
rabbit hutch	coelheira (f)	[kue'ʎejra]
hen house	galinheiro (m)	[gali'ɲejru]

213. Dogs. Dog breeds

dog	cão (m)	['kãw]
sheepdog	cão pastor (m)	['kãw pas'tor]
German shepherd	pastor-alemão (m)	[pas'tor ale'mãw]
poodle	poodle (m)	['pudw]
dachshund	linguicinha (m)	[lĩgwi'siɲa]
bulldog	buldogue (m)	[buw'dɔgi]
boxer	boxer (m)	['bɔkser]
mastiff	mastim (m)	[mas'tʃĩ]
Rottweiler	rottweiler (m)	[hɔt'vejler]
Doberman	dóberman (m)	['dɔberman]
basset	basset (m)	[ba'sɛt]
bobtail	pastor inglês (m)	[pas'tor ĩ'gles]
Dalmatian	dálmata (m)	['dalmata]
cocker spaniel	cocker spaniel (m)	['kɔker spa'njel]
Newfoundland	terra-nova (m)	['tɛha-'nɔva]
Saint Bernard	são-bernardo (m)	[sãw-ber'nardu]
husky	husky (m) siberiano	['aski sibe'rjanu]
Chow Chow	Chow-chow (m)	[ʃou'ʃou]
spitz	spitz alemão (m)	['spits ale'mãw]
pug	pug (m)	[pug]

214. Sounds made by animals

barking (n)	latido (m)	[la'tʃidu]
to bark (vi)	latir (vi)	[la'tʃir]
to meow (vi)	miar (vi)	[mjar]
to purr (vi)	ronronar (vi)	[hõho'nar]
to moo (vi)	mugir (vi)	[mu'ʒir]
to bellow (bull)	bramir (vi)	[bra'mir]
to growl (vi)	rosnar (vi)	[hoz'nar]
howl (n)	uivo (m)	['wivu]
to howl (vi)	uivar (vi)	[wi'var]
to whine (vi)	ganir (vi)	[ga'nir]
to bleat (sheep)	balir (vi)	[ba'lih]
to oink, to grunt (pig)	grunhir (vi)	[gru'ɲir]
to squeal (vi)	guinchar (vi)	[gĩ'ʃar]
to croak (vi)	coaxar (vi)	[koa'ʃar]
to buzz (insect)	zumbir (vi)	[zũ'bir]
to chirp (crickets, grasshopper)	ziziar (vi)	[zi'zjar]

215. Young animals

cub	cria (f), filhote (m)	['kria], [fi'ʎɔtʃi]
kitten	filhote de gato, gatinho (m)	[fi'ʎɔtʃi de gatu], [ga'tiɲu]
baby mouse	ratinho (m)	[ha'tiɲu]
puppy	cachorro (m)	[ka'ʃohu]
leveret	filhote (m) de lebre	[fi'ʎɔtʃi de 'lɛbri]
baby rabbit	coelhinho (m)	[kue'ʎiɲu]
wolf cub	lobinho (m)	[lo'biɲu]
fox cub	filhote (m) de raposa	[fi'ʎɔtʃi de ha'pozu]
bear cub	filhote (m) de urso	[fi'ʎɔtʃi de 'ursu]
lion cub	filhote (m) de leão	[fi'ʎɔtʃi de le'ãw]
tiger cub	filhote (m) de tigre	[fi'ʎɔtʃi de 'tʃigri]
elephant calf	filhote (m) de elefante	[fi'ʎɔtʃi de ele'fãtʃi]
piglet	leitão (m)	[lej'tãw]
calf (young cow, bull)	bezerro (m)	[be'zehu]
kid (young goat)	cabrito (m)	[ka'britu]
lamb	cordeiro (m)	[kor'dejru]
fawn (young deer)	filhote (m) de veado	[fi'ʎɔtʃi de 'vjadu]
young camel	cria (f) de camelo	['kria de ka'melu]
snakelet (baby snake)	filhote (m) de serpente	[fi'ʎɔtʃi de ser'pẽtʃi]
froglet (baby frog)	filhote (m) de rã	[fi'ʎɔtʃi de hã]
baby bird	cria (f) de ave	['kria de 'avi]
chick (of chicken)	pinto (m)	['pĩtu]
duckling	patinho (m)	[pa'tʃiɲu]

216. Birds

bird	pássaro (m), ave (f)	['pasaru], ['avi]
pigeon	pombo (m)	['põbu]
sparrow	pardal (m)	[par'daw]
tit (great tit)	chapim-real (m)	[ʃa'pĩ-he'aw]
magpie	pega-rabuda (f)	['pega-ha'buda]
raven	corvo (m)	['korvu]
crow	gralha-cinzenta (f)	['graʎa sĩ'zẽta]
jackdaw	gralha-de-nuca-cinzenta (f)	['graʎa de 'nuka sĩ'zẽta]
rook	gralha-calva (f)	['graʎa 'kawvu]
duck	pato (m)	['patu]
goose	ganso (m)	['gãsu]
pheasant	faisão (m)	[faj'zãw]

eagle	águia (f)	['agja]
hawk	açor (m)	[a'sor]
falcon	falcão (m)	[faw'kãw]
vulture	abutre (m)	[a'butri]
condor (Andean ~)	condor (m)	[kõ'dor]
swan	cisne (m)	['sizni]
crane	grou (m)	[grow]
stork	cegonha (f)	[se'gɔɲa]
parrot	papagaio (m)	[papa'gaju]
hummingbird	beija-flor (m)	[bejʒa'flɔr]
peacock	pavão (m)	[pa'vãw]
ostrich	avestruz (m)	[aves'truz]
heron	garça (f)	['garsa]
flamingo	flamingo (m)	[fla'mĩgu]
pelican	pelicano (m)	[peli'kanu]
nightingale	rouxinol (m)	[hoʃi'nɔw]
swallow	andorinha (f)	[ãdo'riɲa]
thrush	tordo-zornal (m)	['tɔrdu-zor'nal]
song thrush	tordo-músico (m)	['tɔrdu-'muziku]
blackbird	melro-preto (m)	['mɛwhu 'pretu]
swift	andorinhão (m)	[ãdori'ɲãw]
lark	laverca, cotovia (f)	[la'verka], [kutu'via]
quail	codorna (f)	[ko'dɔrna]
woodpecker	pica-pau (m)	['pika 'paw]
cuckoo	cuco (m)	['kuku]
owl	coruja (f)	[ko'ruʒa]
eagle owl	bufo-real (m)	['bufu-he'aw]
wood grouse	tetraz-grande (m)	[tɛ'tras-'grãdʒi]
black grouse	tetraz-lira (m)	[tɛ'tras-'lira]
partridge	perdiz-cinzenta (f)	[per'dis sĩ'zẽta]
starling	estorninho (m)	[istor'niɲu]
canary	canário (m)	[ka'narju]
hazel grouse	galinha-do-mato (f)	[ga'liɲa du 'matu]
chaffinch	tentilhão (m)	[tẽtʃi'ʎãw]
bullfinch	dom-fafe (m)	[dõ'fafi]
seagull	gaivota (f)	[gaj'vɔta]
albatross	albatroz (m)	[alba'trɔs]
penguin	pinguim (m)	[pĩ'gwĩ]

217. Birds. Singing and sounds

to sing (vi)	cantar (vi)	[kã'tar]
to call (animal, bird)	gritar, chamar (vi)	[gri'tar], [ʃa'mar]

to crow (rooster)	cantar (vi)	[kã'tar]
cock-a-doodle-doo	cocorocó (m)	[kɔkuru'kɔ]
to cluck (hen)	cacarejar (vi)	[kakare'ʒar]
to caw (crow call)	crocitar, grasnar (vi)	[krosi'tar], [graz'nar]
to quack (duck call)	grasnar (vi)	[graz'nar]
to cheep (vi)	piar (vi)	[pjar]
to chirp, to twitter	chilrear, gorjear (vi)	[ʃiw'hjar], [gor'ʒjar]

218. Fish. Marine animals

bream	brema (f)	['brema]
carp	carpa (f)	['karpa]
perch	perca (f)	['pehka]
catfish	siluro (m)	[si'luru]
pike	lúcio (m)	['lusju]
salmon	salmão (m)	[saw'mãw]
sturgeon	esturjão (m)	[istur'ʒãw]
herring	arenque (m)	[a'rẽki]
Atlantic salmon	salmão (m) do Atlântico	[saw'mãw du at'lãtʃiku]
mackerel	cavala, sarda (f)	[ka'vala], ['sarda]
flatfish	solha (f), linguado (m)	['soʎa], [lĩ'gwadu]
zander, pike perch	lúcio perca (m)	['lusju 'perka]
cod	bacalhau (m)	[baka'ʎaw]
tuna	atum (m)	[a'tũ]
trout	truta (f)	['truta]
eel	enguia (f)	[ẽ'gia]
electric ray	raia (f) elétrica	['haja e'lɛtrika]
moray eel	moreia (f)	[mo'reja]
piranha	piranha (f)	[pi'raɲa]
shark	tubarão (m)	[tuba'rãw]
dolphin	golfinho (m)	[gow'fiɲu]
whale	baleia (f)	[ba'leja]
crab	caranguejo (m)	[karã'geʒu]
jellyfish	água-viva (f)	['agwa 'viva]
octopus	polvo (m)	['powvu]
starfish	estrela-do-mar (f)	[is'trela du 'mar]
sea urchin	ouriço-do-mar (m)	[o'risu du 'mar]
seahorse	cavalo-marinho (m)	[ka'valu ma'riɲu]
oyster	ostra (f)	['ostra]
shrimp	camarão (m)	[kama'rãw]
lobster	lagosta (f)	[la'gosta]
spiny lobster	lagosta (f)	[la'gosta]

219. Amphibians. Reptiles

snake	cobra (f)	['kɔbra]
venomous (snake)	venenoso	[vene'nozu]
viper	víbora (f)	['vibora]
cobra	naja (f)	['naʒa]
python	píton (m)	['pitɔn]
boa	jiboia (f)	[ʒi'bɔja]
grass snake	cobra-de-água (f)	[kɔbra de 'agwa]
rattle snake	cascavel (f)	[kaska'vɛw]
anaconda	anaconda, sucuri (f)	[ana'kõda], [sukuri]
lizard	lagarto (m)	[la'gartu]
iguana	iguana (f)	[i'gwana]
monitor lizard	varano (m)	[va'ranu]
salamander	salamandra (f)	[sala'mãdra]
chameleon	camaleão (m)	[kamale'ãu]
scorpion	escorpião (m)	[iskɔrpi'ãw]
turtle	tartaruga (f)	[tarta'ruga]
frog	rã (f)	[hã]
toad	sapo (m)	['sapu]
crocodile	crocodilo (m)	[krokoˈdʒilu]

220. Insects

insect, bug	inseto (m)	[ĩ'sɛtu]
butterfly	borboleta (f)	[bɔrbo'leta]
ant	formiga (f)	[for'miga]
fly	mosca (f)	['moska]
mosquito	mosquito (m)	[mos'kitu]
beetle	escaravelho (m)	[iskara'veʎu]
wasp	vespa (f)	['vespa]
bee	abelha (f)	[a'beʎa]
bumblebee	mamangaba (f)	[mamã'gaba]
gadfly (botfly)	moscardo (m)	[mos'kardu]
spider	aranha (f)	[a'raɲa]
spiderweb	teia (f) de aranha	['teja de a'raɲa]
dragonfly	libélula (f)	[li'bɛlula]
grasshopper	gafanhoto (m)	[gafa'ɲotu]
moth (night butterfly)	traça (f)	['trasa]
cockroach	barata (f)	[ba'rata]
tick	carrapato (m)	[kaha'patu]

| flea | pulga (f) | ['puwga] |
| midge | borrachudo (m) | [boha'ʃudu] |

locust	gafanhoto-migratório (m)	[gafa'ɲotu-migra'tɔrju]
snail	caracol (m)	[kara'kɔw]
cricket	grilo (m)	['grilu]
lightning bug	pirilampo, vaga-lume (m)	[piri'lãpu], [vaga-'lumi]
ladybug	joaninha (f)	[ʒwa'niɲa]
cockchafer	besouro (m)	[be'zoru]

leech	sanguessuga (f)	[sãgi'suga]
caterpillar	lagarta (f)	[la'garta]
earthworm	minhoca (f)	[mi'ɲɔka]
larva	larva (f)	['larva]

221. Animals. Body parts

beak	bico (m)	['biku]
wings	asas (f pl)	['azas]
foot (of bird)	pata (f)	['pata]
feathers (plumage)	plumagem (f)	[plu'maʒẽ]

| feather | pena, pluma (f) | ['pena], ['pluma] |
| crest | crista (f) | ['krista] |

gills	guelras (f pl)	['gɛwhas]
spawn	ovas (f pl)	['ɔvas]
larva	larva (f)	['larva]

| fin | barbatana (f) | [barba'tana] |
| scales (of fish, reptile) | escama (f) | [is'kama] |

fang (canine)	presa (f)	['preza]
paw (e.g., cat's ~)	pata (f)	['pata]
muzzle (snout)	focinho (m)	[fo'siɲu]
maw (mouth)	boca (f)	['boka]

| tail | cauda (f), rabo (m) | ['kawda], ['habu] |
| whiskers | bigodes (m pl) | [bi'gɔdʒis] |

| hoof | casco (m) | ['kasku] |
| horn | corno (m) | ['kornu] |

carapace	carapaça (f)	[kara'pasa]
shell (of mollusk)	concha (f)	['kõʃa]
eggshell	casca (f) de ovo	['kaska de 'ovu]

| animal's hair (pelage) | pelo (m) | ['pelu] |
| pelt (hide) | pele (f), couro (m) | ['pɛli], ['koru] |

222. Actions of animals

to fly (vi)	voar (vi)	[vo'ar]
to fly in circles	dar voltas	[dar 'vɔwtas]
to fly away	voar (vi)	[vo'ar]
to flap (~ the wings)	bater as asas	[ba'ter as 'azas]
to peck (vi)	bicar (vi)	[bi'kar]
to sit on eggs	incubar (vt)	[ĩku'bar]
to hatch out (vi)	sair do ovo	[sa'ir du 'ovu]
to build a nest	fazer o ninho	[fa'zer u 'niɲu]
to slither, to crawl	rastejar (vi)	[haste'ʒar]
to sting, to bite (insect)	picar (vt)	[pi'kar]
to bite (ab. animal)	morder (vt)	[mor'der]
to sniff (vt)	cheirar (vt)	[ʃej'rar]
to bark (vi)	latir (vi)	[la'tʃir]
to hiss (snake)	silvar (vi)	[siw'var]
to scare (vt)	assustar (vt)	[asus'tar]
to attack (vt)	atacar (vt)	[ata'kar]
to gnaw (bone, etc.)	roer (vt)	[hwer]
to scratch (with claws)	arranhar (vt)	[aha'ɲar]
to hide (vi)	esconder-se (vr)	[iskõ'dersi]
to play (kittens, etc.)	brincar (vi)	[brĩ'kar]
to hunt (vi, vt)	caçar (vi)	[ka'sar]
to hibernate (vi)	hibernar (vi)	[iber'nar]
to go extinct	extinguir-se (vr)	[istʃĩ'girsi]

223. Animals. Habitats

habitat	hábitat (m)	['abitatʃi]
migration	migração (f)	[migra'sãw]
mountain	montanha (f)	[mõ'taɲa]
reef	recife (m)	[he'sifi]
cliff	falésia (f)	[fa'lɛzja]
forest	floresta (f)	[flo'rɛsta]
jungle	selva (f)	['sɛwva]
savanna	savana (f)	[sa'vana]
tundra	tundra (f)	['tũdra]
steppe	estepe (f)	[is'tɛpi]
desert	deserto (m)	[de'zɛrtu]
oasis	oásis (m)	[o'asis]
sea	mar (m)	[mah]

| lake | lago (m) | ['lagu] |
| ocean | oceano (m) | [o'sjanu] |

swamp (marshland)	pântano (m)	['pãtanu]
freshwater (adj)	de água doce	[de 'agwa 'dosi]
pond	lagoa (f)	[la'goa]
river	rio (m)	['hiu]

den (bear's ~)	toca (f) do urso	['tɔka du 'ursu]
nest	ninho (m)	['niɲu]
tree hollow	buraco (m) de árvore	[bu'raku de 'arvori]
burrow (animal hole)	toca (f)	['tɔka]
anthill	formigueiro (m)	[formi'gejru]

224. Animal care

| zoo | jardim (m) zoológico | [ʒar'dʒĩ zo'lɔʒiku] |
| nature preserve | reserva (f) natural | [he'zɛrva natu'raw] |

breeder (cattery, kennel, etc.)	viveiro (m)	[vi'vejru]
open-air cage	jaula (f) de ar livre	['ʒawla de ar 'livri]
cage	jaula, gaiola (f)	['ʒawla], [ga'jɔla]
doghouse (kennel)	casinha (f) de cachorro	[ka'ziɲa de ka'ʃohu]

dovecot	pombal (m)	[põ'baw]
aquarium (fish tank)	aquário (m)	[a'kwarju]
dolphinarium	delfinário (m)	[delfi'narju]

to breed (animals)	criar (vt)	[krjar]
brood, litter	cria (f)	['kria]
to tame (vt)	domesticar (vt)	[domestʃi'kar]
to train (animals)	adestrar (vt)	[ades'trar]
feed (fodder, etc.)	ração (f)	[ha'sãw]
to feed (vt)	alimentar (vt)	[alimẽ'tar]

pet store	loja (f) de animais	['lɔʒa de animajs]
muzzle (for dog)	focinheira (m)	[fosi'ɲejra]
collar (e.g., dog ~)	coleira (f)	[ko'lejra]
name (of animal)	nome (m)	['nɔmi]
pedigree (of dog)	pedigree (m)	[pedʒi'gri]

225. Animals. Miscellaneous

pack (wolves)	alcateia (f)	[awka'tɛja]
flock (birds)	bando (m)	['bãdu]
shoal, school (fish)	cardume (m)	[kar'dumi]
herd (horses)	manada (f)	[ma'nada]

male (n)	macho (m)	['maʃu]
female (n)	fêmea (f)	['femja]
hungry (adj)	faminto	[fa'mĩtu]
wild (adj)	selvagem	[sew'vaʒẽ]
dangerous (adj)	perigoso	[peri'gozu]

226. Horses

horse	cavalo (m)	[ka'valu]
breed (race)	raça (f)	['hasa]
foal	potro (m)	['potru]
mare	égua (f)	['ɛgwa]
mustang	mustangue (m)	[mus'tãgi]
pony	pônei (m)	['ponej]
draft horse	cavalo (m) de tiro	[ka'valu de 'tʃiru]
mane	crina (f)	['krina]
tail	rabo (m)	['habu]
hoof	casco (m)	['kasku]
horseshoe	ferradura (f)	[feha'dura]
to shoe (vt)	ferrar (vt)	[fe'har]
blacksmith	ferreiro (m)	[fe'hejru]
saddle	sela (f)	['sɛla]
stirrup	estribo (m)	[is'tribu]
bridle	brida (f)	['brida]
reins	rédeas (f pl)	['hɛdʒjas]
whip (for riding)	chicote (m)	[ʃi'kɔtʃi]
rider	cavaleiro (m)	[kava'lejru]
to saddle up (vt)	colocar sela	[kolo'kar 'sɛla]
to mount a horse	montar no cavalo	[mõ'tar nu ka'valu]
gallop	galope (m)	[ga'lɔpi]
to gallop (vi)	galopar (vi)	[galo'par]
trot (n)	trote (m)	['trɔtʃi]
at a trot (adv)	a trote	[a 'trɔtʃi]
to go at a trot	ir a trote	[ir a 'trɔtʃi]
racehorse	cavalo (m) de corrida	[ka'valu de ko'hida]
horse racing	corridas (f pl)	[ko'hidas]
stable	estábulo (m)	[is'tabulu]
to feed (vt)	alimentar (vt)	[alimẽ'tar]
hay	feno (m)	['fenu]
to water (animals)	dar água	[dar 'agwa]

to wash (horse)	**limpar** (vt)	[lĩ'par]
horse-drawn cart	**carroça** (f)	[ka'hɔsa]
to graze (vi)	**pastar** (vi)	[pas'tar]
to neigh (vi)	**relinchar** (vi)	[helĩ'ʃar]
to kick (to buck)	**dar um coice**	[dar ũ 'kojsi]

Flora

227. Trees

tree	árvore (f)	['arvori]
deciduous (adj)	decídua	[de'sidwa]
coniferous (adj)	conífera	[ko'nifera]
evergreen (adj)	perene	[pe'rɛni]
apple tree	macieira (f)	[ma'sjejra]
pear tree	pereira (f)	[pe'rejra]
sweet cherry tree	cerejeira (f)	[sere'ʒejra]
sour cherry tree	ginjeira (f)	[ʒĩ'ʒejra]
plum tree	ameixeira (f)	[amej'ʃejra]
birch	bétula (f)	['bɛtula]
oak	carvalho (m)	[kar'vaʎu]
linden tree	tília (f)	['tʃilja]
aspen	choupo-tremedor (m)	['ʃopu-treme'dor]
maple	bordo (m)	['bɔrdu]
spruce	espruce (m)	[is'pruse]
pine	pinheiro (m)	[pi'ɲejru]
larch	alerce, lariço (m)	[a'lɛrse], [la'risu]
fir tree	abeto (m)	[a'bɛtu]
cedar	cedro (m)	['sɛdru]
poplar	choupo, álamo (m)	['ʃopu], ['alamu]
rowan	tramazeira (f)	[trama'zejra]
willow	salgueiro (m)	[saw'gejru]
alder	amieiro (m)	[a'mjejru]
beech	faia (f)	['faja]
elm	ulmeiro, olmo (m)	[ul'mejru], ['ɔwmu]
ash (tree)	freixo (m)	['frejʃu]
chestnut	castanheiro (m)	[kasta'ɲejru]
magnolia	magnólia (f)	[mag'nɔlja]
palm tree	palmeira (f)	[paw'mejra]
cypress	cipreste (m)	[si'prɛstʃi]
mangrove	mangue (m)	['mãgi]
baobab	embondeiro, baobá (m)	[ẽbõ'dejru], [bao'ba]
eucalyptus	eucalipto (m)	[ewka'liptu]
sequoia	sequoia (f)	[se'kwɔja]

228. Shrubs

bush	arbusto (m)	[arˈbustu]
shrub	arbusto (m), moita (f)	[arˈbustu], [ˈmɔjta]
grapevine	videira (f)	[viˈdejra]
vineyard	vinhedo (m)	[viˈɲedu]
raspberry bush	framboeseira (f)	[frãboeˈzejra]
blackcurrant bush	groselheira-negra (f)	[grozeˈʎejra ˈnegra]
redcurrant bush	groselheira-vermelha (f)	[grozɛˈʎejra verˈmeʎa]
gooseberry bush	groselheira (f) espinhosa	[grozeˈʎejra ispiˈɲoza]
acacia	acácia (f)	[aˈkasja]
barberry	bérberis (f)	[ˈbɛrberis]
jasmine	jasmim (m)	[ʒazˈmĩ]
juniper	junípero (m)	[ʒuˈniperu]
rosebush	roseira (f)	[hoˈzejra]
dog rose	roseira (f) brava	[hoˈzejra ˈbrava]

229. Mushrooms

mushroom	cogumelo (m)	[koguˈmɛlu]
edible mushroom	cogumelo (m) comestível	[koguˈmɛlu komesˈtʃivew]
poisonous mushroom	cogumelo (m) venenoso	[koguˈmɛlu veneˈnozu]
cap (of mushroom)	chapéu (m)	[ʃaˈpɛw]
stipe (of mushroom)	pé, caule (m)	[pɛ], [ˈkauli]
cep (Boletus edulis)	boleto, porcino (m)	[buˈletu], [pɔrsinu]
orange-cap boletus	boleto (m) alaranjado	[buˈletu alarãˈʒadu]
birch bolete	boleto (m) de bétula	[buˈletu de ˈbɛtula]
chanterelle	cantarelo (m)	[kãtaˈrɛlu]
russula	rússula (f)	[ˈrusula]
morel	morchella (f)	[morˈʃɛla]
fly agaric	agário-das-moscas (m)	[aˈgarju das ˈmoskas]
death cap	cicuta (f) verde	[siˈkuta ˈverdʒi]

230. Fruits. Berries

fruit	fruta (f)	[ˈfruta]
fruits	frutas (f pl)	[ˈfrutas]
apple	maçã (f)	[maˈsã]
pear	pera (f)	[ˈpera]
plum	ameixa (f)	[aˈmejʃa]
strawberry (garden ~)	morango (m)	[moˈrãgu]

sour cherry	ginja (f)	['ʒĩʒa]
sweet cherry	cereja (f)	[se'reʒa]
grape	uva (f)	['uva]
raspberry	framboesa (f)	[frãbo'eza]
blackcurrant	groselha (f) negra	[gro'zɛʎa 'negra]
redcurrant	groselha (f) vermelha	[[gro'zɛʎa ver'meʎa]
gooseberry	groselha (f) espinhosa	[gro'zɛʎa ispi'ɲoza]
cranberry	oxicoco (m)	[oksi'koku]
orange	laranja (f)	[la'rãʒa]
mandarin	tangerina (f)	[tãʒe'rina]
pineapple	abacaxi (m)	[abaka'ʃi]
banana	banana (f)	[ba'nana]
date	tâmara (f)	['tamara]
lemon	limão (m)	[li'mãw]
apricot	damasco (m)	[da'masku]
peach	pêssego (m)	['pesegu]
kiwi	quiuí (m)	[ki'vi]
grapefruit	toranja (f)	[to'rãʒa]
berry	baga (f)	['baga]
berries	bagas (f pl)	['bagas]
cowberry	arando (m) vermelho	[a'rãdu ver'meʎu]
wild strawberry	morango-silvestre (m)	[mo'rãgu siw'vɛstri]
bilberry	mirtilo (m)	[mih'tʃilu]

231. Flowers. Plants

flower	flor (f)	[flɔr]
bouquet (of flowers)	buquê (m) de flores	[bu'ke de 'floris]
rose (flower)	rosa (f)	['hɔza]
tulip	tulipa (f)	[tu'lipa]
carnation	cravo (m)	['kravu]
gladiolus	gladíolo (m)	[gla'dʒiolu]
cornflower	escovinha (f)	[isko'viɲa]
harebell	campainha (f)	[kampa'iɲa]
dandelion	dente-de-leão (m)	['dẽtʃi] de le'ãw]
camomile	camomila (f)	[kamo'mila]
aloe	aloé (m)	[alo'ɛ]
cactus	cacto (m)	['kaktu]
rubber plant, ficus	fícus (m)	['fikus]
lily	lírio (m)	['lirju]
geranium	gerânio (m)	[ʒe'ranju]
hyacinth	jacinto (m)	[ʒa'sĩtu]

mimosa	**mimosa** (f)	[mi'mɔza]
narcissus	**narciso** (m)	[nar'sizu]
nasturtium	**capuchinha** (f)	[kapu'ʃiɲa]

orchid	**orquídea** (f)	[or'kiʤja]
peony	**peônia** (f)	[pi'onia]
violet	**violeta** (f)	[vjo'leta]

pansy	**amor-perfeito** (m)	[a'mor per'fejtu]
forget-me-not	**não-me-esqueças** (m)	['nãw mi is'kesas]
daisy	**margarida** (f)	[marga'rida]

poppy	**papoula** (f)	[pa'pola]
hemp	**cânhamo** (m)	['kaɲamu]
mint	**hortelã, menta** (f)	[orte'lã], ['mẽta]
lily of the valley	**lírio-do-vale** (m)	['lirju du 'vali]
snowdrop	**campânula-branca** (f)	[kã'panula-'brãka]

nettle	**urtiga** (f)	[ur'tʃiga]
sorrel	**azedinha** (f)	[aze'dʒinha]
water lily	**nenúfar** (m)	[ne'nufar]
fern	**samambaia** (f)	[samã'baja]
lichen	**líquen** (m)	['likẽ]

conservatory (greenhouse)	**estufa** (f)	[is'tufa]
lawn	**gramado** (m)	[gra'madu]
flowerbed	**canteiro** (m) **de flores**	[kã'tejru de 'floris]

plant	**planta** (f)	['plãta]
grass	**grama** (f)	['grama]
blade of grass	**folha** (f) **de grama**	['foʎa de 'grama]

leaf	**folha** (f)	['foʎa]
petal	**pétala** (f)	['pɛtala]
stem	**talo** (m)	['talu]
tuber	**tubérculo** (m)	[tu'berkulu]

| young plant (shoot) | **broto, rebento** (m) | ['brotu], [he'bẽtu] |
| thorn | **espinho** (m) | [is'piɲu] |

to blossom (vi)	**florescer** (vi)	[flore'ser]
to fade, to wither	**murchar** (vi)	[mur'ʃar]
smell (odor)	**cheiro** (m)	['ʃejru]
to cut (flowers)	**cortar** (vt)	[kor'tar]
to pick (a flower)	**colher** (vt)	[ko'ʎer]

232. Cereals, grains

| grain | **grão** (m) | ['grãw] |
| cereal crops | **cereais** (m pl) | [se'rjajs] |

English	Portuguese	IPA
ear (of barley, etc.)	espiga (f)	[isˈpiga]
wheat	trigo (m)	[ˈtrigu]
rye	centeio (m)	[sẽˈteju]
oats	aveia (f)	[aˈveja]
millet	painço (m)	[paˈĩsu]
barley	cevada (f)	[seˈvada]
corn	milho (m)	[ˈmiʎu]
rice	arroz (m)	[aˈhoz]
buckwheat	trigo-sarraceno (m)	[ˈtrigu-sahaˈsẽnu]
pea plant	ervilha (f)	[erˈviʎa]
kidney bean	feijão (m) roxo	[fejˈʒãw ˈhoʃu]
soy	soja (f)	[ˈsɔʒa]
lentil	lentilha (f)	[lẽˈtʃiʎa]
beans (pulse crops)	feijão (m)	[fejˈʒãw]

233. Vegetables. Greens

English	Portuguese	IPA
vegetables	vegetais (m pl)	[veʒeˈtajs]
greens	verdura (f)	[verˈdura]
tomato	tomate (m)	[toˈmatʃi]
cucumber	pepino (m)	[peˈpinu]
carrot	cenoura (f)	[seˈnora]
potato	batata (f)	[baˈtata]
onion	cebola (f)	[seˈbola]
garlic	alho (m)	[ˈaʎu]
cabbage	couve (f)	[ˈkovi]
cauliflower	couve-flor (f)	[ˈkovi ˈflɔr]
Brussels sprouts	couve-de-bruxelas (f)	[ˈkovi de bruˈʃelas]
broccoli	brócolis (m pl)	[ˈbrɔkolis]
beet	beterraba (f)	[beteˈhaba]
eggplant	berinjela (f)	[beriˈʒɛla]
zucchini	abobrinha (f)	[aboˈbriɲa]
pumpkin	abóbora (f)	[aˈbɔbora]
turnip	nabo (m)	[ˈnabu]
parsley	salsa (f)	[ˈsawsa]
dill	endro, aneto (m)	[ˈẽdru], [aˈnetu]
lettuce	alface (f)	[awˈfasi]
celery	aipo (m)	[ˈajpu]
asparagus	aspargo (m)	[asˈpargu]
spinach	espinafre (m)	[ispiˈnafri]
pea	ervilha (f)	[erˈviʎa]
beans	feijão (m)	[fejˈʒãw]
corn (maize)	milho (m)	[ˈmiʎu]

kidney bean	**feijão** (m) **roxo**	[fej'ʒãw 'hoʃu]
pepper	**pimentão** (m)	[pimẽ'tãw]
radish	**rabanete** (m)	[haba'netʃi]
artichoke	**alcachofra** (f)	[awka'ʃofra]

REGIONAL GEOGRAPHY

Countries. Nationalities

234. Western Europe

Europe	**Europa** (f)	[ew'rɔpa]
European Union	**União** (f) **Europeia**	[u'njãw euro'pɛja]
European (n)	**europeu** (m)	[ewro'peu]
European (adj)	**europeu**	[ewro'peu]
Austria	**Áustria** (f)	['awstrja]
Austrian (masc.)	**austríaco** (m)	[aws'triaku]
Austrian (fem.)	**austríaca** (f)	[aws'triaka]
Austrian (adj)	**austríaco**	[aws'triaku]
Great Britain	**Grã-Bretanha** (f)	[grã-bre'taɲa]
England	**Inglaterra** (f)	[ĩgla'tɛha]
British (masc.)	**inglês** (m)	[ĩ'gles]
British (fem.)	**inglesa** (f)	[ĩ'gleza]
English, British (adj)	**inglês**	[ĩ'gles]
Belgium	**Bélgica** (f)	['bɛwʒika]
Belgian (masc.)	**belga** (m)	['bɛwga]
Belgian (fem.)	**belga** (f)	['bɛwga]
Belgian (adj)	**belga**	['bɛwga]
Germany	**Alemanha** (f)	[ale'mãɲa]
German (masc.)	**alemão** (m)	[ale'mãw]
German (fem.)	**alemã** (f)	[ale'mã]
German (adj)	**alemão**	[ale'mãw]
Netherlands	**Países Baixos** (m pl)	[pa'jisis 'baɪʃus]
Holland	**Holanda** (f)	[o'lãda]
Dutch (masc.)	**holandês** (m)	[ɔlã'des]
Dutch (fem.)	**holandesa** (f)	[ɔlã'deza]
Dutch (adj)	**holandês**	[ɔlã'des]
Greece	**Grécia** (f)	['grɛsja]
Greek (masc.)	**grego** (m)	['gregu]
Greek (fem.)	**grega** (f)	['grega]
Greek (adj)	**grego**	['gregu]
Denmark	**Dinamarca** (f)	[dʒina'marka]
Dane (masc.)	**dinamarquês** (m)	[dʒinamar'kes]

| Dane (fem.) | dinamarquesa (f) | [dʒinamar'keza] |
| Danish (adj) | dinamarquês | [dʒinamar'kes] |

Ireland	Irlanda (f)	[ir'lãda]
Irish (masc.)	irlandês (m)	[irlã'des]
Irish (fem.)	irlandesa (f)	[irlã'deza]
Irish (adj)	irlandês	[irlã'des]

Iceland	Islândia (f)	[iz'lãdʒa]
Icelander (masc.)	islandês (m)	[izlã'des]
Icelander (fem.)	islandesa (f)	[izlã'deza]
Icelandic (adj)	islandês	[izlã'des]

Spain	Espanha (f)	[is'paɲa]
Spaniard (masc.)	espanhol (m)	[ispa'ɲɔw]
Spaniard (fem.)	espanhola (f)	[ispa'ɲɔla]
Spanish (adj)	espanhol	[ispa'ɲɔw]

Italy	Itália (f)	[i'talja]
Italian (masc.)	italiano (m)	[ita'ljanu]
Italian (fem.)	italiana (f)	[ita'ljana]
Italian (adj)	italiano	[ita'ljanu]

Cyprus	Chipre (m)	['ʃipri]
Cypriot (masc.)	cipriota (m)	[si'prjɔta]
Cypriot (fem.)	cipriota (f)	[si'prjɔta]
Cypriot (adj)	cipriota	[si'prjɔta]

Malta	Malta (f)	['mawta]
Maltese (masc.)	maltês (m)	[maw'tes]
Maltese (fem.)	maltesa (f)	[maw'teza]
Maltese (adj)	maltês	[maw'tes]

Norway	Noruega (f)	[nor'wɛga]
Norwegian (masc.)	norueguês (m)	[norwe'ges]
Norwegian (fem.)	norueguesa (f)	[norwe'geza]
Norwegian (adj)	norueguês	[norwe'ges]

Portugal	Portugal (m)	[portu'gaw]
Portuguese (masc.)	português (m)	[portu'ges]
Portuguese (fem.)	portuguesa (f)	[portu'geza]
Portuguese (adj)	português	[portu'ges]

Finland	Finlândia (f)	[fi'lãdʒja]
Finn (masc.)	finlandês (m)	[filã'des]
Finn (fem.)	finlandesa (f)	[filã'deza]
Finnish (adj)	finlandês	[filã'des]

France	França (f)	['frãsa]
French (masc.)	francês (m)	[frã'ses]
French (fem.)	francesa (f)	[frã'seza]
French (adj)	francês	[frã'ses]

Sweden	Suécia (f)	['swɛsja]
Swede (masc.)	sueco (m)	['swɛku]
Swede (fem.)	sueca (f)	['swɛka]
Swedish (adj)	sueco	['swɛku]

Switzerland	Suíça (f)	['swisa]
Swiss (masc.)	suíço (m)	['swisu]
Swiss (fem.)	suíça (f)	['swisa]
Swiss (adj)	suíço	['swisu]

Scotland	Escócia (f)	[is'kɔsja]
Scottish (masc.)	escocês (m)	[isko'ses]
Scottish (fem.)	escocesa (f)	[isko'seza]
Scottish (adj)	escocês	[isko'ses]

Vatican	Vaticano (m)	[vatʃi'kanu]
Liechtenstein	Liechtenstein (m)	[liʃtẽs'tajn]
Luxembourg	Luxemburgo (m)	[luʃẽ'burgu]
Monaco	Mônaco (m)	['monaku]

235. Central and Eastern Europe

Albania	Albânia (f)	[aw'banja]
Albanian (masc.)	albanês (m)	[awba'nes]
Albanian (fem.)	albanesa (f)	[awba'neza]
Albanian (adj)	albanês	[awba'nes]

Bulgaria	Bulgária (f)	[buw'garja]
Bulgarian (masc.)	búlgaro (m)	['buwgaru]
Bulgarian (fem.)	búlgara (f)	['buwgara]
Bulgarian (adj)	búlgaro	['buwgaru]

Hungary	Hungria (f)	[ũ'gria]
Hungarian (masc.)	húngaro (m)	['ũgaru]
Hungarian (fem.)	húngara (f)	['ũgara]
Hungarian (adj)	húngaro	['ũgaru]

Latvia	Letônia (f)	[le'tonja]
Latvian (masc.)	letão (m)	[le'tãw]
Latvian (fem.)	letã (f)	[le'tã]
Latvian (adj)	letão	[le'tãw]

Lithuania	Lituânia (f)	[li'twanja]
Lithuanian (masc.)	lituano (m)	[litu'ãnu]
Lithuanian (fem.)	lituana (f)	[litu'ãna]
Lithuanian (adj)	lituano	[litu'ãnu]

Poland	Polônia (f)	[po'lonja]
Pole (masc.)	polonês (m)	[polo'nez]
Pole (fem.)	polonesa (f)	[polo'neza]

Polish (adj)	polonês	[polo'nez]
Romania	Romênia (f)	[ho'menja]
Romanian (masc.)	romeno (m)	[ho'mɛnu]
Romanian (fem.)	romena (f)	[ho'mɛnu]
Romanian (adj)	romeno	[ho'mɛnu]

Serbia	Sérvia (f)	['sɛhvia]
Serbian (masc.)	sérvio (m)	['sɛhviu]
Serbian (fem.)	sérvia (f)	['sɛhvia]
Serbian (adj)	sérvio	['sɛhviu]

Slovakia	Eslováquia (f)	[islɔ'vakja]
Slovak (masc.)	eslovaco (m)	[islɔ'vaku]
Slovak (fem.)	eslovaca (f)	[islɔ'vaka]
Slovak (adj)	eslovaco	[islɔ'vaku]

Croatia	Croácia (f)	[kro'asja]
Croatian (masc.)	croata (m)	['krwata]
Croatian (fem.)	croata (f)	['krwata]
Croatian (adj)	croata	['krwata]

Czech Republic	República (f) Checa	[he'publika 'ʃeka]
Czech (masc.)	checo (m)	['ʃɛku]
Czech (fem.)	checa (f)	['ʃɛka]
Czech (adj)	checo	['ʃɛku]

Estonia	Estônia (f)	[is'tonja]
Estonian (masc.)	estônio (m)	[is'tonju]
Estonian (fem.)	estônia (f)	[is'tonja]
Estonian (adj)	estônio	[is'tonju]

Bosnia and Herzegovina	Bósnia e Herzegovina (f)	['bɔsnia i ɛrtsegɔ'vina]
Macedonia (Republic of ~)	Macedônia (f)	[mase'donja]
Slovenia	Eslovênia (f)	[islɔ'venja]
Montenegro	Montenegro (m)	[mõtʃi'negru]

236. Former USSR countries

Azerbaijan	Azerbaijão (m)	[azerbaj'ʒãw]
Azerbaijani (masc.)	azeri (m)	[aze'ri]
Azerbaijani (fem.)	azeri (f)	[aze'ri]
Azerbaijani, Azeri (adj)	azeri, azerbaijano	[aze'ri], [azerbaj'ʒãnu]

Armenia	Armênia (f)	[ar'menja]
Armenian (masc.)	armênio (m)	[ar'menju]
Armenian (fem.)	armênia (f)	[ar'menja]
Armenian (adj)	armênio	[ar'menju]

| Belarus | Belarus | [bela'rus] |
| Belarusian (masc.) | bielorrusso (m) | [biɛlo'husu] |

| Belarusian (fem.) | bielorrussa (f) | [bjɛlo'husa] |
| Belarusian (adj) | bielorrusso | [biɛlo'husu] |

Georgia	Geórgia (f)	['ʒɔrʒa]
Georgian (masc.)	georgiano (m)	[ʒɔr'ʒanu]
Georgian (fem.)	georgiana (f)	[ʒɔr'ʒana]
Georgian (adj)	georgiano	[ʒɔr'ʒanu]
Kazakhstan	Cazaquistão (m)	[kazakis'tãw]
Kazakh (masc.)	cazaque (m)	[ka'zaki]
Kazakh (fem.)	cazaque (f)	[ka'zaki]
Kazakh (adj)	cazaque	[ka'zaki]

Kirghizia	Quirguistão (m)	[kirgis'tãw]
Kirghiz (masc.)	quirguiz (m)	[kir'gis]
Kirghiz (fem.)	quirguiz (f)	[kir'gis]
Kirghiz (adj)	quirguiz	[kir'gis]

Moldova, Moldavia	Moldávia (f)	[mow'davja]
Moldavian (masc.)	moldavo (m)	[mɔw'davu]
Moldavian (fem.)	moldava (f)	[mɔw'dava]
Moldavian (adj)	moldavo	[mɔw'davu]
Russia	Rússia (f)	['husja]
Russian (masc.)	russo (m)	['husu]
Russian (fem.)	russa (f)	['husa]
Russian (adj)	russo	['husu]

Tajikistan	Tajiquistão (m)	[taʒiki'stãw]
Tajik (masc.)	tajique (m)	[ta'ʒiki]
Tajik (fem.)	tajique (f)	[ta'ʒiki]
Tajik (adj)	tajique	[ta'ʒiki]

Turkmenistan	Turquemenistão (m)	[turkemenis'tãw]
Turkmen (masc.)	turcomeno (m)	[tuhko'menu]
Turkmen (fem.)	turcomena (f)	[tuhko'mena]
Turkmenian (adj)	turcomeno	[tuhko'menu]

Uzbekistan	Uzbequistão (f)	[uzbekis'tãw]
Uzbek (masc.)	uzbeque (m)	[uz'beki]
Uzbek (fem.)	uzbeque (f)	[uz'beki]
Uzbek (adj)	uzbeque	[uz'beki]

Ukraine	Ucrânia (f)	[u'kranja]
Ukrainian (masc.)	ucraniano (m)	[ukra'njanu]
Ukrainian (fem.)	ucraniana (f)	[ukra'njana]
Ukrainian (adj)	ucraniano	[ukra'njanu]

237. Asia

| Asia | Ásia (f) | ['azja] |
| Asian (adj) | asiático | [a'zjatʃiku] |

Vietnam	**Vietnã** (m)	[vjet'nã]
Vietnamese (masc.)	**vietnamita** (m)	[vjetna'mita]
Vietnamese (fem.)	**vietnamita** (f)	[vjetna'mita]
Vietnamese (adj)	**vietnamita**	[vjetna'mita]

India	**Índia** (f)	['ĩdʒa]
Indian (masc.)	**indiano** (m)	[ĩ'dʒjanu]
Indian (fem.)	**indiana** (f)	[ĩ'dʒjana]
Indian (adj)	**indiano**	[ĩ'dʒjanu]

Israel	**Israel** (m)	[izha'ɛw]
Israeli (masc.)	**israelense** (m)	[izhae'lẽsi]
Israeli (fem.)	**israelita** (f)	[izhae'lita]
Israeli (adj)	**israelense**	[izhae'lẽsi]

Jew (n)	**judeu** (m)	[ʒu'dew]
Jewess (n)	**judia** (f)	[ʒu'dʒia]
Jewish (adj)	**judeu**	[ʒu'dew]

China	**China** (f)	['ʃina]
Chinese (masc.)	**chinês** (m)	[ʃi'nes]
Chinese (fem.)	**chinesa** (f)	[ʃi'neza]
Chinese (adj)	**chinês**	[ʃi'nes]

Korean (masc.)	**coreano** (m)	[ko'rjanu]
Korean (fem.)	**coreana** (f)	[ko'rjana]
Korean (adj)	**coreano**	[ko'rjanu]

Lebanon	**Líbano** (m)	['libanu]
Lebanese (masc.)	**libanês** (m)	[liba'nes]
Lebanese (fem.)	**libanesa** (f)	[liba'neza]
Lebanese (adj)	**libanês**	[liba'nes]

Mongolia	**Mongólia** (f)	[mõ'gɔlja]
Mongolian (masc.)	**mongol** (m)	[mõ'gɔw]
Mongolian (fem.)	**mongol** (f)	[mõ'gɔw]
Mongolian (adj)	**mongol**	[mõ'gɔw]

Malaysia	**Malásia** (f)	[ma'lazja]
Malaysian (masc.)	**malaio** (m)	[ma'laju]
Malaysian (fem.)	**malaia** (f)	[ma'laja]
Malaysian (adj)	**malaio**	[ma'laju]

Pakistan	**Paquistão** (m)	[pakis'tãw]
Pakistani (masc.)	**paquistanês** (m)	[pakista'nes]
Pakistani (fem.)	**paquistanesa** (f)	[pakista'neza]
Pakistani (adj)	**paquistanês**	[pakista'nes]

Saudi Arabia	**Arábia** (f) **Saudita**	[a'rabja saw'dʒita]
Arab (masc.)	**árabe** (m)	['arabi]
Arab (fem.)	**árabe** (f)	['arabi]
Arab, Arabic (adj)	**árabe**	['arabi]

Thailand	**Tailândia** (f)	[taj'lãdʒja]
Thai (masc.)	**tailandês** (m)	[tajlã'des]
Thai (fem.)	**tailandesa** (f)	[tajlã'deza]
Thai (adj)	**tailandês**	[tajlã'des]
Taiwan	**Taiwan** (m)	[taj'wan]
Taiwanese (masc.)	**taiwanês** (m)	[tajwa'nes]
Taiwanese (fem.)	**taiwanesa** (f)	[tajwa'neza]
Taiwanese (adj)	**taiwanês**	[tajwa'nes]
Turkey	**Turquia** (f)	[tur'kia]
Turk (masc.)	**turco** (m)	['turku]
Turk (fem.)	**turca** (f)	['turka]
Turkish (adj)	**turco**	['turku]
Japan	**Japão** (m)	[ʒa'pãw]
Japanese (masc.)	**japonês** (m)	[ʒapo'nes]
Japanese (fem.)	**japonesa** (f)	[ʒapo'neza]
Japanese (adj)	**japonês**	[ʒapo'nes]
Afghanistan	**Afeganistão** (m)	[afeganis'tãw]
Bangladesh	**Bangladesh** (m)	[bãgla'dɛs]
Indonesia	**Indonésia** (f)	[ĩdo'nɛzja]
Jordan	**Jordânia** (f)	[ʒor'danja]
Iraq	**Iraque** (m)	[i'raki]
Iran	**Irã** (m)	[i'rã]
Cambodia	**Camboja** (f)	[kã'bɔja]
Kuwait	**Kuwait** (m)	[ku'wejt]
Laos	**Laos** (m)	['laws]
Myanmar	**Birmânia** (f)	[bir'manja]
Nepal	**Nepal** (m)	[ne'paw]
United Arab Emirates	**Emirados Árabes Unidos**	[emi'radus 'arabis u'nidus]
Syria	**Síria** (f)	['sirja]
Palestine	**Palestina** (f)	[pales'tʃina]
South Korea	**Coreia** (f) **do Sul**	[ko'rɛja du suw]
North Korea	**Coreia** (f) **do Norte**	[ko'rɛja du 'nɔrtʃi]

238. North America

United States of America	**Estados Unidos da América** (m pl)	[i'stadus u'nidus da a'mɛrika]
American (masc.)	**americano** (m)	[ameri'kanu]
American (fem.)	**americana** (f)	[ameri'kana]
American (adj)	**americano**	[ameri'kanu]
Canada	**Canadá** (m)	[kana'da]
Canadian (masc.)	**canadense** (m)	[kana'dẽsi]

Canadian (fem.)	**canadense** (f)	[kana'dẽsi]
Canadian (adj)	**canadense**	[kana'dẽsi]

Mexico	**México** (m)	['mɛʃiku]
Mexican (masc.)	**mexicano** (m)	[meʃi'kanu]
Mexican (fem.)	**mexicana** (f)	[meʃi'kana]
Mexican (adj)	**mexicano**	[meʃi'kanu]

239. Central and South America

Argentina	**Argentina** (f)	[arʒẽ'tʃina]
Argentinian (masc.)	**argentino** (m)	[arʒẽ'tʃinu]
Argentinian (fem.)	**argentina** (f)	[arʒẽ'tʃina]
Argentinian (adj)	**argentino**	[arʒẽ'tʃinu]

Brazil	**Brasil** (m)	[bra'ziw]
Brazilian (masc.)	**brasileiro** (m)	[brazi'lejru]
Brazilian (fem.)	**brasileira** (f)	[brazi'lejra]
Brazilian (adj)	**brasileiro**	[brazi'lejru]

Colombia	**Colômbia** (f)	[ko'lõbja]
Colombian (masc.)	**colombiano** (m)	[kolõ'bjanu]
Colombian (fem.)	**colombiana** (f)	[kolõ'bjana]
Colombian (adj)	**colombiano**	[kolõ'bjanu]

Cuba	**Cuba** (f)	['kuba]
Cuban (masc.)	**cubano** (m)	[ku'banu]
Cuban (fem.)	**cubana** (f)	[ku'bana]
Cuban (adj)	**cubano**	[ku'banu]

Chile	**Chile** (m)	['ʃili]
Chilean (masc.)	**chileno** (m)	[ʃi'lɛnu]
Chilean (fem.)	**chilena** (f)	[ʃi'lɛna]
Chilean (adj)	**chileno**	[ʃi'lɛnu]

Bolivia	**Bolívia** (f)	[bo'livja]
Venezuela	**Venezuela** (f)	[vene'zwɛla]

Paraguay	**Paraguai** (m)	[para'gwaj]
Peru	**Peru** (m)	[pe'ru]

Suriname	**Suriname** (m)	[suri'nami]
Uruguay	**Uruguai** (m)	[uru'gwaj]
Ecuador	**Equador** (m)	[ekwa'dor]

The Bahamas	**Bahamas** (f pl)	[ba'amas]
Haiti	**Haiti** (m)	[aj'tʃi]
Dominican Republic	**República** (f) **Dominicana**	[he'publika domini'kana]
Panama	**Panamá** (m)	[pana'ma]
Jamaica	**Jamaica** (f)	[ʒa'majka]

240. Africa

Egypt	**Egito** (m)	[e'ʒitu]
Egyptian (masc.)	**egípcio** (m)	[e'ʒipsju]
Egyptian (fem.)	**egípcia** (f)	[e'ʒipsja]
Egyptian (adj)	**egípcio**	[e'ʒipsju]
Morocco	**Marrocos**	[ma'hɔkus]
Moroccan (masc.)	**marroquino** (m)	[maho'kinu]
Moroccan (fem.)	**marroquina** (f)	[maho'kina]
Moroccan (adj)	**marroquino**	[maho'kinu]
Tunisia	**Tunísia** (f)	[tu'nizja]
Tunisian (masc.)	**tunisiano** (m)	[tunizi'anu]
Tunisian (fem.)	**tunisiana** (f)	[tunizi'ana]
Tunisian (adj)	**tunisiano**	[tunizi'anu]
Ghana	**Gana** (f)	['gana]
Zanzibar	**Zanzibar** (m)	[zãzi'bar]
Kenya	**Quênia** (f)	['kenja]
Libya	**Líbia** (f)	['libja]
Madagascar	**Madagascar** (m)	[mada'gaskar]
Namibia	**Namíbia** (f)	[na'mibja]
Senegal	**Senegal** (m)	[sene'gaw]
Tanzania	**Tanzânia** (f)	[tã'zanja]
South Africa	**África** (f) **do Sul**	['afrika du suw]
African (masc.)	**africano** (m)	[afri'kanu]
African (fem.)	**africana** (f)	[afri'kana]
African (adj)	**africano**	[afri'kanu]

241. Australia. Oceania

Australia	**Austrália** (f)	[aws'tralja]
Australian (masc.)	**australiano** (m)	[awstra'ljanu]
Australian (fem.)	**australiana** (f)	[awstra'ljana]
Australian (adj)	**australiano**	[awstra'ljanu]
New Zealand	**Nova Zelândia** (f)	['nɔva zi'lãdʒa]
New Zealander (masc.)	**neozelandês** (m)	[neozelã'des]
New Zealander (fem.)	**neozelandesa** (f)	[neozelã'deza]
New Zealand (as adj)	**neozelandês**	[neozelã'des]
Tasmania	**Tasmânia** (f)	[taz'manja]
French Polynesia	**Polinésia** (f) **Francesa**	[poli'nɛzja frã'seza]

242. Cities

Amsterdam	**Amsterdã**	[amister'dã]
Ankara	**Ancara**	[ã'kara]
Athens	**Atenas**	[a'tenas]
Baghdad	**Bagdá**	[bagi'da]
Bangkok	**Bancoque**	[bã'kɔk]
Barcelona	**Barcelona**	[barse'lona]
Beijing	**Pequim**	[pe'kĩ]
Beirut	**Beirute**	[bej'rutʃi]
Berlin	**Berlim**	[ber'lĩ]
Mumbai (Bombay)	**Mumbai**	[mũ'baj]
Bonn	**Bonn**	[bɔn]
Bordeaux	**Bordéus**	[bor'dɛus]
Bratislava	**Bratislava**	[brati'slava]
Brussels	**Bruxelas**	[bru'ʃɛlas]
Bucharest	**Bucareste**	[buka'rɛstʃi]
Budapest	**Budapeste**	[buda'pɛstʃi]
Cairo	**Cairo**	['kajru]
Kolkata (Calcutta)	**Calcutá**	[kawku'ta]
Chicago	**Chicago**	[ʃi'kagu]
Copenhagen	**Copenhague**	[kope'ɲagi]
Dar-es-Salaam	**Dar es Salaam**	[dar es sa'lãm]
Delhi	**Deli**	['dɛli]
Dubai	**Dubai**	[du'baj]
Dublin	**Dublim**	[dub'lĩ]
Düsseldorf	**Düsseldorf**	[duseldɔrf]
Florence	**Florença**	[flo'rẽsa]
Frankfurt	**Frankfurt**	['frãkfurt]
Geneva	**Genebra**	[ʒe'nɛbra]
The Hague	**Haia**	['aja]
Hamburg	**Hamburgo**	[ã'burgu]
Hanoi	**Hanói**	[ha'nɔj]
Havana	**Havana**	[a'vana]
Helsinki	**Helsinque**	[ew'sĩki]
Hiroshima	**Hiroshima**	[irɔ'ʃima]
Hong Kong	**Hong Kong**	[oŋ'koŋ]
Istanbul	**Istambul**	[istã'buw]
Jerusalem	**Jerusalém**	[ʒeruza'lẽ]
Kyiv	**Kiev, Quieve**	[ki'ɛv], [ki'eve]
Kuala Lumpur	**Kuala Lumpur**	['kwala lũ'pur]
Lisbon	**Lisboa**	[liz'boa]
London	**Londres**	['lõdris]
Los Angeles	**Los Angeles**	[loz 'ãʒeles]

Lyons	Lion	[li'ɔŋ]
Madrid	Madrid	[ma'drid]
Marseille	Marselha	[mar'sɛʎa]
Mexico City	Cidade do México	[si'dadʒi du 'mɛʃiku]
Miami	Miami	[ma'jami]
Montreal	Montreal	[mõtri'al]
Moscow	Moscou	[mos'kow]
Munich	Munique	[mu'niki]

Nairobi	Nairóbi	[naj'rɔbi]
Naples	Nápoles	['napolis]
New York	Nova York	['nɔva 'jɔrk]
Nice	Nice	['nisi]
Oslo	Oslo	['ɔzlow]
Ottawa	Ottawa	[ɔ'tawa]

Paris	Paris	[pa'ris]
Prague	Praga	['praga]
Rio de Janeiro	Rio de Janeiro	['hiu de ʒa'nejru]
Rome	Roma	['homa]

Saint Petersburg	São Petersburgo	['sãw peters'burgu]
Seoul	Seul	[se'uw]
Shanghai	Xangai	[ʃã'gaj]
Singapore	Cingapura (f)	[sĩga'pura]
Stockholm	Estocolmo	[isto'kɔwmu]
Sydney	Sydney	['sidnej]

Taipei	Taipé	[taj'pɛ]
Tokyo	Tóquio	['tɔkju]
Toronto	Toronto	[to'rõtu]

Venice	Veneza	[ve'neza]
Vienna	Viena	['vjɛna]
Warsaw	Varsóvia	[var'sɔvja]
Washington	Washington	['waʃigtɔn]

243. Politics. Government. Part 1

politics	política (f)	[po'litʃika]
political (adj)	político	[po'litʃiku]
politician	político (m)	[po'litʃiku]

state (country)	estado (m)	[i'stadu]
citizen	cidadão (m)	[sida'dãw]
citizenship	cidadania (f)	[sidada'nia]

national emblem	brasão (m) de armas	[bra'zãw de 'armas]
national anthem	hino (m) nacional	['inu nasjo'naw]
government	governo (m)	[go'vernu]

head of state	Chefe (m) de Estado	[ˈʃɛfi de iˈstadu]
parliament	parlamento (m)	[parlaˈmẽtu]
party	partido (m)	[parˈtʃidu]

| capitalism | capitalismo (m) | [kapitaˈlizmu] |
| capitalist (adj) | capitalista | [kapitaˈlista] |

| socialism | socialismo (m) | [sosjaˈlizmu] |
| socialist (adj) | socialista | [sosjaˈlista] |

communism	comunismo (m)	[komuˈnizmu]
communist (adj)	comunista	[komuˈnista]
communist (n)	comunista (m)	[komuˈnista]

democracy	democracia (f)	[demokraˈsia]
democrat	democrata (m)	[demoˈkrata]
democratic (adj)	democrático	[demoˈkratʃiku]
Democratic party	Partido (m) Democrático	[parˈtʃidu demoˈkratʃiku]

| liberal (n) | liberal (m) | [libeˈraw] |
| liberal (adj) | liberal | [libeˈraw] |

| conservative (n) | conservador (m) | [kõservaˈdor] |
| conservative (adj) | conservador | [kõservaˈdor] |

republic (n)	república (f)	[heˈpublika]
republican (n)	republicano (m)	hepubliˈkanu]
Republican party	Partido (m) Republicano	[parˈtʃidu hepubliˈkanu]

| elections | eleições (f pl) | [elejˈsõjs] |
| to elect (vt) | eleger (vt) | [eleˈʒer] |

| elector, voter | eleitor (m) | [elejˈtor] |
| election campaign | campanha (f) eleitoral | [kãˈpaɲa elejtoˈraw] |

voting (n)	votação (f)	[votaˈsãw]
to vote (vi)	votar (vi)	[voˈtar]
suffrage, right to vote	sufrágio (m)	[suˈfraʒu]

candidate	candidato (m)	[kãdʒiˈdatu]
to be a candidate	candidatar-se (vi)	[kãdʒidaˈtarsi]
campaign	campanha (f)	[kãˈpaɲa]

| opposition (as adj) | da oposição | [da opoziˈsãw] |
| opposition (n) | oposição (f) | [opoziˈsãw] |

visit	visita (f)	[viˈzita]
official visit	visita (f) oficial	[viˈzita ofiˈsjaw]
international (adj)	internacional	[ĩternasjoˈnaw]

| negotiations | negociações (f pl) | [negosjaˈsõjs] |
| to negotiate (vi) | negociar (vi) | [negoˈsjar] |

244. Politics. Government. Part 2

society	sociedade (f)	[sosje'dadʒi]
constitution	constituição (f)	[kõstʃitwi'sãw]
power (political control)	poder (m)	[po'der]
corruption	corrupção (f)	[kohup'sãw]
law (justice)	lei (f)	[lej]
legal (legitimate)	legal	[le'gaw]
justice (fairness)	justeza (f)	[ʒus'teza]
just (fair)	justo	['ʒustu]
committee	comitê (m)	[komi'te]
bill (draft law)	projeto-lei (m)	[pro'ʒɛtu-'lej]
budget	orçamento (m)	[orsa'mẽtu]
policy	política (f)	[po'litʃika]
reform	reforma (f)	[he'fɔrma]
radical (adj)	radical	[hadʒi'kaw]
power (strength, force)	força (f)	['forsa]
powerful (adj)	poderoso	[pode'rozu]
supporter	partidário (m)	[partʃi'darju]
influence	influência (f)	[ĩ'flwẽsja]
regime (e.g., military ~)	regime (m)	[he'ʒimi]
conflict	conflito (m)	[kõ'flitu]
conspiracy (plot)	conspiração (f)	[kõspira'sãw]
provocation	provocação (f)	[provoka'sãw]
to overthrow (regime, etc.)	derrubar (vt)	[dehu'bar]
overthrow (of government)	derrube (m), queda (f)	[de'rube], ['kɛda]
revolution	revolução (f)	[hevolu'sãw]
coup d'état	golpe (m) de Estado	['gɔwpi de i'stadu]
military coup	golpe (m) militar	['gɔwpi mili'tar]
crisis	crise (f)	['krizi]
economic recession	recessão (f) econômica	[hesep'sãw eko'nomika]
demonstrator (protester)	manifestante (m)	[manifes'tãtʃi]
demonstration	manifestação (f)	[manifesta'sãw]
martial law	lei (f) marcial	[lej mar'sjaw]
military base	base (f) militar	['bazi mili'tar]
stability	estabilidade (f)	[istabili'dadʒi]
stable (adj)	estável	[is'tavew]
exploitation	exploração (f)	[isplora'sãw]
to exploit (workers)	explorar (vt)	[isplo'rar]
racism	racismo (m)	[ha'sizmu]
racist	racista (m)	[ha'sista]

| fascism | fascismo (m) | [fa'sizmu] |
| fascist | fascista (m) | [fa'sista] |

245. Countries. Miscellaneous

foreigner	estrangeiro (m)	[istrã'ʒejru]
foreign (adj)	estrangeiro	[istrã'ʒejru]
abroad (in a foreign country)	no estrangeiro	[no istrã'ʒejru]

emigrant	emigrante (m)	[emi'grãtʃi]
emigration	emigração (f)	[emigra'sãw]
to emigrate (vi)	emigrar (vi)	[emi'grar]

the West	Ocidente (m)	[osi'dẽtʃi]
the East	Oriente (m)	[o'rjẽtʃi]
the Far East	Extremo Oriente (m)	[is'trɛmu o'rjẽtʃi]

civilization	civilização (f)	[siviliza'sãw]
humanity (mankind)	humanidade (f)	[umani'dadʒi]
the world (earth)	mundo (m)	['mũdu]
peace	paz (f)	[pajz]
worldwide (adj)	mundial	[mũ'dʒjaw]

homeland	pátria (f)	['patrja]
people (population)	povo (m)	['povu]
population	população (f)	[popula'sãw]

people (a lot of ~)	gente (f)	['ʒẽtʃi]
nation (people)	nação (f)	[na'sãw]
generation	geração (f)	[ʒera'sãw]

territory (area)	território (m)	[tehi'tɔrju]
region	região (f)	[he'ʒjãw]
state (part of a country)	estado (m)	[i'stadu]

tradition	tradição (f)	[tradʒi'sãw]
custom (tradition)	costume (m)	[kos'tumi]
ecology	ecologia (f)	[ekolo'ʒia]

Indian (Native American)	índio (m)	['ĩdʒju]
Gypsy (masc.)	cigano (m)	[si'ganu]
Gypsy (fem.)	cigana (f)	[si'gana]
Gypsy (adj)	cigano	[si'ganu]

empire	império (m)	[ĩ'pɛrju]
colony	colônia (f)	[ko'lonja]
slavery	escravidão (f)	[iskravi'dãw]
invasion	invasão (f)	[ĩva'zãw]
famine	fome (f)	['fɔmi]

246. Major religious groups. Confessions

religion	religião (f)	[heli'ʒãw]
religious (adj)	religioso	[heli'ʒozu]
faith, belief	crença (f)	['krẽsa]
to believe (in God)	crer (vt)	[krer]
believer	crente (m)	['krẽtʃi]
atheism	ateísmo (m)	[ate'izmu]
atheist	ateu (m)	[a'tew]
Christianity	cristianismo (m)	[kristʃa'nizmu]
Christian (n)	cristão (m)	[kris'tãw]
Christian (adj)	cristão	[kris'tãw]
Catholicism	catolicismo (m)	[katoli'sizmu]
Catholic (n)	católico (m)	[ka'tɔliku]
Catholic (adj)	católico	[ka'tɔliku]
Protestantism	protestantismo (m)	[protestã'tʃizmu]
Protestant Church	Igreja (f) Protestante	[i'greʒa protes'tätʃi]
Protestant (n)	protestante (m)	[protes'tätʃi]
Orthodoxy	ortodoxia (f)	[ortodok'sia]
Orthodox Church	Igreja (f) Ortodoxa	[i'greʒa orto'dɔksa]
Orthodox (n)	ortodoxo (m)	[orto'dɔksu]
Presbyterianism	presbiterianismo (m)	[prezbiterja'nizmu]
Presbyterian Church	Igreja (f) Presbiteriana	[i'greʒa prezbite'rjana]
Presbyterian (n)	presbiteriano (m)	[prezbite'rjanu]
Lutheranism	luteranismo (m)	[lutera'nizmu]
Lutheran (n)	luterano (m)	[lute'ranu]
Baptist Church	Igreja (f) Batista	[i'greʒa ba'tʃista]
Baptist (n)	batista (m)	[ba'tʃista]
Anglican Church	Igreja (f) Anglicana	[i'greʒa ãgli'kana]
Anglican (n)	anglicano (m)	[ãgli'kanu]
Mormonism	mormonismo (m)	[mormo'nizmu]
Mormon (n)	mórmon (m)	['mɔrmõ]
Judaism	Judaísmo (m)	[ʒuda'izmu]
Jew (n)	judeu (m)	[ʒu'dew]
Buddhism	budismo (m)	[bu'dʒizmu]
Buddhist (n)	budista (m)	[bu'dʒista]
Hinduism	hinduísmo (m)	[ĩ'dwizmu]
Hindu (n)	hindu (m)	[ĩ'du]

Islam	**Islã** (m)	[iz'lɐ̃]
Muslim (n)	**muçulmano** (m)	[musuw'manu]
Muslim (adj)	**muçulmano**	[musuw'manu]

| Shiah Islam | **xiismo** (m) | [ʃi'iʒmu] |
| Shiite (n) | **xiita** (m) | [ʃi'ita] |

| Sunni Islam | **sunismo** (m) | [su'niʒmu] |
| Sunnite (n) | **sunita** (m) | [su'nita] |

247. Religions. Priests

| priest | **padre** (m) | ['padri] |
| the Pope | **Papa** (m) | ['papa] |

monk, friar	**monge** (m)	['mõʒi]
nun	**freira** (f)	['frejra]
pastor	**pastor** (m)	[pas'tor]

abbot	**abade** (m)	[a'badʒi]
vicar (parish priest)	**vigário** (m)	[vi'garju]
bishop	**bispo** (m)	['bispu]
cardinal	**cardeal** (m)	[kar'dʒjaw]

preacher	**pregador** (m)	[prega'dor]
preaching	**sermão** (m)	[ser'mãw]
parishioners	**paroquianos** (pl)	[paro'kjanus]

| believer | **crente** (m) | ['krẽtʃi] |
| atheist | **ateu** (m) | [a'tew] |

248. Faith. Christianity. Islam

| Adam | **Adão** | [a'dãw] |
| Eve | **Eva** | ['ɛva] |

God	**Deus** (m)	['dews]
the Lord	**Senhor** (m)	[se'ɲor]
the Almighty	**Todo Poderoso** (m)	['todu pode'rozu]

sin	**pecado** (m)	[pe'kadu]
to sin (vi)	**pecar** (vi)	[pe'kar]
sinner (masc.)	**pecador** (m)	[peka'dor]
sinner (fem.)	**pecadora** (f)	[peka'dora]

hell	**inferno** (m)	[ĩ'fɛrnu]
paradise	**paraíso** (m)	[para'izu]
Jesus	**Jesus**	[ʒe'zus]

Jesus Christ	**Jesus Cristo**	[ʒe'zus 'kristu]
the Holy Spirit	**Espírito** (m) **Santo**	[is'piritu 'sãtu]
the Savior	**Salvador** (m)	[sawva'dor]
the Virgin Mary	**Virgem Maria** (f)	['virʒẽ ma'ria]
the Devil	**Diabo** (m)	['dʒjabu]
devil's (adj)	**diabólico**	[dʒja'bɔliku]
Satan	**Satanás** (m)	[sata'nas]
satanic (adj)	**satânico**	[sa'taniku]
angel	**anjo** (m)	['ãʒu]
guardian angel	**anjo** (m) **da guarda**	['ãʒu da 'gwarda]
angelic (adj)	**angelical**	[ãʒeli'kaw]
apostle	**apóstolo** (m)	[a'pɔstolu]
archangel	**arcanjo** (m)	[ar'kãʒu]
the Antichrist	**anticristo** (m)	[ãtʃi'kristu]
Church	**Igreja** (f)	[i'greʒa]
Bible	**Bíblia** (f)	['biblja]
biblical (adj)	**bíblico**	['bibliku]
Old Testament	**Velho Testamento** (m)	['vɛʎu testa'mẽtu]
New Testament	**Novo Testamento** (m)	['novu testa'mẽtu]
Gospel	**Evangelho** (m)	[evã'ʒɛʎu]
Holy Scripture	**Sagradas Escrituras** (f pl)	[sa'gradas iskri'turas]
Heaven	**Céu** (m)	[sɛw]
Commandment	**mandamento** (m)	[mãda'mẽtu]
prophet	**profeta** (m)	[pro'fɛta]
prophecy	**profecia** (f)	[profe'sia]
Allah	**Alá** (m)	[a'la]
Mohammed	**Maomé** (m)	[mao'mɛ]
the Koran	**Alcorão** (m)	[awko'rãw]
mosque	**mesquita** (f)	[mes'kita]
mullah	**mulá** (m)	[mu'la]
prayer	**oração** (f)	[ora'sãw]
to pray (vi, vt)	**rezar, orar** (vi)	[he'zar], [o'rar]
pilgrimage	**peregrinação** (f)	[peregrina'sãw]
pilgrim	**peregrino** (m)	[pere'grinu]
Mecca	**Meca** (f)	['mɛka]
church	**igreja** (f)	[i'greʒa]
temple	**templo** (m)	['tẽplu]
cathedral	**catedral** (f)	[kate'draw]
Gothic (adj)	**gótico**	['gɔtʃiku]
synagogue	**sinagoga** (f)	[sina'gɔga]
mosque	**mesquita** (f)	[mes'kita]
chapel	**capela** (f)	[ka'pɛla]

abbey	**abadia** (f)	[aba'dʒia]
convent	**convento** (m)	[kõ'vẽtu]
monastery	**mosteiro, monastério** (m)	[mos'tejru], [monas'tɛrju]
bell (church ~s)	**sino** (m)	['sinu]
bell tower	**campanário** (m)	[kãpa'narju]
to ring (ab. bells)	**repicar** (vi)	[hepi'kar]
cross	**cruz** (f)	[kruz]
cupola (roof)	**cúpula** (f)	['kupula]
icon	**ícone** (m)	['ikoni]
soul	**alma** (f)	['awma]
fate (destiny)	**destino** (m)	[des'tʃinu]
evil (n)	**mal** (m)	[maw]
good (n)	**bem** (m)	[bẽj]
vampire	**vampiro** (m)	[vã'piru]
witch (evil ~)	**bruxa** (f)	['bruʃa]
demon	**demônio** (m)	[de'monju]
spirit	**espírito** (m)	[is'piritu]
redemption (giving us ~)	**redenção** (f)	[hedẽ'sãw]
to redeem (vt)	**redimir** (vt)	[hedʒi'mir]
church service, mass	**missa** (f)	['misa]
to say mass	**celebrar a missa**	[sele'brar a 'misa]
confession	**confissão** (f)	[kõfi'sãw]
to confess (vi)	**confessar-se** (vr)	[kõfe'sarsi]
saint (n)	**santo** (m)	['sãtu]
sacred (holy)	**sagrado**	[sa'gradu]
holy water	**água** (f) **benta**	['agwa 'bẽta]
ritual (n)	**ritual** (m)	[hi'twaw]
ritual (adj)	**ritual**	[hi'twaw]
sacrifice	**sacrifício** (m)	[sakri'fisju]
superstition	**superstição** (f)	[superstʃi'sãw]
superstitious (adj)	**supersticioso**	[superstʃi'sjozu]
afterlife	**vida** (f) **após a morte**	['vida a'pɔjs a 'mɔrtʃi]
eternal life	**vida** (f) **eterna**	['vida e'terna]

MISCELLANEOUS

249. Various useful words

background (green ~)	fundo (m)	['fũdu]
balance (of situation)	equilíbrio (m)	[eki'librju]
barrier (obstacle)	barreira (f)	[ba'hejra]
base (basis)	base (f)	['bazi]
beginning	começo, início (m)	[ko'mesu], [i'nisju]
category	categoria (f)	[katego'ria]
cause (reason)	causa (f)	['kawza]
choice	variedade (f)	[varje'dadʒi]
coincidence	coincidência (f)	[koïsi'dẽsja]
comfortable (~ chair)	cômodo	['komodu]
comparison	comparação (f)	[kõpara'sãw]
compensation	compensação (f)	[kõpẽsa'sãw]
degree (extent, amount)	grau (m)	[graw]
development	desenvolvimento (m)	[dʒizẽvowvi'mẽtu]
difference	diferença (f)	[dʒife'rẽsa]
effect (e.g., of drugs)	efeito (m)	[e'fejtu]
effort (exertion)	esforço (m)	[is'forsu]
element	elemento (m)	[ele'mẽtu]
end (finish)	fim (m)	[fĩ]
example (illustration)	exemplo (m)	[e'zẽplu]
fact	fato (m)	['fatu]
frequent (adj)	frequente	[fre'kwẽtʃi]
growth (development)	crescimento (m)	[kresi'mẽtu]
help	ajuda (f)	[a'ʒuda]
ideal	ideal (m)	[ide'jaw]
kind (sort, type)	tipo (m)	['tʃipu]
labyrinth	labirinto (m)	[labi'rĩtu]
mistake, error	erro (m)	['ehu]
moment	momento (m)	[mo'mẽtu]
object (thing)	objeto (m)	[ɔb'ʒɛtu]
obstacle	obstáculo (m)	[ob'stakulu]
original (original copy)	original (m)	[oriʒi'naw]
part (~ of sth)	parte (f)	['partʃi]
particle, small part	partícula (f)	[par'tʃikula]
pause (break)	pausa (f)	['pawza]

position	**posição** (f)	[poziˈsãw]
principle	**princípio** (m)	[prĩˈsipju]
problem	**problema** (m)	[probˈlɛma]

process	**processo** (m)	[pruˈsɛsu]
progress	**progresso** (m)	[proˈgrɛsu]
property (quality)	**propriedade** (f)	[proprjeˈdadʒi]
reaction	**reação** (f)	[heaˈsãw]
risk	**risco** (m)	[ˈhisku]

secret	**segredo** (m)	[seˈgredu]
series	**série** (f)	[ˈsɛri]
shape (outer form)	**forma** (f)	[ˈfɔrma]
situation	**situação** (f)	[sitwaˈsãw]
solution	**solução** (f)	[soluˈsãw]

standard (adj)	**padrão**	[paˈdrãw]
standard (level of quality)	**padrão** (m)	[paˈdrãw]
stop (pause)	**paragem** (f)	[paˈraʒẽ]
style	**estilo** (m)	[isˈtʃilu]

system	**sistema** (m)	[sisˈtɛma]
table (chart)	**tabela** (f)	[taˈbɛla]
tempo, rate	**ritmo** (m)	[ˈhitʃmu]
term (word, expression)	**termo** (m)	[ˈtermu]

thing (object, item)	**coisa** (f)	[ˈkojza]
truth (e.g., moment of ~)	**verdade** (f)	[verˈdadʒi]
turn (please wait your ~)	**vez** (f)	[vez]
type (sort, kind)	**tipo** (m)	[ˈtʃipu]
urgent (adj)	**urgente**	[urˈʒẽtʃi]

urgently (adv)	**urgentemente**	[urʒẽteˈmẽtʃi]
utility (usefulness)	**utilidade** (f)	[utʃiliˈdadʒi]
variant (alternative)	**variante** (f)	[vaˈrjãtʃi]
way (means, method)	**modo** (m)	[ˈmɔdu]
zone	**zona** (f)	[ˈzɔna]

250. Modifiers. Adjectives. Part 1

additional (adj)	**suplementar**	[suplemẽˈtar]
ancient (~ civilization)	**antigo**	[ãˈtʃigu]
artificial (adj)	**artificial**	[artʃifiˈsjaw]
back, rear (adj)	**de trás**	[de trajs]
bad (adj)	**mau**	[maw]

beautiful (~ palace)	**belo**	[ˈbɛlu]
beautiful (person)	**bonito**	[boˈnitu]
big (in size)	**grande**	[ˈgrãdʒi]

bitter (taste)	**amargo**	[a'margu]
blind (sightless)	**cego**	['sɛgu]
calm, quiet (adj)	**calmo**	['kawmu]
careless (negligent)	**descuidado**	[dʒiskwi'dadu]
caring (~ father)	**carinhoso**	[kari'ɲozu]
central (adj)	**central**	[sẽ'traw]
cheap (low-priced)	**barato**	[ba'ratu]
cheerful (adj)	**alegre**	[a'lɛgri]
children's (adj)	**infantil**	[ĩfã'tʃiw]
civil (~ law)	**civil**	[si'viw]
clandestine (secret)	**clandestino**	[klãdes'tʃinu]
clean (free from dirt)	**limpo**	['lĩpu]
clear (explanation, etc.)	**claro**	['klaru]
clever (smart)	**inteligente**	[ĩteli'ʒẽtʃi]
close (near in space)	**próximo**	['prɔsimu]
closed (adj)	**fechado**	[fe'ʃadu]
cloudless (sky)	**desanuviado**	[dʒizanu'vjadu]
cold (drink, weather)	**frio**	['friu]
compatible (adj)	**compatível**	[kõpa'tʃivew]
contented (satisfied)	**contente**	[kõ'tẽtʃi]
continuous (uninterrupted)	**ininterrupto**	[inĩte'huptu]
cool (weather)	**fresco**	['fresku]
dangerous (adj)	**perigoso**	[peri'gozu]
dark (room)	**escuro**	[is'kuru]
dead (not alive)	**morto**	['mortu]
dense (fog, smoke)	**denso**	['dẽsu]
destitute (extremely poor)	**indigente**	[ĩdʒi'ʒẽtʃi]
different (not the same)	**diferente**	[dʒife'rẽtʃi]
difficult (decision)	**difícil**	[dʒi'fisiw]
difficult (problem, task)	**difícil, complexo**	[dʒi'fisiw], [kõ'plɛksu]
dim, faint (light)	**fraco**	['fraku]
dirty (not clean)	**sujo**	['suʒu]
distant (in space)	**distante**	[dʒis'tãtʃi]
dry (clothes, etc.)	**seco**	['seku]
easy (not difficult)	**fácil**	['fasiw]
empty (glass, room)	**vazio**	[va'ziu]
even (e.g., ~ surface)	**liso**	['lizu]
exact (amount)	**exato**	[e'zatu]
excellent (adj)	**excelente**	[ese'lẽtʃi]
excessive (adj)	**excessivo**	[ese'sivu]
expensive (adj)	**caro**	['karu]
exterior (adj)	**externo**	[is'tɛrnu]
far (the ~ East)	**remoto, longínquo**	he'mɔtu], [lõ'ʒĩkwu]

English	Portuguese	IPA
fast (quick)	rápido	['hapidu]
fatty (food)	gordo	['gordu]
fertile (land, soil)	fértil	['fɛrtʃiw]
flat (~ panel display)	plano	['planu]
foreign (adj)	estrangeiro	[istrã'ʒejru]
fragile (china, glass)	frágil	['fraʒiw]
free (at no cost)	gratuito, grátis	[gra'twitu], ['gratʃis]
free (unrestricted)	livre	['livri]
fresh (~ water)	doce	['dosi]
fresh (e.g., ~ bread)	fresco	['fresku]
frozen (food)	congelado	[kõʒe'ladu]
full (completely filled)	cheio	['ʃeju]
gloomy (house, forecast)	sombrio	[sõ'briu]
good (book, etc.)	bom	[bõ]
good, kind (kindhearted)	bondoso	[bõ'dozu]
grateful (adj)	agradecido	[agrade'sidu]
happy (adj)	feliz	[fe'liz]
hard (not soft)	duro	['duru]
heavy (in weight)	pesado	[pe'zadu]
hostile (adj)	hostil	[os'tʃiw]
hot (adj)	quente	['kẽtʃi]
huge (adj)	enorme	[e'nɔrmi]
humid (adj)	úmido	['umidu]
hungry (adj)	faminto	[fa'mĩtu]
ill (sick, unwell)	doente	[do'ẽtʃi]
immobile (adj)	imóvel	[i'mɔvew]
important (adj)	importante	[ĩpor'tãtʃi]
impossible (adj)	impossível	[ĩpo'sivew]
incomprehensible	incompreensível	[ĩkõprjẽ'sivew]
indispensable (adj)	indispensável	[ĩdʒispẽ'savew]
inexperienced (adj)	inexperiente	[inespe'rjẽtʃi]
insignificant (adj)	insignificante	[ĩsignifi'kãtʃi]
interior (adj)	interno	[ĩ'tɛrnu]
joint (~ decision)	conjunto	[kõ'ʒũtu]
last (e.g., ~ week)	passado	[pa'sadu]
last (final)	último	['uwtʃimu]
left (e.g., ~ side)	esquerdo	[is'kerdu]
legal (legitimate)	legal	[le'gaw]
light (in weight)	leve	['lɛvi]
light (pale color)	claro	['klaru]
limited (adj)	limitado	[limi'tadu]
liquid (fluid)	líquido	['likidu]
long (e.g., ~ hair)	longo	['lõgu]

| loud (voice, etc.) | alto | ['awtu] |
| low (voice) | baixo | ['baɪʃu] |

251. Modifiers. Adjectives. Part 2

main (principal)	principal	[prĩsi'paw]
matt, matte	mate	['matʃi]
meticulous (job)	meticuloso	[metʃiku'lozu]
mysterious (adj)	enigmático	[enigi'matʃiku]
narrow (street, etc.)	estreito	[is'trejtu]

native (~ country)	natal	[na'taw]
nearby (adj)	perto	['pɛrtu]
nearsighted (adj)	míope	['miopi]
needed (necessary)	necessário	[nese'sarju]
negative (~ response)	negativo	[nega'tʃivu]

neighboring (adj)	vizinho	[vi'ziɲu]
nervous (adj)	nervoso	[ner'vozu]
new (adj)	novo	['novu]
next (e.g., ~ week)	seguinte	[se'gĩtʃi]

nice (agreeable)	encantador	[ẽkãta'dor]
pleasant (voice)	agradável	[agra'davew]
normal (adj)	normal	[nor'maw]
not big (adj)	não muito grande	['nãw 'mwĩtu 'grãdʒi]
not difficult (adj)	não difícil	['nãw dʒi'fisiw]

obligatory (adj)	obrigatório	[obriga'tɔrju]
old (house)	velho	['vɛʎu]
open (adj)	aberto	[a'bɛrtu]
opposite (adj)	contrário	[kõ'trarju]

ordinary (usual)	comum, normal	[ko'mũ], [nor'maw]
original (unusual)	original	[oriʒi'naw]
past (recent)	mais recente	[majs he'sẽtʃi]
permanent (adj)	permanente	[perma'nẽtʃi]
personal (adj)	pessoal	[pe'swaw]

polite (adj)	educado	[edu'kadu]
poor (not rich)	pobre	['pɔbri]
possible (adj)	possível	[po'sivew]
present (current)	presente	[pre'zẽtʃi]
previous (adj)	prévio	['prɛvju]

principal (main)	principal	[prĩsi'paw]
private (~ jet)	privado	[pri'vadu]
probable (adj)	provável	[pro'vavew]
prolonged (e.g., ~ applause)	contínuo	[kõ'tʃinwu]

public (open to all)	**público**	['publiku]
punctual (person)	**pontual**	[põ'twaw]
quiet (tranquil)	**tranquilo**	[trã'kwilu]
rare (adj)	**raro**	['haru]
raw (uncooked)	**cru**	[kru]
right (not left)	**direito**	[dʒi'rejtu]
right, correct (adj)	**correto**	[ko'hɛtu]
ripe (fruit)	**maduro**	[ma'duro]
risky (adj)	**arriscado**	[ahis'kadu]
sad (~ look)	**triste**	['tristʃi]
sad (depressing)	**triste**	['tristʃi]
safe (not dangerous)	**seguro**	[se'guru]
salty (food)	**salgado**	[saw'gadu]
satisfied (customer)	**satisfeito**	[satʃis'fejtu]
second hand (adj)	**usado**	[u'zadu]
shallow (water)	**pouco fundo**	['poku 'fũdu]
sharp (blade, etc.)	**afiado**	[a'fjadu]
short (in length)	**curto**	['kurtu]
short, short-lived (adj)	**de curta duração**	[de 'kurta dura'sãw]
significant (notable)	**considerável**	[kõside'ravew]
similar (adj)	**similar**	[simi'lar]
simple (easy)	**simples**	['sĩplis]
skinny	**muito magro**	['mwĩtu 'magru]
small (in size)	**pequeno**	[pe'kenu]
smooth (surface)	**liso**	['lizu]
soft (~ toys)	**mole**	['mɔli]
solid (~ wall)	**sólido**	['sɔlidu]
sour (flavor, taste)	**azedo**	[a'zedu]
spacious (house, etc.)	**amplo**	['äplu]
special (adj)	**especial**	[ispe'sjaw]
straight (line, road)	**reto**	['hɛtu]
strong (person)	**forte**	['fɔrtʃi]
stupid (foolish)	**burro, estúpido**	['buhu], [is'tupidu]
suitable (e.g., ~ for drinking)	**apropriado**	[apro'prjadu]
sunny (day)	**de sol, ensolarado**	[de sɔw], [ẽsola'radu]
superb, perfect (adj)	**soberbo, perfeito**	[so'berbu], [per'fejtu]
swarthy (adj)	**moreno**	[mo'renu]
sweet (sugary)	**doce**	['dosi]
tan (adj)	**bronzeado**	[brõ'zjadu]
tasty (delicious)	**gostoso**	[gos'tozu]
tender (affectionate)	**afetuoso**	[afe'twozu]
the highest (adj)	**superior**	[supe'rjor]
the most important	**o mais importante**	[u majs ĩpor'tãtʃi]

the nearest	mais próximo	[majs 'prɔsimu]
the same, equal (adj)	igual	[i'gwaw]
thick (e.g., ~ fog)	cerrado	[se'hadu]
thick (wall, slice)	grosso	['grosu]
thin (person)	magro	['magru]
tight (~ shoes)	apertado	[aper'tadu]
tired (exhausted)	cansado	[kã'sadu]
tiring (adj)	cansativo	[kãsa'tʃivu]
transparent (adj)	transparente	[trãspa'rẽtʃi]
unclear (adj)	não é clara	['nãw ɛ 'klara]
unique (exceptional)	único	['uniku]
various (adj)	diverso	[dʒi'vɛrsu]
warm (moderately hot)	quente	['kẽtʃi]
wet (e.g., ~ clothes)	molhado	[mo'ʎadu]
whole (entire, complete)	inteiro	[ĩ'tejru]
wide (e.g., ~ road)	largo	['largu]
young (adj)	jovem	['ʒɔvẽ]

MAIN 500 VERBS

252. Verbs A-C

to accompany (vt)	**acompanhar** (vt)	[akõpa'ɲar]
to accuse (vt)	**acusar** (vt)	[aku'zar]
to acknowledge (admit)	**reconhecer** (vt)	[hekoɲe'ser]
to act (take action)	**agir** (vi)	[a'ʒir]

to add (supplement)	**acrescentar** (vt)	[akresẽ'tar]
to address (speak to)	**dirigir-se** (vr)	[dʒiri'ʒirsi]
to admire (vi)	**admirar** (vt)	[adʒimi'rar]
to advertise (vt)	**fazer propaganda**	[fa'zer propa'gãda]

to advise (vt)	**aconselhar** (vt)	[akõse'ʎar]
to affirm (assert)	**afirmar** (vt)	[afir'mar]
to agree (say yes)	**concordar** (vi)	[kõkor'dar]
to aim (to point a weapon)	**apontar para ...**	[apõ'tar 'para]

to allow (sb to do sth)	**permitir** (vt)	[permi'tʃir]
to amputate (vt)	**amputar** (vt)	[ãpu'tar]
to answer (vi, vt)	**responder** (vt)	[hespõ'der]
to apologize (vi)	**desculpar-se** (vr)	[dʒiskuw'parsi]

to appear (come into view)	**aparecer** (vi)	[apare'ser]
to applaud (vi, vt)	**aplaudir** (vi)	[aplaw'dʒir]
to appoint (assign)	**nomear** (vt)	[no'mjar]
to approach (come closer)	**aproximar-se** (vr)	[aprosi'marsi]

to arrive (ab. train)	**chegar** (vi)	[ʃe'gar]
to ask (~ sb to do sth)	**pedir** (vt)	[pe'dʒir]
to aspire to ...	**aspirar a ...**	[aspi'rar a]
to assist (help)	**assistir** (vt)	[asis'tʃir]

to attack (mil.)	**atacar** (vt)	[ata'kar]
to attain (objectives)	**alcançar** (vt)	[awkã'sar]
to avenge (get revenge)	**vingar** (vt)	[vĩ'gar]
to avoid (danger, task)	**evitar** (vt)	[evi'tar]

to award (give medal to)	**condecorar** (vt)	[kõdeko'rar]
to battle (vi)	**combater** (vi, vt)	[kõba'ter]
to be (~ a teacher)	**ser** (vi)	[ser]
to be (~ on a diet)	**estar** (vi)	[is'tar]

| to be a cause of ... | **causar** (vt) | [kaw'zar] |
| to be afraid | **ter medo** | [ter 'medu] |

to be angry (with ...)	zangar-se com ...	[zã'garsi kõ]
to be at war	guerrear (vt)	[ge'hjar]
to be based (on ...)	basear-se (vr)	[ba'zjarsi]
to be bored	entediar-se (vr)	[ẽte'dʒjarsi]
to be convinced	estar convencido	[is'tar kõvẽ'sidu]
to be enough	bastar (vi)	[bas'tar]
to be envious	invejar (vt)	[ĩve'ʒar]
to be indignant	indignar-se (vr)	[ĩdʒig'narsi]
to be interested in ...	interessar-se (vr)	[ĩtere'sarsi]
to be lost in thought	ficar pensativo	[fi'kar pẽsa'tʃivu]
to be lying (~ on the table)	estar	[is'tar]
to be needed	ser necessário	[ser nese'sarju]
to be perplexed (puzzled)	estar perplexo	[is'tar per'plɛksu]
to be preserved	ser preservado	[ser prezer'vadu]
to be required	ser indispensável	[ser ĩdʒispẽ'savew]
to be surprised	surpreender-se (vr)	[surprjẽ'dersi]
to be worried	estar preocupado	[is'tar preoku'padu]
to beat (to hit)	bater (vt)	[ba'ter]
to become (e.g., ~ old)	tornar-se (vr)	[tor'narsi]
to behave (vi)	comportar-se (vr)	[kõpor'tarsi]
to believe (think)	crer (vt)	[krer]
to belong to ...	pertencer (vt)	[pertẽ'ser]
to berth (moor)	atracar (vi)	[atra'kar]
to blind (other drivers)	cegar, ofuscar (vt)	[se'gar], [ofus'kar]
to blow (wind)	soprar (vi)	[so'prar]
to blush (vi)	corar (vi)	[ko'rar]
to boast (vi)	gabar-se (vr)	[ga'barsi]
to borrow (money)	tomar emprestado (vt)	[to'mar ẽpres'tadu]
to break (branch, toy, etc.)	quebrar (vt)	[ke'brar]
to breathe (vi)	respirar (vi)	[hespi'rar]
to bring (sth)	trazer (vt)	[tra'zer]
to burn (paper, logs)	queimar (vt)	[kej'mar]
to buy (purchase)	comprar (vt)	[kõ'prar]
to call (~ for help)	chamar (vt)	[ʃa'mar]
to call (yell for sb)	chamar (vt)	[ʃa'mar]
to calm down (vt)	acalmar (vt)	[akaw'mar]
can (v aux)	poder (vi)	[po'der]
to cancel (call off)	anular, cancelar (vt)	[anu'lar], [kãse'lar]
to cast off (of a boat or ship)	desatracar (vi)	[dʒizatra'kar]
to catch (e.g., ~ a ball)	pegar (vt)	[pe'gar]
to change (~ one's opinion)	mudar (vt)	[mu'dar]

English	Portuguese	Pronunciation
to change (exchange)	trocar, mudar (vt)	[tro'kar], [mu'dar]
to charm (vt)	fascinar (vt)	[fasi'nar]
to choose (select)	escolher (vt)	[isko'ʎer]
to chop off (with an ax)	cortar (vt)	[kor'tar]
to clean (e.g., kettle from scale)	limpar (vt)	[lĩ'par]
to clean (shoes, etc.)	limpar (vt)	[lĩ'par]
to clean up (tidy)	arrumar, limpar (vt)	[ahu'mar], [lĩ'par]
to close (vt)	fechar (vt)	[fe'ʃar]
to comb one's hair	pentear-se (vr)	[pẽ'tʃjarsi]
to come down (the stairs)	descer (vi)	[de'ser]
to come out (book)	sair (vi)	[sa'ir]
to compare (vt)	comparar (vt)	[kõpa'rar]
to compensate (vt)	compensar (vt)	[kõpẽ'sar]
to compete (vi)	competir (vi)	[kõpe'tʃir]
to compile (~ a list)	fazer, elaborar (vt)	[fa'zer], [elabo'rar]
to complain (vi, vt)	queixar-se (vr)	[kej'ʃarsi]
to complicate (vt)	complicar (vt)	[kõpli'kar]
to compose (music, etc.)	compor (vt)	[kõ'por]
to compromise (reputation)	comprometer (vt)	[kõprome'ter]
to concentrate (vi)	concentrar-se (vr)	[kõsẽ'trarsi]
to confess (criminal)	confessar-se (vr)	[kõfe'sarsi]
to confuse (mix up)	confundir (vt)	[kõfũ'dʒir]
to congratulate (vt)	felicitar (vt)	[felisi'tar]
to consult (doctor, expert)	consultar ...	[kõsuw'tar]
to continue (~ to do sth)	continuar (vt)	[kõtʃi'nwar]
to control (vt)	controlar (vt)	[kõtro'lar]
to convince (vt)	convencer (vt)	[kõvẽ'ser]
to cooperate (vi)	cooperar (vi)	[koope'rar]
to coordinate (vt)	coordenar (vt)	[koorde'nar]
to correct (an error)	corrigir (vt)	[kohi'ʒir]
to cost (vt)	custar (vt)	[kus'tar]
to count (money, etc.)	calcular (vt)	[kawku'lar]
to count on ...	contar com ...	[kõ'tar kõ]
to crack (ceiling, wall)	rachar-se (vr)	[ha'ʃarsi]
to create (vt)	criar (vt)	[krjar]
to crush, to squash (~ a bug)	esmagar (vt)	[izma'gar]
to cry (weep)	chorar (vi)	[ʃo'rar]
to cut off (with a knife)	cortar (vt)	[kor'tar]

253. Verbs D-G

to dare (~ to do sth)	ousar (vt)	[o'zar]
to date from ...	datar (vi)	[da'tar]
to deceive (vi, vt)	enganar (vt)	[ẽga'nar]
to decide (~ to do sth)	decidir (vt)	[desi'dʒir]

to decorate (tree, street)	decorar (vt)	[deko'rar]
to dedicate (book, etc.)	dedicar (vt)	[dedʒi'kar]
to defend (a country, etc.)	defender (vt)	[defẽ'der]
to defend oneself	defender-se (vr)	[defẽ'dersi]

to demand (request firmly)	exigir (vt)	[ezi'ʒir]
to denounce (vt)	denunciar (vt)	[denũ'sjar]
to deny (vt)	negar (vt)	[ne'gar]
to depend on ...	depender de ...	[depẽ'der de]

to deprive (vt)	privar (vt)	[pri'var]
to deserve (vt)	merecer (vt)	[mere'ser]
to design (machine, etc.)	projetar, criar (vt)	[proʒɛ'tar], [krjar]
to desire (want, wish)	desejar (vt)	[deze'ʒar]

to despise (vt)	desprezar (vt)	[dʒispre'zar]
to destroy (documents, etc.)	destruir (vt)	[dʒis'trwir]
to differ (from sth)	ser diferente	[ser dʒife'rẽtʃi]
to dig (tunnel, etc.)	cavar (vt)	[ka'var]
to direct (point the way)	direcionar (vt)	[dʒiresjo'nar]

to disappear (vi)	desaparecer (vi)	[dʒizapare'ser]
to discover (new land, etc.)	descobrir (vt)	[dʒisko'brir]
to discuss (vt)	discutir (vt)	[dʒisku'tʃir]
to distribute (leaflets, etc.)	distribuir (vt)	[dʒistri'bwir]

to disturb (vt)	perturbar (vt)	[pertur'bar]
to dive (vi)	mergulhar (vi)	[merguʎar]
to divide (math)	dividir (vt)	[dʒivi'dʒir]
to do (vt)	fazer (vt)	[fa'zer]

to do the laundry	lavar a roupa	[la'var a 'hopa]
to double (increase)	dobrar (vt)	[do'brar]
to doubt (have doubts)	duvidar (vt)	[duvi'dar]
to draw a conclusion	tirar uma conclusão	[tʃi'rar 'uma kõklu'zãw]

to dream (daydream)	sonhar (vt)	[so'ɲar]
to dream (in sleep)	sonhar (vi)	[so'ɲar]
to drink (vi, vt)	beber, tomar (vt)	[be'ber], [to'mar]
to drive a car	dirigir (vt)	[dʒiri'ʒir]

to drive away (scare away)	afugentar (vt)	[afuʒẽ'tar]
to drop (let fall)	deixar cair (vt)	[dej'ʃar ka'ir]

to drown (ab. person)	**afogar-se** (vr)	[afo'garse]
to dry (clothes, hair)	**secar** (vt)	[se'kar]
to eat (vi, vt)	**comer** (vt)	[ko'mer]
to eavesdrop (vi)	**escutar atrás da porta**	[isku'tar a'trajs da 'pɔrta]
to emit (diffuse - odor, etc.)	**emitir** (vt)	[emi'tʃir]
to enjoy oneself	**divertir-se** (vr)	[dʒiver'tʃirsi]
to enter (on the list)	**inscrever** (vt)	[ĩskre'ver]
to enter (room, house, etc.)	**entrar** (vi)	[ẽ'trar]
to entertain (amuse)	**divertir** (vt)	[dʒiver'tʃir]
to equip (fit out)	**equipar** (vt)	[eki'par]
to examine (proposal)	**examinar** (vt)	[ezami'nar]
to exchange (sth)	**trocar** (vt)	[tro'kar]
to excuse (forgive)	**desculpar** (vt)	[dʒiskuw'par]
to exist (vi)	**existir** (vi)	[ezis'tʃir]
to expect (anticipate)	**esperar** (vt)	[ispe'rar]
to expect (foresee)	**prever** (vt)	[pre'ver]
to expel (from school, etc.)	**expulsar** (vt)	[ispuw'sar]
to explain (vt)	**explicar** (vt)	[ispli'kar]
to express (vt)	**expressar** (vt)	[ispre'sar]
to extinguish (a fire)	**apagar** (vt)	[apa'gar]
to fall in love (with …)	**apaixonar-se …**	[apajʃo'narsi]
to feed (provide food)	**alimentar** (vt)	[alimẽ'tar]
to fight (against the enemy)	**lutar** (vt)	[lu'tar]
to fight (vi)	**bater-se** (vr)	[ba'tersi]
to fill (glass, bottle)	**encher** (vt)	[ẽ'ʃer]
to find (~ lost items)	**encontrar** (vt)	[ẽkõ'trar]
to finish (vt)	**terminar** (vt)	[termi'nar]
to fish (angle)	**pescar** (vt)	[pes'kar]
to fit (ab. dress, etc.)	**servir** (vi)	[ser'vir]
to flatter (vt)	**lisonjear** (vt)	[lizõ'ʒjar]
to fly (bird, plane)	**voar** (vi)	[vo'ar]
to follow … (come after)	**seguir …**	[se'gir]
to forbid (vt)	**proibir** (vt)	[proi'bir]
to force (compel)	**forçar** (vt)	[for'sar]
to forget (vi, vt)	**esquecer** (vt)	[iske'ser]
to forgive (pardon)	**perdoar** (vt)	[per'dwar]
to form (constitute)	**formar** (vt)	[for'mar]
to get dirty (vi)	**sujar-se** (vr)	[su'ʒarsi]
to get infected (with …)	**contagiar-se com …**	[kõta'ʒjarsi kõ]
to get irritated	**irritar-se** (vr)	[ihi'tarsi]

English	Portuguese	Pronunciation
to get married	casar-se (vr)	[ka'zarsi]
to get rid of ...	livrar-se de ...	[li'vrarsi de]
to get tired	ficar cansado	[fi'kar kã'sadu]
to get up (arise from bed)	levantar-se (vr)	[levã'tarsi]
to give (vt)	dar (vt)	[dar]
to give a bath (to bath)	dar banho, lavar (vt)	[dar 'baɲu], [la'var]
to give a hug, to hug (vt)	abraçar (vt)	[abra'sar]
to give in (yield to)	ceder (vi)	[se'der]
to glimpse (vt)	avistar (vt)	[avis'tar]
to go (by car, etc.)	ir (vi)	[ir]
to go (on foot)	ir (vi)	[ir]
to go for a swim	ir nadar	[ir na'dar]
to go out (for dinner, etc.)	sair (vi)	[sa'ir]
to go to bed (go to sleep)	ir para a cama	[ir 'para a 'kama]
to greet (vt)	saudar (vt)	[saw'dar]
to grow (plants)	cultivar (vt)	[kuwtʃi'var]
to guarantee (vt)	garantir (vt)	[garã'tʃir]
to guess (the answer)	adivinhar (vt)	[adʒivi'ɲar]

254. Verbs H-M

to hand out (distribute)	distribuir (vt)	[dʒistri'bwir]
to hang (curtains, etc.)	pendurar (vt)	[pẽdu'rar]
to have (vt)	ter (vt)	[ter]
to have a try	tentar (vt)	[tẽ'tar]
to have breakfast	tomar café da manhã	[to'mar ka'fɛ da ma'ɲã]
to have dinner	jantar (vi)	[ʒã'tar]
to have lunch	almoçar (vi)	[awmo'sar]
to head (group, etc.)	encabeçar (vt)	[ẽkabe'sar]
to hear (vt)	ouvir (vt)	[o'vir]
to heat (vt)	aquecer (vt)	[ake'ser]
to help (vt)	ajudar (vt)	[aʒu'dar]
to hide (vt)	esconder (vt)	[iskõ'der]
to hire (e.g., ~ a boat)	alugar (vt)	[alu'gar]
to hire (staff)	contratar (vt)	[kõtra'tar]
to hope (vi, vt)	esperar (vi, vt)	[ispe'rar]
to hunt (for food, sport)	caçar (vi)	[ka'sar]
to hurry (vi)	apressar-se (vr)	[apre'sarsi]
to imagine (to picture)	imaginar (vt)	[imaʒi'nar]
to imitate (vt)	imitar (vt)	[imi'tar]
to implore (vt)	implorar (vt)	[ĩplo'rar]
to import (vt)	importar (vt)	[ĩpor'tar]
to increase (vi)	aumentar (vi)	[awmẽ'tar]

to increase (vt)	**aumentar** (vt)	[awmẽ'tar]
to infect (vt)	**infetar, contagiar** (vt)	[ĩfe'tar], [kõta'ʒjar]
to influence (vt)	**influenciar** (vt)	[ĩflwẽ'sjar]
to inform (e.g., ~ the police about …)	**informar** (vt)	[ĩfor'mar]
to inform (vt)	**informar** (vt)	[ĩfor'mar]
to inherit (vt)	**herdar** (vt)	[er'dar]
to inquire (about …)	**informar-se** (vt)	[ĩfor'marsi]
to insert (put in)	**inserir** (vt)	[ĩse'rir]
to insinuate (imply)	**insinuar** (vt)	[ĩsi'nwar]
to insist (vi, vt)	**insistir** (vi)	[ĩsis'tʃir]
to inspire (vt)	**inspirar** (vt)	[ĩspi'rar]
to instruct (teach)	**instruir** (vt)	[ĩs'trwir]
to insult (offend)	**insultar** (vt)	[ĩsuw'tar]
to interest (vt)	**interessar** (vt)	[ĩtere'sar]
to intervene (vi)	**intervir** (vi)	[ĩter'vir]
to introduce (sb to sb)	**apresentar** (vt)	[aprezẽ'tar]
to invent (machine, etc.)	**inventar** (vt)	[ĩvẽ'tar]
to invite (vt)	**convidar** (vt)	[kõvi'dar]
to iron (clothes)	**passar a ferro**	[pa'sar a 'fɛhu]
to irritate (annoy)	**irritar** (vt)	[ihi'tar]
to isolate (vt)	**isolar** (vt)	[izo'lar]
to join (political party, etc.)	**juntar-se a …**	[ʒũ'tarsi a]
to joke (be kidding)	**fazer piadas**	[fa'zer 'pjadas]
to keep (old letters, etc.)	**guardar** (vt)	[gwar'dar]
to keep silent, to hush	**ficar em silêncio**	[fi'kar ẽ si'lẽsju]
to kill (vt)	**matar** (vt)	[ma'tar]
to knock (on the door)	**bater** (vi)	[ba'ter]
to know (sb)	**conhecer** (vt)	[koɲe'ser]
to know (sth)	**saber** (vt)	[sa'ber]
to laugh (vi)	**rir** (vi)	[hir]
to launch (start up)	**lançar** (vt)	[lã'sar]
to leave (~ for Mexico)	**partir** (vt)	[par'tʃir]
to leave (forget sth)	**deixar** (vt)	[dej'ʃar]
to leave (spouse)	**deixar** (vt)	[dej'ʃar]
to liberate (city, etc.)	**libertar, liberar** (vt)	[liber'tar], [libe'rar]
to lie (~ on the floor)	**estar deitado**	[is'tar dej'tadu]
to lie (tell untruth)	**mentir** (vi)	[mẽ'tʃir]
to light (campfire, etc.)	**acender** (vt)	[asẽ'der]
to light up (illuminate)	**iluminar** (vt)	[ilumi'nar]
to like (I like …)	**gostar** (vt)	[gos'tar]
to limit (vt)	**limitar** (vt)	[limi'tar]
to listen (vi)	**escutar** (vt)	[isku'tar]
to live (~ in France)	**morar** (vt)	[mo'rar]

to live (exist)	viver (vi)	[vi'ver]
to load (gun)	carregar (vt)	[kahe'gar]
to load (vehicle, etc.)	carregar (vt)	[kahe'gar]

to look (I'm just ~ing)	olhar (vt)	[ɔ'ʎar]
to look for ... (search)	buscar (vt)	[bus'kar]
to look like (resemble)	parecer-se (vr)	[pare'sersi]
to lose (umbrella, etc.)	perder (vt)	[per'der]
to love (e.g., ~ dancing)	adorar (vt)	[ado'rar]

to love (sb)	amar (vt)	[a'mar]
to lower (blind, head)	baixar (vt)	[baɪ'ʃar]
to make (~ dinner)	cozinhar (vt)	[kozi'ɲar]
to make a mistake	errar (vi)	[e'har]
to make angry	zangar (vt)	[zã'gar]

to make easier	facilitar (vt)	[fasili'tar]
to make multiple copies	tirar cópias	[tʃi'rar 'kɔpjas]
to make the acquaintance	conhecer-se (vr)	[koɲe'sersi]
to make use (of ...)	utilizar (vt)	[utʃili'zar]
to manage, to run	dirigir (vt)	[dʒiri'ʒir]

to mark (make a mark)	marcar (vt)	[mar'kar]
to mean (signify)	significar (vt)	[signifi'kar]
to memorize (vt)	memorizar (vt)	[memori'zar]
to mention (talk about)	mencionar (vt)	[mẽsjo'nar]
to miss (school, etc.)	faltar a ...	[faw'tar a]

to mix (combine, blend)	misturar (vt)	[mistu'rar]
to mock (make fun of)	zombar (vt)	[zõ'bar]
to move (to shift)	mover (vt)	[mo'ver]
to multiply (math)	multiplicar (vt)	[muwtʃipli'kar]
must (v aux)	dever (vi)	[de'ver]

255. Verbs N-R

to name, to call (vt)	denominar (vt)	[denomi'nar]
to negotiate (vi)	negociar (vi)	[nego'sjar]
to note (write down)	anotar (vt)	[ano'tar]
to notice (see)	perceber (vt)	[perse'ber]

to obey (vi, vt)	obedecer (vt)	[obede'ser]
to object (vi, vt)	objetar (vt)	[obʒe'tar]
to observe (see)	observar (vt)	[obser'var]
to offend (vt)	ofender (vt)	[ofẽ'der]
to omit (word, phrase)	omitir (vt)	[omi'tʃir]

to open (vt)	abrir (vt)	[a'brir]
to order (in restaurant)	pedir (vt)	[pe'dʒir]
to order (mil.)	ordenar (vt)	[orde'nar]

to organize (concert, party)	**organizar** (vt)	[organi'zar]
to overestimate (vt)	**superestimar** (vt)	[superestʃi'mar]
to own (possess)	**possuir** (vt)	[po'swir]
to participate (vi)	**participar** (vi)	[partʃisi'par]
to pass through (by car, etc.)	**passar** (vt)	[pa'sar]
to pay (vi, vt)	**pagar** (vt)	[pa'gar]
to peep, spy on	**espreitar** (vi)	[isprej'tar]
to penetrate (vt)	**penetrar** (vt)	[pene'trar]
to permit (vt)	**permitir** (vt)	[permi'tʃir]
to pick (flowers)	**colher** (vt)	[ko'ʎer]
to place (put, set)	**pôr, colocar** (vt)	[por], [kolo'kar]
to plan (~ to do sth)	**planejar** (vt)	[plane'ʒar]
to play (actor)	**desempenhar** (vt)	[dʒizepe'ɲar]
to play (children)	**brincar, jogar** (vi, vt)	[brĩ'kar], [ʒo'gar]
to point (~ the way)	**indicar** (vt)	[ĩdʒi'kar]
to pour (liquid)	**encher** (vt)	[ẽ'ʃer]
to pray (vi, vt)	**rezar, orar** (vi)	[he'zar], [o'rar]
to prefer (vt)	**preferir** (vt)	[prefe'rir]
to prepare (~ a plan)	**preparar** (vt)	[prepa'rar]
to present (sb to sb)	**apresentar** (vt)	[aprezẽ'tar]
to preserve (peace, life)	**preservar** (vt)	[prezer'var]
to prevail (vt)	**predominar** (vi, vt)	[predomi'nar]
to progress (move forward)	**avançar** (vi)	[avã'sar]
to promise (vt)	**prometer** (vt)	[prome'ter]
to pronounce (vt)	**pronunciar** (vt)	[pronũ'sjar]
to propose (vt)	**propor** (vt)	[pro'por]
to protect (e.g., ~ nature)	**proteger** (vt)	[prote'ʒer]
to protest (vi)	**protestar** (vi)	[protes'tar]
to prove (vt)	**provar** (vt)	[pro'var]
to provoke (vt)	**provocar** (vt)	[provo'kar]
to pull (~ the rope)	**puxar** (vt)	[pu'ʃar]
to punish (vt)	**punir, castigar** (vt)	[pu'nir], [kastʃi'gar]
to push (~ the door)	**empurrar** (vt)	[ẽpu'har]
to put away (vt)	**guardar** (vt)	[gwar'dar]
to put in order	**consertar** (vt)	[kõser'tar]
to put, to place	**colocar** (vt)	[kolo'kar]
to quote (cite)	**citar** (vt)	[si'tar]
to reach (arrive at)	**chegar a ...**	[ʃe'gar a]
to read (vi, vt)	**ler** (vt)	[ler]
to realize (a dream)	**realizar** (vt)	[heali'zar]
to recognize (identify sb)	**reconhecer** (vt)	[hekoɲe'ser]

to recommend (vt)	recomendar (vt)	[hekomë'dar]
to recover (~ from flu)	recuperar-se (vr)	[hekupe'rarsi]
to redo (do again)	refazer (vt)	[hefa'zer]
to reduce (speed, etc.)	reduzir (vt)	[hedu'zir]
to refuse (~ sb)	recusar (vt)	[heku'zar]
to regret (be sorry)	arrepender-se (vr)	[ahepë'dersi]
to reinforce (vt)	reforçar (vt)	[hefor'sar]
to remember (Do you ~ me?)	lembrar (vt)	[lë'brar]
to remember (I can't ~ her name)	recordar, lembrar (vt)	[hekor'dar], [lë'brar]
to remind of ...	fazer lembrar	[fa'zer lë'brar]
to remove (~ a stain)	remover (vt)	[hemo'ver]
to remove (~ an obstacle)	remover, eliminar (vt)	[hemo'ver], [elimi'nar]
to rent (sth from sb)	alugar (vt)	[alu'gar]
to repair (mend)	reparar (vt)	[hepa'rar]
to repeat (say again)	repetir (vt)	[hepe'tʃir]
to report (make a report)	reportar (vt)	[hepor'tar]
to reproach (vt)	censurar (vt)	[sẽsu'rar]
to reserve, to book	reservar (vt)	[hezer'var]
to restrain (hold back)	refrear (vt)	[hefre'ar]
to return (come back)	voltar (vi)	[vow'tar]
to risk, to take a risk	arriscar (vt)	[ahis'kar]
to rub out (erase)	apagar (vt)	[apa'gar]
to run (move fast)	correr (vi)	[ko'her]
to rush (hurry sb)	apressar (vt)	[apre'sar]

256. Verbs S-W

to satisfy (please)	satisfazer (vt)	[satʃisfa'zer]
to save (rescue)	salvar (vt)	[saw'var]
to say (~ thank you)	dizer (vt)	[dʒi'zer]
to scold (vt)	repreender (vt)	[heprjẽ'der]
to scratch (with claws)	arranhar (vt)	[aha'ɲar]
to select (to pick)	selecionar (vt)	[selesjo'nar]
to sell (goods)	vender (vt)	[vẽ'der]
to send (a letter)	enviar (vt)	[ẽ'vjar]
to send back (vt)	devolver (vt)	[devow'ver]
to sense (~ danger)	sentir (vt)	[sẽ'tʃir]
to sentence	sentenciar (vt)	[sẽtẽ'sjar]
to serve (in restaurant)	servir (vt)	[ser'vir]
to settle (a conflict)	resolver (vt)	[hezow'ver]
to shake (vt)	agitar, sacudir (vt)	[aʒi'tar], [saku'dʒir]

to shave (vi)	**barbear-se** (vr)	[bar'bjarsi]
to shine (gleam)	**brilhar** (vi)	[bri'ʎar]
to shiver (with cold)	**tremer** (vi)	[tre'mer]
to shoot (vi)	**disparar, atirar** (vi)	[dʒispa'rar], [atʃi'rar]
to shout (vi)	**gritar** (vi)	[gri'tar]
to show (to display)	**mostrar** (vt)	[mos'trar]
to shudder (vi)	**estremecer** (vi)	[istreme'ser]
to sigh (vi)	**suspirar** (vi)	[suspi'rar]
to sign (document)	**assinar** (vt)	[asi'nar]
to signify (mean)	**significar** (vt)	[signifi'kar]
to simplify (vt)	**simplificar** (vt)	[sĩplifi'kar]
to sin (vi)	**pecar** (vi)	[pe'kar]
to sit (be sitting)	**estar sentado**	[is'tar sẽ'tadu]
to sit down (vi)	**sentar-se** (vr)	[sẽ'tarsi]
to smell (emit an odor)	**cheirar** (vi)	[ʃej'rar]
to smell (inhale the odor)	**cheirar** (vi)	[ʃej'rar]
to smile (vi)	**sorrir** (vi)	[so'hir]
to snap (vi, ab. rope)	**romper-se** (vr)	[hõ'persi]
to solve (problem)	**resolver** (vt)	[hezow'ver]
to sow (seed, crop)	**semear** (vt)	[se'mjar]
to spill (liquid)	**derramar** (vt)	[deha'mar]
to spill out, scatter (flour, etc.)	**derramar-se** (vr)	[deha'marsi]
to spit (vi)	**cuspir** (vi)	[kus'pir]
to stand (toothache, cold)	**suportar** (vt)	[supor'tar]
to start (begin)	**começar** (vt)	[kome'sar]
to steal (money, etc.)	**roubar** (vt)	[ho'bar]
to stop (for pause, etc.)	**parar** (vi)	[pa'rar]
to stop (please ~ calling me)	**cessar** (vt)	[se'sar]
to stop talking	**calar-se** (vr)	[ka'larsi]
to stroke (caress)	**acariciar** (vt)	[akari'sjar]
to study (vt)	**estudar** (vt)	[istu'dar]
to suffer (feel pain)	**sofrer** (vt)	[so'frer]
to support (cause, idea)	**apoiar** (vt)	[apo'jar]
to suppose (assume)	**supor** (vt)	[su'por]
to surface (ab. submarine)	**emergir** (vi)	[imer'ʒir]
to surprise (amaze)	**surpreender** (vt)	[surprjẽ'der]
to suspect (vt)	**suspeitar** (vt)	[suspej'tar]
to swim (vi)	**nadar** (vi)	[na'dar]
to take (get hold of)	**pegar** (vt)	[pe'gar]
to take a bath	**lavar-se** (vr)	[la'varsi]
to take a rest	**descansar** (vi)	[dʒiskã'sar]

to take away (e.g., about waiter)	**levar** (vt)	[le'var]
to take off (airplane)	**descolar** (vi)	[dʒisko'lar]
to take off (painting, curtains, etc.)	**tirar** (vt)	[tʃi'rar]
to take pictures	**tirar fotos**	[tʃi'rar 'fɔtus]
to talk to ...	**falar com ...**	[fa'lar kõ]
to teach (give lessons)	**ensinar** (vt)	[ẽsi'nar]
to tear off, to rip off (vt)	**arrancar** (vt)	[ahã'kar]
to tell (story, joke)	**contar** (vt)	[kõ'tar]
to thank (vt)	**agradecer** (vt)	[agrade'ser]
to think (believe)	**achar** (vt)	[a'ʃar]
to think (vi, vt)	**pensar** (vi, vt)	[pẽ'sar]
to threaten (vt)	**ameaçar** (vt)	[amea'sar]
to throw (stone, etc.)	**jogar, atirar** (vt)	[ʒo'gar], [atʃi'rar]
to tie to ...	**atar** (vt)	[a'tar]
to tie up (prisoner)	**amarrar** (vt)	[ama'har]
to tire (make tired)	**fatigar** (vt)	[fatʃi'gar]
to touch (one's arm, etc.)	**tocar** (vt)	[to'kar]
to tower (over ...)	**elevar-se acima de ...**	[ele'varsi a'sima de]
to train (animals)	**adestrar** (vt)	[ades'trar]
to train (sb)	**treinar** (vt)	[trej'nar]
to train (vi)	**treinar-se** (vr)	[trej'narsi]
to transform (vt)	**transformar** (vt)	[trãsfor'mar]
to translate (vt)	**traduzir** (vt)	[tradu'zir]
to treat (illness)	**tratar** (vt)	[tra'tar]
to trust (vt)	**confiar** (vt)	[kõ'fjar]
to try (attempt)	**tentar** (vt)	[tẽ'tar]
to turn (e.g., ~ left)	**virar** (vi)	[vi'rar]
to turn away (vi)	**virar as costas**	[vi'rar as 'kɔstas]
to turn off (the light)	**desligar** (vt)	[dʒizli'gar]
to turn on (computer, etc.)	**ligar** (vt)	[li'gar]
to turn over (stone, etc.)	**virar** (vt)	[vi'rar]
to underestimate (vt)	**subestimar** (vt)	[subestʃi'mar]
to underline (vt)	**sublinhar** (vt)	[subli'ɲar]
to understand (vt)	**entender** (vt)	[ẽtẽ'der]
to undertake (vt)	**empreender** (vt)	[ẽprjẽ'der]
to unite (vt)	**juntar, unir** (vt)	[ʒũ'tar], [u'nir]
to untie (vt)	**desatar** (vt)	[dʒiza'tar]
to use (phrase, word)	**usar** (vt)	[u'zar]
to vaccinate (vt)	**vacinar** (vt)	[vasi'nar]
to vote (vi)	**votar** (vi)	[vo'tar]
to wait (vt)	**esperar** (vt)	[ispe'rar]

to wake (sb)	**acordar, despertar** (vt)	[akor'dar], [dʒisper'tar]
to want (wish, desire)	**querer** (vt)	[ke'rer]
to warn (of the danger)	**advertir** (vt)	[adʒiver'tʃir]
to wash (clean)	**lavar** (vt)	[la'var]
to water (plants)	**regar** (vt)	[he'gar]
to wave (the hand)	**acenar** (vt)	[ase'nar]
to weigh (have weight)	**pesar** (vt)	[pe'zar]
to work (vi)	**trabalhar** (vi)	[traba'ʎar]
to worry (make anxious)	**preocupar** (vt)	[preoku'par]
to worry (vi)	**preocupar-se** (vr)	[preoku'parsi]
to wrap (parcel, etc.)	**embrulhar** (vt)	[ẽbru'ʎar]
to wrestle (sport)	**lutar** (vi)	[lu'tar]
to write (vt)	**escrever** (vt)	[iskre'ver]
to write down	**anotar** (vt)	[ano'tar]